Sir Arthur Conan Doyle

Ausgewählte Werke ~ Supplement 2

# Der Zauber des geschriebenen Wortes

Sir Arthur Conan Doyle

# Der Zauber des geschriebenen Wortes

Die Schätze der englischen Prosa

Supplement 2 zu
Sir Arthur Conan Doyle:
Ausgewählte Werke.

HERAUSGEGEBEN VON OLAF R. SPITTEL

VERLAG 28 EICHEN
BARNSTORF

Aus dem Englischen herausgegeben, übersetzt,
mit Anmerkungen und einem Nachwort versehen von
Nils Gampert.

Die Originalausgabe des Buches erschien erstmals 1907
unter dem Titel
*Through the Magic Door*
bei Smith, Elder & Co., London,
sowie gleichzeitig bei
George Bell & Sons, London
(Colonial issue),
und, ebenfalls 1907,
bei Bernhard Tauchnitz, Leipzig,
sowie 1908 bei
The McClure Comapany, New York.
Vorarbeiten zu der Buchveröffentlichung erschienen
in Great Thoughts im Jahre 1894 sowie in den USA bei
McClure für The Associated Literary Press 1894.

Deutsche Erstauflage dieser Neuübersetzung.

Die Deutsche Bibliothek verzeichnet diese Publikation
in der Deutschen Nationalbibliographie.
Detaillierte bibliographische Daten sind im Internet über
http://dnb.ddb.de abrufbar.

ISBN 978-3-96027-125-3

Cover unter Verwendung einer Grafik von Bernard Partridge,
[Farbvariation] Punch, 12. Mai 1926


Schattenriß auf Seite 2 aus: Bernhard Fehr: Die englische Literatur des 19.
und 20. Jahrhunderts. Akademische Verlagsgesellschaft Athenaion,
Berlin-Neubabelsberg 1923 nach: Bookman 1912.

# Inhalt

# I

Es kümmert mich weder, wie spärlich eure Bücherregale ausgestattet sein mögen, noch messe ich der Größe eurer Lesestube Gewicht bei. Schließt einfach die Tür hinter euch, sperrt die Sorgen dieser Welt aus und begebt euch einmal mehr in die allen Schmerz lindernde Obhut der großen Geister. Nun ist es soweit: Ihr seid durch die magische Pforte geschritten in jenes Reich, welches gänzlich frei ist von Gram und Ärgernissen. Ihr habt nun alles Vulgäre und Schäbige hinter euch gelassen. Der Blick liegt ungehemmt auf eure noblen, stillen Gefährten, die euch aufgereiht erwarten. Lasst den Blick streifen. Wählt euren Begleiter. Streckt eure Hand danach aus und lasst euch ins Land der Träume entführen. Vermutlich würde so einer Bücherkolonne etwas Unheimliches anhaften, hätte die Gewohnheit unseren Sinn dafür nicht abgemildert. Jedes Buch stellt immerhin eine mumifizierte Seele dar, einbalsamiert zwischen ledernen Buchdeckeln, gebannt auf bleichen Seiten durch die Kraft der Druckerschwärze. Jedes dieser Bücher hat die Macht, die geballte Essenz eines großen Geistes zu entfalten. Die Menschen dahinter sind längst verschwunden, ihre körperliche Präsenz ist heute wenig mehr als ein Schatten, ihre Leiber sind lang zu Staub zerfallen – und doch sind sie weiterhin eigentümlich gegenwärtig durch ihren Geist, über den ihr nun frei verfügen könnt.

Ich fürchte, die Gewohnheit hat uns blind werden lassen für die Wunder, derer wir durch Bücher teilhaftig werden. Nehmen wir einmal an, William Shakespeare[1] wäre plötzlich auf die Erde zurückgekehrt und jeder von uns erhielte das Privileg, eine Stunde in Gesellschaft seines sprühenden, geistreichen Witzes zu verbringen. Wie gern würden wir dies in Anspruch nehmen! Aber ist es nicht genau das, was wir tun? Wir haben das Beste seines Geistes jederzeit griffbereit, und wir scheuen uns nicht, ihn nach Belieben heranzuwinken, wenn wir seiner bedürfen. Gleichgültig, welcher Stimmung ihr seid; einmal durch diese verwunschene Tür gegangen, lassen sich die größten Geister der Weltgeschichte zur Konversation heraufbeschwören. Seid ihr nachdenklich gestimmt, so stoßt ihr hier auf die Fürsten des weisen Gedankens. Seid ihr zum Träumen gekommen? Die Meister der Phantasie erwarten euch. Oder ist es ein wenig amüsante Unterhaltung, die euch fehlt? Gebt euer Begehr einem der großen Geschichtenerzähler zu erkennen, und er wird hervortreten, um euch die Stunden zu versüßen. Die großen Verblichenen sind eine derart gute Gesellschaft, dass man in Gefahr gerät, von den Lebenden nur noch wenig zu halten. Viele von uns sind so in der Tat einem nicht geringen Risiko ausgesetzt. Mancher ist vollauf umfangen von den Geisteseminenzen der Vergangenheit, sodass die eigene Gedankenentwicklung ins Stocken gerät und hier eine neue, unverfälschte Stimme womöglich nie erwachsen wird. Andererseits sind Gedanken, Empfindungen und auch Abenteuer aus zweiter Hand ganz gewiss die bessere Alternative zu jener dumpfen, seelenlosen Monoto-

1 William Shakespeare (1564–1616) ist einer der bedeutendsten Dichter der Weltliteratur, dessen Gesamtwerk eine Vielzahl legendärer und bis heute einflussreicher Dramen, Versepen und Sonette umfasst. Er wird oft als englischer Nationaldichter bezeichnet.

nie, welche das Leben den meisten Menschen bringt. Idealerweise eignen wir uns die Weisheit und die Stärke der altvorderen Geister an, um sie zur Bewältigung der eigenen Mühsal fruchtbar zu machen.

Folgt mir also durch diese magische Pforte! Lasst euch mit mir auf diesem bequemen Kanapee dort nieder – man hat hier einen herrlichen Blick auf das vollgestopfte alte Bücherbord aus Eichenholz. Setzt euch. Natürlich dürft ihr rauchen. Hättet ihr Lust auf eine Führung? Wenn ihr mich fragt, gibt es nichts Besseres. Es befindet sich hier kein einziger Band, den ich nicht als einen guten, persönlichen Freund in Ehren halte. Wovon lässt sich schließlich mit größerem Vergnügen berichten als von Freundschaft? Dahinten habe ich noch viele weitere Bücher, aber diese hier vorn zählen zu meinen Lieblingen. Es sind besondere Freunde, deren Nähe ich schätze und die ich immer wieder gern besuche. Jedes dieser zerschlissenen Exemplare lässt die süßesten Erinnerungen wach werden. Nicht wenige stelle kleine Opfergaben dar, weswegen ich sie noch ein wenig näher am Herzen trage. Könnt ihr die alten, braunen Bände sehen, die in der untersten Reihe stehen? Jeder einzelne von ihnen repräsentiert ein ausgelassenes Mittagessen. Ich kaufte sie während meines Studiums, als die Zeiten nicht immer einfach waren. Ich verfügte damals über einen Threepence[2] pro Tag, wofür ich ein kleines Sandwich und ein Glas Bier bekam. Wie es aber der Zufall wollte, führte mich mein Weg zum Hörsaal am faszinierendsten Buchladen der Welt vorüber. Vor

2 Der „Threepence“ war eine britische Münze, die erstmals im 16. Jahrhundert unter Edward VI. aufkam, wo sie nach dem damaligen Wertsystem einen Viertelschilling repräsentierte. Später hatte die Münze den Wert eines Achtzigstel Pfund Sterling. Nach der Dezimalisierung des britischen Geldsystems im Jahr 1971 verlor die Münze ihre Funktion. Heute werden Münzen im Wert von je 1, 2 oder 5 Pence genutzt. Die Kaufkraft im Vergleich zu Conan Doyles Zeit entspräche heute um die 0,80 Pfund Sterling.

der Tür stand ein großer Bottich, bis zum Rand gefüllt mit einer großen Auswahl an zerschlissenen Bänden. Ein Schild verkündete mir den Pauschalpreis: Jedes Buch sollte ebensoviel kosten, wie ich mittags in der Tasche hatte. Tag für Tag spielte sich in mir also ein heftiger Kampf ab zwischen dem Hunger eines jungen, hart arbeitenden Körpers und der allumfassenden Neugier des darinwohnenden Geistes. An fünf von sechs Arbeitstagen gewann das Tier in mir die Oberhand, wie ich gestehen muss. Aber jedes Mal, da mein Geist den Sieg davonzutragen imstande war, hatte ich einige mich völlig vereinnahmende Minuten zu gewärtigen. Mit großem Eifer durchwühlte ich dann den Bücherhaufen, bestehend aus veralteten Almanachen, mehrbändigen Abhandlungen schottischer Theologen und logarithmischen Tabellensammlungen – solange, bis ich auf lohnende Beute stieß.[3] Wenn ihr mein Regal aufmerksam durchgegangen seid, werdet ihr bereits festgestellt haben, dass ich damals kein schlechter Waidmann gewesen bin. Gordons „Tacitus"[4] in vier Bänden (bedenkt, dass das Leben zu kurz ist, um sich mit Originalen herumzuplagen – solange man eine gute Übersetzung zur Hand hat), Sir William Temples Essays[5], die

3 Conan Doyle studierte Medizin an der Universität von Edinburgh, arbeitete aber zwischendrin immer wieder als Assistent in verschiedenen Arztpraxen. Die geschilderten Bücherkäufe stammen aus der Zeit, als er in Birmingham Angestellter von Dr. Hoare war.

4 Thomas Gordon (1691–1750) war ein schottischer Autor und ideengeschichtlich ein einflussreicher republikanischer Reformer. Er verfaßte eine mehrbändigen Übersetzung mit Arbeiten des römischen Geschichtsschreibers unter dem Titel „The Works of Tacitus".

5 Sir William Temple (1628–1699) war ein englischer Staatsmann und Essayist. Orientiert an Epikur, zog er sich nach seiner politischen Karriere zurück, um sich rein geistigen Tätigkeiten zu widmen. Sein Sekretär zu jener Zeit war Jonathan Swift. Temple schrieb Essays vorrangig über politische Themen, er gilt u. a. als Vordenker des Konzepts der „öffentlichen Meinung". Der Großteil seiner Schriften ist gesammelt als „Miscellanea" veröffentlicht worden.

Werke Addisons[6], Swifts „Tale of a Tub“[7], Clarendons Darstellung des Bürgerkriegs[8], „Gil Blas“[9], die Gedichte Buckinghams[10] und Churchills[11], die Biographie Bacons[12] – nicht übel, was sich alles in so einem alten Bottich mit Threepenny-Ware finden lässt, oder?

Die Bände befanden sich natürlich nicht von jeher in solch plebejischer Gesellschaft wie heute. Seht die Qualität der ledernen Einbände und die noch zu erahnende Kraft der goldenen Lettern darauf. Einst thronten sie gewiss auf den beeindruckenden Tabularien manch fürstlicher Bibliothek. Ich erinnere mich, dass sogar die versponnenen Almanache und Predigtbücher noch Spuren einstmaliger Würde erahnen ließen, einem fadenscheinig gewordenen Adelskleid aus feinster Seide ähnlich – zu Pathos gewordene Glorie.

---

6 Joseph Addison (1672–1719) war ein englischer Autor, der Gedichte, Theaterstücke und Essays verfasste. Er zählt stilistisch zu den prägendsten Figuren seiner Epoche. Gemeinsam mit seinem Freund Sir Richard Steele gründete er das bis heute erscheinende Magazin „The Spectator“.

7 Jonathan Swift (1667–1745) war ein anglo-irischer Geistlicher, der als satirischer Autor und politischer Pamphletist bekannt wurde. Sein berühmtestes Buch ist „Gulliver's Travels“. Bei der hier von Conan Doyle genannten Geschichte handelt es sich um Swifts erstes größeres Werk, das auf Deutsch als „Ein Tonnenmärchen“ (In: Jonathan Swift. Ausgewählte Werke. Band 1: Satiren und Zeitkommentare. Aufbau-Verlag, Berlin und Weimar, 1967) erschien.

8 Edward Hyde, 1st Earl of Clarendon (1609–1674), war ein englischer Staatsmann und Historiker. Maßgeblich in Erinnerung blieb er durch das hier angesprochene Werk, „The History of the Rebellion and the Civil Wars in England“, der ersten detaillierten Darstellung des Englischen Bürgerkrieges, dessen Zeitzeuge er war.

9 Einflussreicher Schelmenroman des französischen Literaturpioniers Alain-René Lesage (1668–1747). Deutscher Titel: „Die Geschichte von Gil Blas von Santillana“, Insel Verlag, Leipzig 1941.

10 John Sheffield, 1st Duke of Buckingham and Normanby (1648–1721), war ein englischer Poet und hochrangiger Politiker zur Zeit der Stuarts. Befreundet mit den einflussreichen Dichtern Dryden und Pope, zeichnete er für mehrere, teils von harschem Spott durchdrungene Gedichte verantwortlich.

11 Charles Churchill (1732–1764) war ein englischer Poet und Autor satirischer Schriften. Er freundete sich mit dem radikalen Whig-Reformer John Wilkes an, gemeinsam arbeiteten sie an der aufklärerisch ausgerichteten Wochenzeitung „The North Briton“.

12 Francis Bacon, 1st Viscount St. Alban (1561–1626), war ein englischer Philosoph und hochrangiger Staatsmann. Aufgrund seiner wissenschaftstheoretischen Überlegungen gilt er als Vordenker des Empirismus. Mit der hier angesprochenen Biographie meint Conan Doyle das kurze Werk „Life of Bacon” des schottischen Dichters David Mallet (1705–1765).

Das Lesen wird dieser Tage beinahe zu leicht ermöglicht, mit all den Billigausgaben aus minderem Papier und den kostenlosen Bibliotheken. Die Menschen wissen den umfassenden Wert, den sie mit einem Buch in Empfang nehmen, nicht mehr zu würdigen. Wer ist heute noch imstande, es Carlyle[13] nachzufühlen, der – beladen mit den sechs historischen Bänden aus Gibbons Feder[14] – nach Hause eilte, voller Vorfreude auf das geistige Manna, das er sich in den kommenden Tagen würde einverleiben können? Ein Buch muss einem ganz gehören, bevor man ein echtes Gespür dafür entwickeln kann. Den Stolz verdienter Aneignung fühlt nur jener, welcher Arbeit und Entbehrung dafür in Kauf genommen.

Müsste ich das unterhaltsamste und lehrreichste Buch aus meiner Sammlung wählen, so wäre es diese stockfleckige Ausgabe von Macaulays Essays.[15] Blicke ich auf mein Leben zurück, so scheint sie mich immer begleitet zu haben. Sie war mir guter Kamerad zu Studienzeiten, sie reiste mit mir an der drückend heißen

13 Thomas Carlyle (1795–1881) war ein schottischer Gelehrter, der vor allem als Essayist auf den Gebieten der Geschichtswissenschaft und der Ökonomie Bekanntheit erlangte, jedoch ebenso in der Mathematik und der Philosophie Anerkennung fand. Auch in der Literatur leistete er Maßgebliches, indem er als Enthusiast für deutsche Literatur diese durch Übersetzungen dem englischen Sprachraum zugänglich machte. Er gilt als einziger fremdsprachiger Dauerkorrespondent Johann Wolfgang von Goethes.

14 Edward Gibbon (1737–1794) war ein englischer Historiker und als Mitglied des Parlaments aktiver Politiker. Sein sechsbändiges Epos „The History of the Decline and Fall of the Roman Empire“ gilt als grundlegendes Werk der modernen Geschichtsschreibung.

15 Thomas Babington Macaulay, 1st Baron Macaulay (1800–1859), war ein englischer Historiker und Politiker der Whigs mit idealistisch-traditionalistischen Standpunkten. In politischer Funktion war er für die Einführung des englischen Schulsystems nebst der Festlegung des Englischen als erster Sprache in der britischen Kolonie Indien verantwortlich, wodurch dort bislang vorherrschende Sprachen und Erziehungsideale verdrängt wurden – eine Doktrin, die als „Macaulayismus“ bezeichnet wird. Als Essayist schrieb er sowohl Kulturkritiken als auch politische und historische Texte. Sein Ruhm als Historiker gründet auf seinem mehrbändigen Werk „The History of England from the Accession of James the Second“.

Goldküste entlang[16] und sie lag auch meiner bescheidenen Ausrüstung bei, als ich auf Walfang in arktische Polargewässer stach.[17] Grundehrliche schottische Harpuniere haben sich über ihren Inhalten den Kopf zerbrochen. Man kann sogar jetzt noch Schmierölflecken erkennen, wo der zweite Ingenieur sich an „Frederick the Great“[18] abarbeitete. Keine in Maroquin gebundene Neuauflage könnte mir diesen Band je ersetzen, so zerlesen und schmutzig und verschlissen er auch sein mag.

Welch vornehmes Tor all diese Bücher bilden; man durchquert diesen Bogen des Wissens und kann mit seinen Studien der Literatur und der Geschichte beginnen. Milton[19], Machiavelli[20], Hallam[21], Southey[22],

---

16 Am 22. Oktober 1881 heuerte Conan Doyle, der bereits seinen Abschluss in Medizin gemacht hatte, als Schiffsarzt auf der „SS Mayumba“ an, einer Bark der African Steamship Company. Das Schiff segelte von Liverpool aus an der westafrikanischen „Goldküste“ entlang – eine Bezeichnung, die auf ihre Abkunft aus der Kolonialzeit verweist, zu welcher man Küstenabschnitten Namen gemäß den dort vorrangig zu erhaltenen Waren gab. Gemeint ist ein Teil des Küstenbereichs des damals als Guinea bekannten Gebiets. Heute ist die „Goldküste“ in etwa deckungsgleich mit der Küste Ghanas. Die „SS Mayumba“ erreichte den Hafen von Liverpool wieder am 27. Januar 1882

17 Am 28. Februar 1880 brach Conan Doyle – noch mitten im Studium – spontan zu einer halbjährigen Reise ins Polarmeer auf, als er für einen verhinderten Kommilitonen als Schiffsarzt auf dem Walfänger „Hope“ einsprang, der vom schottischen Peterhead aus in See stach. Die „Hope“ lief am 12. August 1880 wieder in Peterhead ein.

18 Einzelner Essay von Macaulay über den Preußenkönig Friedrich II. Enthalten in der Sammlung „Critical and Historical Essays“.

19 John Milton (1608–1674) war ein englischer Dichter und politischer Philosoph. Er war Staatsdiener unter der Regentschaft von Oliver Cromwell und trat energisch für die Republik als Staatsform sowie republikanische Tugenden wie die Rede- und Pressefreiheit ein. Als Dichter erlangte er dauerhaften Weltruhm durch das Versepos „Paradise Lost“.

20 Niccolò Machiavelli (1469–1527) war ein italienischer Autor, Politiker und Staatsphilosoph. Berühmtheit erlangte er durch sein machtanalytisches Werk „Der Fürst“ und die staatsphilosophischen „Discorsi“. Der heute meist eher abfällig gebrauchte Begriff des „Machiavellismus“ rekurriert auf seine Person, obgleich erst posthum geprägt.

21 Henry Hallam (1777–1859) war ein einflussreicher Geschichts- und Literaturwissenschaftler, der von Macaulay mit einem Essay bedacht wurde.

22 Robert Southey (1774–1843) war ein bekannter Dichter der Englischen Romantik. Von 1813 bis zu seinem Tode hatte er den Posten des „Poet Laureate“ Englands inne.

Bunyan[23], Byron[24], Johnson[25], Pitt[26], Hampden[27], Clive[28], Hastings[29], Chatham[30] – jeder Einzelne eine Schule der Denkkunst. Man bedenke den Umfang der Erkenntnis, den jener erwirbt, welcher sich mit den Werken dieser Geistesgrößen vertraut macht! Von den prägnant-lebhaften Sätzen, auf die man bei all diesen Autoren stößt, geht ein unnachahmlich lockender Glanz aus, der selbst den sprödesten Studiosus nach Mehr verlangen lässt. Sie vermögen es, in ihren Werken einen

---

23 John Bunyan (1628–1688) war ein englischer Dichter und puritanischer Prediger, vorrangig bekannt für sein allegorisches, christlich geprägtes Werk „The Pilgrim's Progress". Bunyan wirkte zunächst nicht nachhaltig über seine Zeit hinaus, wurde aber während der Romantik wieder popularisiert. In der Folge beeinflusste er so verschiedene Autoren wie Nathaniel Hawthorne, Charles Dickens und Herman Melville.

24 Byron, George Gordon, 6st Baron Byron, meist schlicht Lord Byron genannt (1788–1824), war eine führende Figur der Englischen Romantik. Daneben gilt er als einer der hervorragendsten englischen Dichter überhaupt. Von abenteuerlicher Gesinnung, starb Byron während seiner Teilnahme am Griechischen Unabhängigkeitskrieg, der als Freiheitskampf gegen die Herrschaft der Osmanen geführt wurde.

25 Samuel Johnson (1709–1784) war ein englischer Autor und einflussreicher Literaturkritiker bzw. Intellektueller. Er gilt als der meistzitierte englische Autor nach Shakespeare. Die Biographie „The Life of Johnson", geschrieben von seinem Freund James Boswell, ist ein Meilenstein der Literaturgeschichte.

26 William Pitt the Younger (1759–1806) war ein wichtiger Politiker der Tories und bislang der jüngste Premierminister Englands. Bis auf seine gesammelten Parlamentsreden hat er kein Werk hinterlassen.

27 John Hampden (1653–1696) war ein regierungskritischer Aktivist und Politiker, der verdächtigt wurde, ein Teil der Rye-House-Verschwörung zu sein. Er entging mehrfach nur knapp der Todesstrafe. Hampden schrieb eine Vielzahl politischer Pamphlete und einige gelehrte Abhandlungen. Der Begriff „Glorreiche Revolution" – womit die Einleitung der Stuart-Periode gemeint ist – geht auf ihn zurück.

28 Nicht eindeutig. Da Conan Doyle hier auch Politiker ohne eigenes Werk nennt, könnte der berüchtigte Kolonialgouverneur Robert Clive, 1st Baron Clive (1725–1774) gemeint sein, der wegen seines rigorosen Imperialismus vor allem in Bengalen oft schlicht bloß „Clive of India" genannt wird. Da er von Macaulay mit einem Essay bedacht wurde, scheint die Wahl wahrscheinlich. Spätere Lord Clives sind jedenfalls ebensowenig als Autoren hervorgetreten. Erst Edward Herbert, 2nd Earl of Powis (1785–1848), der den Titel Viscount Clive trug, ist in diesem Kontext zumindest von Interesse, war er doch immerhin Büchersammler und zeitweise Vorstand des exklusiven Bibliophilenvereins „Roxburghe Club".

29 Warren Hastings (1732–1818) war Generalgouverneur von Britisch-Ostindien, nachdem er sich in den militärischen Diensten Clives bewährt hatte. Wie sein ehemaliger Anführer war auch Hastings eine umstrittene koloniale Figur, einer seiner schärfsten Kritiker im Parlament war Edmund Burke.

30 William Pitt the Elder, 1st Earl of Chatham (1708–1778), war ein Whig-Politiker und späterer Premierminister Englands. Er ist der Vater des bereits genannten jüngeren Pitt. Von ihm liegen gesammelte Reden und Korrespondenzen vor.

einladenden Reigen aus Anspielungen und Querverweisen zu entfachen und dabei zugleich mit einer unübertroffenen Detailliertheit ihren jeweiligen Gegenständen nachzuspüren. Wenn Macaulays spitze Feder es verfehlt, euch auf diesen Pfad des literarischen Hochgenusses zu führen – nun, dann könnt ihr dies Unterfangen ebenso gut gleich drangeben.

Als ich ein älterer Schuljunge war, eröffnete Macaulays Buch mir eine völlig neue Welt. Nun, natürlich nicht genau dieses hier – damals hatte ich tatsächlich eine noch ärger heruntergekommene Ausgabe. Ich habe es in der Schule verabscheut, mich mit Geschichte befassen zu müssen. Durch die Lektüre dieses Buches nun wurde die einstmalige Schinderei plötzlich in etwas anderes verwandelt. Was eben noch mühsame Pflicht war, wurde jetzt zur reizvollen Aufgabe. Geschichte war ab sofort ein leuchtendes, unbekanntes Land voller Farbe und Schönheit, in das es aufzubrechen galt. Macaulay wies den Weg. Die Brillanz seines Stils ließ mich sogar die kleinen Freiheiten lieben, die man bei ihm hier und da findet.[31] In der Tat glaube ich – jetzt, da ich darüber nachdenke –, dass es sogar diese augenzwinkernden Schnitzer waren, die ich ganz besonders mochte. Keine seiner Ausschmückungen konnte mir zu verwickelt, keine seiner Behauptungen zu blumig unterfüttert sein. Es erfreute mich in höchstem Maße, wenn ich las, ein „*allumfassendes Gelächter vom Tajo bis zur Weichsel*“ habe den Papst darüber informiert, dass die Zeit der Kreuzzüge vorbei sei. Großen Gefallen fand ich auch sowohl an der Tatsache, dass „*Lady Jerningham eine Vase ihr Eigen nannte*“ – und jedermann dazu aufgerufen war, dort närrische Verse hineinzulegen – als auch an der Feststellung, dass „*Mr. Dash Verse*

31 Tatsächlich stand Macaulay bereits zu Lebzeiten für seine Darstellung in der Kritik, die vielen Zeitgenossen zu arg von seiner Position als Whig her eingefärbt schien.

*schrieb, die dazu angetan waren, in Lady Jerninghams Vase gelegt zu werden*". Sätze dieser Art hinterließen in mir stets einen vagen, aber andauernden Eindruck der Freude, etwa vergleichbar mit verklungenen Akkorden, die in des Musikers Ohr noch nachschwingen. Wer in die Jahre kommt, beginnt eine kärgere literarische Kost zu würdigen; dennoch nötigen mir Macaulays Essays bis heute Bewunderung ab, und ich staune, wie es ihm gelingt, ein gewichtiges Thema durch gekonnte Balance zwischen kraftvoller Gesamtschilderung einerseits und bemerkenswerter Detaildarstellung andererseits zu einem dauerhaften Faszinosum zu verschmelzen. Hier ein kräftiger Pinselstrich, dort ein delikater Farbtupfer – so führt uns Macaulay über den von ihm gewählten Pfad, dabei immer wieder verlockende Abwege andeutend. Eine respektable, wenn auch vielleicht etwas altmodische Bildung literarischer und historischer Natur sollte durch das Durcharbeiten jedes in den Essays angesprochenen Buches erlangt werden können. Es würde mich in jedem Fall interessieren, in welchem Alter Macaulay selbst eigentlich seine Studien vollendet hat.

Ich wünschte, Macaulay hätte einen historischen Roman geschrieben. Ich bin überzeugt, es wäre ein großartiges Werk geworden. Ich weiß nichts über seine Fähigkeiten hinsichtlich der Erschaffung eines glaubhaften fiktionalen Charakters, aber im Bereich der literarischen Rekonstruktion bereits verstorbener historischer Charaktere waren seine Fähigkeiten in der Tat äußerst bemerkenswert. Schaut euch als Beispiel nur den kurzen Absatz an, in welchem er Johnson und die Atmosphäre seiner Umgebung beschreibt. Wurde jemals ein prägnanteres Bild in so sparsamen, fein definierten Sätzen komponiert:

*Wenn wir das Buch beendet haben, liegt alles zum Greifen nahe vor uns: Der Clubraum mit seinem Tisch, auf dem das Omelett für Nugent und die Zitronen für Johnson stehen. Die Köpfe, die für immer auf Reynolds Leinwand weiterleben werden. Da liegen Burkes Brillengläser, dort zeichnet sich Langtons schmale Figur ab. Wir sehen Beauclerks höhnisches Grinsen und Garricks freundliches Lächeln. Gibbon klopft gerade seine Schnupftabaksdose aus, und Sir Joshua hält sich seinen Hörtrichter ans Ohr. Im Vordergrund dräuen die seltsamen Umrisse jenes Mann, welcher uns so vertraut ist wie einer, mit dem wir aufgewachsen sind – gigantischer Körperbau, massiges Gesicht, von Pockennarben überzogen, brauner Mantel, die Strümpfe aus schwarzem Garn, die graue, zuvorderst leicht verschmorte Perücke, schmutzige Hände mit abgebissenen Fingernägeln. Wir sehen, wie sich die Augen in konvulsivischen Zuckungen hin und her bewegen. Der schwere Körper neigt sich hierhin und dorthin. Wir sehen ihn sich aufblähen und hören ihn prusten. Und dann kommt das „Nanu, Sir!“, das „Und was nun, Sir?“, das „Nein, Sir!“ und das „Sie haben die Frage nicht verstanden, Sir!“.*[32]

Ein solcher Abschnitt brennt sich auf ewig ins Gedächtnis der Leserschaft ein. Ich erinnere mich an meine London-Reise im Alter von 16 Jahren. Meine erste Unternehmung nach dem Bezug meiner Unterkunft bestand darin, zur Westminster Abbey zu pilgern, wo Macaulay begraben liegt, im Schatten von Addison und umgeben von jenen Poeten, welche er zu Lebzeiten so geliebt. Sein Grab war damals für mich der interessanteste Ort in ganz London, und wenn ich darüber nach-

32 Conan Doyle zitiert aus Macaulays Rezension von Frances Burneys „Diary and Letters of Madame D'Arblay“, bei dem es sich um die eigenen Tagebucheinträge bzw. Briefe der englischen Satirikerin handelt, die entstanden, nachdem sie einen französischen General geheiratet hatte. Die Rezension ist enthalten in „Critical and Historical Essays“.

denke, so könnte dies auch heute noch zutreffen, angesichts alldem, was ich Macaulay verdanke. Ich meine nicht nur das durch ihn vermittelte Wissen und die damit einhergehende, stimulierende Erschließung neuer Interessen – vielmehr geht es mir um den einnehmenden Klang der Prosa eines Gentlemans und die damit verbundene, weit angelegte, liberale Weltanschauung sowie die Abwesenheit von Bigotterie und Vorurteil. Was ich als junger Mann für diesen Autor empfand, wird durch mein heutiges Urteil vollauf bestätigt.

Wie ihr sehen könnt, stehen meine vier Bände der „History of England" zur Rechten der Essays. Erinnert ihr euch an das dritte Kapitel? Jenes, in welchem das England des 17. Jahrhunderts rekonstruiert wird? Dieser Abschnitt mit seiner wundervollen Komposition aus historischem Fakt und romantischer Diktion, ist mir stets als Macaulays Meisterstück erschienen. Städtische Bevölkerungszahlen, Wirtschaftsstatistiken, die prosaischen Tatsachen des alltäglichen Lebens – all dies wird von der Hand des Meisters in etwas reizvoll und wunderbar Anmutendes verwandelt. Man spürt, dass er sogar einem Rechenschieber hätte Glanz verleihen können, wenn er gewollt hätte. Schauen wir uns ein weiteres Beispiel an. Die Tatsache, dass sich zur damaligen Zeit ein Londoner auf dem Lande und ein Landbewohner in London jeweils gleich deplatziert vorgekommen wären – zumal unter den im Vergleich erschwerten Reisebedingungen –, scheint eindeutig zu sein und keiner weiteren Klarstellung zu bedürfen. Kein besonderer Aufwand sei vonnöten, so würde man denken, mit diesem Phänomen einen starken Eindruck auf den Leser zu erzeugen. Schaut euch an, was Macaulay daraus gemacht hat, und das lediglich in einem Abschnitt unter vielen, in denen er eine Bandbreite weiterer Themen diskutiert:

*Ein Cockney wurde in einem Dorf in der Provinz ebenso angestarrt, als wäre er in einen Kral der Hottentotten eingedrungen. Andererseits hob sich ein Lord mit einem Herrenhaus in Lincolnshire oder Shropshire auf der Fleet Street ebenso von der Menge ab, als wäre er ein Türke oder ein Laskar. Seine Kleidung, sein Gang, seine Aussprache, die Art des Betrachtens der Auslage hinter den Schaufenstern der Läden, das Stolpern über Rinnsteine und das Anrempeln von Gepäckträgern und Geraten unter Wasserspeier – all dies machte ihn zu einem perfekten Opfer für Trickbetrüger und Wegelagerer. Raufbolde drängelten ihn in seitliche Gassen ab, rücksichtslose Kutscher aus Hackney durchnässten ihn von Kopf bis Fuß, Taschendiebe griffen ihm mühelos unter seinen Mantel, und all dies geschah, während er von einer Darbietung des Lord Mayor in den Bann geschlagen dastand. Money-Dropper*[33]*, des Aufzäumens von Pferden für einen Hungerlohn überdrüssig, sahen ihn dort stehen und übertölpelten ihn mit ihrer Freundlichkeit. Aufgetakelte Weiber, der Ausschuss von Lewkner Lane und Whetstone Park, stellten sich ihm als Gräfinnen und ehrenwerte Damen vor. Fragte er nach dem Weg zum St. James Park, wurde er nach Mile End geschickt. Betrat er ein Ladenlokal, wurde er sogleich als zahlungskräftiger Kunde identifiziert, der Dinge erwarb, die niemand sonst kaufen würde und dem man Ware aus zweiter Hand anpreisen konnte, die man ansonsten nicht los wurde – Kupferringe, minderwertige Uhren und dergleichen. Wenn er seinen Bummel in einem Kaffeehaus unterbrach, wurde er sowohl zur Zielscheibe von Unverschämtheiten und Hohn seitens der herumlungernden Stutzer als auch zum Opfer der Predigten überzeugter Temperenzler. Derart verärgert*

33 „Money-Dropper“ ließen vor ihrem Opfer eine Münze fallen, um diese dann als vermeintliche Hilfe aufzuheben und dem angeblichen Besitzer zurück zu geben. Das Opfer, welches die Münze ursprünglich ja gar nicht fallengelassen hatte, wurde so mit Freundlichkeit und höflicher Aufdringlichkeit abgelenkt, um dann beraubt zu werden.

*und gedemütigt, kehrte er zügig in seine Villa zurück, um dort in der angenehmen Umgebung seines Heimatortes und der Gesellschaft seiner Freunde Trost zu finden für den Verdruss und die Beschämung, die er hatte hinnehmen müssen. Hier konnte er sich wieder als bedeutender Mann fühlen, der niemanden über sich sah, es sei denn, er hatte neben einem Richter Platz zu nehmen oder einem Lord Lieutenant bei der nächsten Militärparade zu salutieren.*

Wenn ich es recht bedenke, sollte ich diesen einzelnen Abschnitt wohl an die Spitze von Macaulays Essays stellen, obgleich er nicht in den entsprechenden Bänden zu finden ist. Die „History" insgesamt bleibt allerdings hinter seinen kürzeren Artikeln zurück, wie mir scheint. Man wird das Gefühl nicht los, es handele sich eher um die Verteidigungsschrift eines glühenden Whig, brillant, zweifellos, jedoch mit Defiziten bei der Schilderung der anderen Seite. Fraglos sind auch einige der Essays durch seine politischen und religiösen Ansichten beeinflusst und damit entsprechend limitiert. Zu den besten zählen die Texte, in denen Macaulay direkt und ohne Umschweife die weiten Felder der Literatur und Philosophie abschreitet. Meine Favoriten sind die Arbeiten über Johnson, Walpole[34], Madame D'Arblay und Addison sowie über die beiden großen Briten Robert Clive und Warren Hastings, die man durch ihre Taten in Indien kennt. Natürlich ist auch „Frederick the Great" ein Essay ersten Ranges. Lediglich einen Text würde ich gerne aussortieren. Ich meine die geradezu diabolisch clevere Kritik an Montgomery. Man hätte sich gewünscht, Macaulays Herz sei zu freundlich und seine Seele zu sanft gewesen, um solch eine bittere

34 Horace Walpole (1717–1797) war ein englischer Whig-Politiker, Kunsthistoriker und Autor. Er ist vor allem durch „The Castle of Otranto" in Erinnerung geblieben, das als Begründung des Schauerromans gilt.

Attacke aufs Papier zu bringen.[35] Schlechte Arbeit jedoch hat immer ein sie in die Vergessenheit hinabziehendes Eigengewicht. Es ist nicht nötig, deswegen auch noch den Autor selbst hinabzustoßen. Allerdings würde man von dem Mann doch noch etwas mehr halten, hätte er sich nicht zu diesem schonungslosen Text hinreißen lassen.

Es ist mir unklar, warum ich stets an Scott[36] denken muss, wenn die Sprache auf Macaulay kommt. Scott, dessen Werke dort drüben stehen, wie ihr sehen könnt, gewandet in bereits etwas fadenscheinig gewordene, olivfarbene Einbände. Vielleicht assoziiere ich die beiden aufgrund ihres profunden Einflusses auf mich und wegen der großen Bewunderung, die beide Männer in mir zu wecken vermögen. Ein Grund könnte auch darin bestehen, dass Geist und Charakter der beiden sehr ähnlich sind. Wie bitte? Ihr könnt meine Darlegung nicht nachvollziehen? Nun, denkt doch bloß einmal an Scotts „Border Ballads“[37] und dann an Macaulays „Lays“[38]. Sind Erzeugnisse derart gleichwertig, so müssen es die Produzenten doch fraglos ebenso sein. Beide waren die einzigen, die die Gedichte des jeweils anderen hätten verfassen können. Welch Schwung bei beiden zu finden ist! Was für ein kraftvolles Tempo! Diese Liebe zu

35 Macaulay fiel in einer Besprechung im „Edinburgh Review“ über den Dichter Robert Montgomery (1807–1855) her. Enthalten in „Critical and Historical Essays“.

36 Sir Walter Scott (1771–1832) war ein schottischer Rechtsanwalt, Dichter und Romancier. Er gilt als Begründer des modernen Historienromans und wird als einer der größten Literaten Schottlands gesehen.

37 Der Begriff „Border Ballads“ meint Lieder und Dichtungen, die aus dem Gebiet der englisch-schottischen Grenze stammen. Scott stellte eine Sammlung dieser Erzeugnisse unter dem Titel „Minstrelsy of the Scottish Border“ zusammen. Irritierend beim Vergleich mit Macaulay ist, dass Scott die Inhalte seiner Sammlung im Stile der Gebrüder Grimm zusammentrug und kompilierte, während Macaulay eigene Verse schrieb.

38 Macaulay schrieb diverse Verse im narrativen Stil, bei denen er dramatisch-tragische Momente der römischen Geschichte verarbeitete. Er gab diese gesammelt als „Lays of Ancient Rome“ heraus.

allem, was männlich und nobel und kriegerisch ist! Die Stärke der Einfachheit. Allerdings gibt es nicht wenige Geister, die Stärke und Einfachheit nicht anzuerkennen vermögen. Aus ihrer Sicht sind alle klaren Dinge gekünstelt, ihnen gilt das Obskure als Maß. Dabei sind es doch gerade die klaren Flüsse, die tief gehen, während die trüben Ströme meist flach sind. Erinnert ihr euch noch an die einfältige Kritik Matthew Arnolds[39] an den glorreichen Versen der „Lays“? Er fragte ernsthaft: *„Soll das etwa Poesie sein?“*, nachdem er folgenden Reim zitiert hatte:

*And how can man die better*
*Than facing fearful odds*
*For the ashes of his father*
*And the Temples of his Gods?*[40]

Beim Versuch, Macaulay mangelnde Dichtkunst nachzuweisen, zeigt uns Arnold vielmehr seinen mangelnden Sinn für das wahrhaft Dramatische. Die Klarheit der Sprache und der transportierten Botschaft hatten ihn offenbar beleidigt, dabei liegt doch genau dort das Verdienst Macaulays. Er gebraucht die raue, unverblümte Sprache des einfach gestrickten Soldaten, der seine Kameraden auffordert, ihm bei einer großen Mut erfordernden Heldentat zur Seite zu stehen. Jede hochgestochene Zeile wäre hier absolut fehl am Platze. Ich halte den Vers für, in seinem Kontext betrachtet, bewundernswert gelungene Balladenpoesie. Er enthält das

39 Matthew Arnold (1822–1888) war ein hauptberuflicher Schulinspektor, der kulturkritische Texte ebenso wie Sozialkritiken und journalistische Beiträge verfasste. Besondere Geltung genoß er als Literaturkritiker. Der Begriff des „Philisters“ als Bezeichnung für eine bigotte, anti-intellektuell und ökonomistisch ausgerichtete Mittelschicht geht auf ihn zurück.

40 Der Vers stammt aus einem Gedicht über den legendären Volkshelden Horatius Cocles und beschreibt, wie dieser mit nur zwei Kameraden den Pons Sublicius hält, um die Etrusker von der Überquerung des Tiber abzuhalten.

genau rechte Maß an dramatischer Substanz und Gefühl, die einer Ballade zukommen. Arnolds Urteil erschütterte mein Zutrauen in sein Urteilsvermögen zutiefst, und dennoch bin ich bereit, dem Autor folgender Zeilen einiges zu vergeben:

*One more charge and then be dumb,*
*When the forts of Folly fall,*
*May the victors when they come,*
*Find my body near the wall.*[41]

Wahrlich kein schlechter Vers für eine ehrenwerte Bestrebung.

Hier findet sich eine Sache, die in menschlichen Gesellschaften bisher unverstanden ist – der Wert eines vornehmen, den Geist belebenden Textes. Sollte der Tag der Anerkennung kommen, so werden wir Derartiges zweifellos überall antreffen, öffentlich sichtbar platziert an passenden Orten, sodass jeder Gang durch die Straßen erleuchtet und veredelt wird durch eine nicht enden wollende Abfolge von geistigen Impulsen und schönen Bildern, die nach der visuellen Aufnahme der Worte in unsere Seelen eingehen. Man kann verzweifeln über der Erkenntnis, dass wir heute mit leeren, lustlosen Gemütern umher wandeln, während all dies hervorragende Material ungenutzt bleibt. Ich spreche im Übrigen nicht nur von biblischen Texten, denn diese haben beileibe nicht für jedermann dieselbe Bedeutung – wobei kaum ein menschliches Wesen vorstellbar ist, auf das die Worte „Wir müssen die Werke dessen wirken, der mich gesandt hat, solange es Tag ist; es kommt die Nacht, da niemand wirken kann.“[42] keine anregende Wirkung ausüben könnten. Aber nein, ich spreche über

41 Zitat aus Matthew Arnolds Gedicht „The Last Word“.
42 Johannes 9:4. Lutherbibel 2017.

jene wunderschönen Gedanken – wer könnte ihrer inspirierenden Kraft wahrhaftig entgehen? – welche man bei hundert verschiedenen Autoren findet und die sich zu hundert verschiedenen Anlässen gebrauchen lassen. Ein schöner, in erlesener Sprache ausgedrückter Gedanke ist ein kostbares Juwel, das man nicht wegschließen, sondern das man der Welt zugänglich halten und gleichsam als Schmuck gebrauchen sollte. Nehmen wir als Beispiel die Pferdetränke, die oft am Straßenrand zu finden ist. Sie ist aus bloßem Stein gefertigt, und kein Mensch kann sie passieren, ohne zumindest vagen Abscheu ob ihrer Hässlichkeit zu empfinden. Nehmen wir nun einmal an, in die steinerne Front des Trogs wären folgende Verse Coleridges eingraviert:

*He prayeth best who loveth best*
*All things, both great and small,*
*For the dear Lord who fashioned him*
*He knows and loveth all.*[43]

Ich fürchte, das Zitat könnte nicht ganz korrekt wiedergegeben sein. Ich habe den „Ancient Mariner“ gerade nicht zur Hand. Aber lassen uns solche Zeilen den Pferdetrog etwa nicht als etwas Wertvolleres wahrnehmen? Ich vermute, uns allen geht es so. Es gibt nur wenige Männer, die nicht irgendein speziell ausgewähltes Zitat in ihren Kaminsims eingelassen haben oder, was noch besser ist, eingelassen haben in ihre Herzen. Carlyles *„Rest! Rest! Shall I not have all Eternity to rest in!“*[44] wirkt recht belebend auf jeden müden Mann. Was wir aber brauchen ist eine allgemeinere Anwendung des

43 Zitat aus Samuel Taylor Coleridges romantischer Ballade „The Rime of the Ancient Mariner“, in der ein alter Seemann von schrecklichen Erlebnissen während einer Seefahrt erzählt.

44 Entlehnt einem berühmten Ausspruch des katholischen Gelehrten Antoine Arnauld (1612–1694).

Prinzips, es darf nicht auf den privaten Bereich beschränkt bleiben. Alle Menschen müssen verstehen, dass Gedanken ebenso schmücken wie Bilder, dass sie über das Auge gleichsam tief in die Seele dringen.

Wie auch immer, mit Macaulays glorreichen Versen hat dies alles freilich nichts zu tun; es sei denn, man wollte einen Strauß aus gedanklichen Blüten voller Männlichkeit und Patriotismus zusammenstellen. Ich hatte das Glück, Macaulays bereits zitierte „Lay of Horatius“ als Kind auswendig lernen zu dürfen, sodass sich die Zeilen tief in mein Gedächtnis gruben und ich es bis heute aus dem Stand beinahe fehlerlos aufsagen kann. Von Goldsmith[45] meinte er, in der Konversation sei dieser wie ein Mann gewesen, der zwar 1.000 Pfund auf der Bank habe, jedoch nicht mit einem Mann konkurrieren konnte, der gerade einmal Sixpence in der Tasche hatte. Die Ballade im Gedächtnis kann also mehr wert sein als ein ganzes Regal voller Bücher, in denen man erst hätte nachschlagen müssen. Ich möchte euren Blick aber nun auf das Regal mit den olivgrünen Einbänden lenken. Es handelt sich hierbei um meine Scott-Ausgaben. Aber ihr benötigt gewiss eine kleine Atempause, bevor ich mich an sie heranwage.

45 Oliver Goldsmith (1730–1774) war ein irischer Autor von Gedichten, Romanen und Dramen. Bekannt wurde er u. a. durch seinen Roman „The Vicar of Wakefield“ und sein pastorales Poem „The Deserted Village“. Er war ein Freund von Dr. Johnson und gehörte dem „Club“ an.

## II

Es ist großartig, das Leben als Leser mit einer kleinen Zahl wirklich guter Bücher zu beginnen, die man sein Eigen nennen kann. Vielleicht weiß man diesen Umstand nicht sofort zu würdigen. Möglicherweise sehnt man sich zunächst nach Romanen voller kunstloser, purer Abenteuer. Man wird sie vielleicht – oder ganz gewiss – anderen Lektüren vorziehen. Aber die Tage der Langeweile werden kommen, und es werden regnerische Tage kommen. Mit ihnen kommen wird der Drang, die Schwachstellen der eigenen Lesevorlieben mit jenen wertvollen Büchern auszubessern, welche so geduldig darauf warten, vom Bücherbord genommen zu werden. Und plötzlich, eines epochemachenden Tages, erkennt man den Unterschied. Man gewahrt blitzartig: Das eine steht für nichts, das andere für Literatur. Man mag zwar auch nach diesem Tag noch zu seinen unreifen Büchern greifen, aber dann geschieht es zumindest mit einem geistigen Vergleichsmaß von Wert. Man kann nicht mehr der Mensch bleiben, der man vorher gewesen. Stück für Stück wächst einem dann gute Literatur ans Herz, im Gleichschritt mit einem wachsenden Geist wird sie ein Teil des besseren Selbst. Schließlich kommt der Moment, in dem ich mich nun befinde. Man kann zurückschauen auf jene alten Bände und sie aufrichtig lieben für alles, was sie einem in der Vergangenheit bedeuteten. In der Tat waren es jene olivgrünen Scott-Bände, die mich dazu brachten, für die Literatur zu schwärmen. Es waren die ersten Bücher, die ich jemals besaß – sehr lange, bevor ich sie zu schätzen wußte oder auch nur verstehen konnte. Letztlich wurde mir aber klar, welchen Schatz ich mit ihnen in Händen hielt. Als ich ein Junge war, las ich des Nachts heimlich in ihnen, bis meine Kerze heruntergebrannt war. Das Element des Verbrechens in den Geschichten verlieh diesen Leseerlebnissen eine besondere Würze. Vielleicht ist euch aufgefallen, dass meine Ausgabe von „Ivanhoe“[46] sich von den anderen unterscheidet. Meine ursprüngliche Ausgabe habe ich einmal im Gras vergessen, nachdem ich dort neben einem Fluss gelegen hatte. Sie fiel ins Wasser und wurde erst drei Tage später auf einer Sandbank gefunden, vollkommen durchweicht und zerfleddert. Ich glaube aber, dass ich die Ausgabe ohnehin bereits zerlesen hatte, bevor sie mir verloren ging. Ich habe allerdings immer den Drang verspürt, den Roman nach der Lektüre erneut zu lesen, anstatt mit einem mir neuen Stoff zu beginnen, und vielleicht war es daher nur gut, dass ich einige Jahre verstreichen ließ, bevor ich mir eine neue Ausgabe besorgte.

Ich erinnere mich an eine Anekdote, die James Payn[47] einmal erzählte. Gemeinsam mit zwei literatur-

46 Erstmals 1819 erschienen, dürfte es sich bei „Ivanhoe“ heute um Scotts allgemein bekanntestes Werk handeln, nicht zuletzt aufgrund diverser mehr oder weniger werktreuer Verfilmungen. Die in einer Verblendung aus historischen Fakten, romantischen Topoi und Versatzstücken des Abenteuerromans geschriebene Geschichte spielt im England des 12. Jahrhunderts. Es wird die Rivalität zwischen Angelsachsen und Normannen nach dem Sieg Williams thematisiert. Zu Beginn kehrt der Protagonist Sir Wilfred of Ivanhoe – dem sich nun in der Minderheit befindenden angelsächsischen Adel angehörig – nach dem Fehlschlag des 3. Kreuzzugs in die Heimat zurück, in welchem er ein Unterstützer des normannischen Königs Richard the Lionheart gewesen war.

47 James Payn (1830–1898) war ein englischer Autor und zeitweise Chefredakteur von „Chambers's Journal“ in Edinburgh sowie des Londoner „Cornhill Magazine“.

begeisterten Freunden kam er überein, man wolle die dramatischste Szene der Literatur ermitteln. Jeder schrieb die ihm jeweils in den Sinn kommende Szene auf, und bei der Sichtung des Ergebnisses stellte man fest, dass dreimal dieselbe Szene genannt wurde. Es handelte sich um jenen Moment in „Ivanhoe", in welchem der unbekannte Ritter in Ashby-de-la-Zouch[48] an den Zelten der niederen Stände entlangreitet und mit dem scharfen Ende seiner Lanze den Schild des gefürchteten Templers attackiert, den Gegner damit zu einem Kampf auf Leben und Tod herausfordernd. Fürwahr eine prachtvolle Szene! Was macht es da, dass die Ordensregeln der Templer es verboten, an einer so glaubensfernen und frivolen Festivität wie einem Turnier teilzunehmen? Es ist der großen Meister Privileg, die Dinge auf ihre Weise darzustellen, und es nimmt sich ungehobelt aus, ihnen in diesen Dingen zu widersprechen. War es nicht Wendell Holmes[49], der den Prototyp eines prosaischen Mannes beschrieb? Jener Mann, der einen Salon mit dem Kopf voller Fakten betritt, einer Rotte von Tatsachen, die ihm auf dem Fuße folgen wie schlecht erzogene Bulldoggen, und der bereit ist, sie sogleich auf jeden loszulassen, der es wagt, ein geistreiches Spiel mit seiner Einbildungskraft zu trei-

Eigene Essays und Kurzgeschichten veröffentlichte Payn regelmäßig in Charles Dickens' Wochenblatt „Household Words".

48 Eine Kleinstadt in Leicestershire, die nach einer normannischen Burg benannt ist, deren Ruine heute dort noch zu sehen ist. Im Roman lässt Prince John dort ein Turnier stattfinden. Am ersten Tag des Turniers tritt ein mysteriöser Ritter auf, der beim auf die hier geschilderte Herausforderung folgenden Tjost den Sieg davonträgt, seine Identität jedoch selbst auf Verlangen des Prinzen nicht preisgeben will. Letztlich stellt sich heraus, dass es sich bei dem Unbekannten um Wilfred of Ivanhoe handelt. Indem er seinen von ritterlichen Motiven geleiteten Protagonisten maskiert streiten lässt, greift Scott einen romantisch-heldischen Archetypus auf.

49 Oliver Wendell Holmes Sr. (1809–1894) war ein US-amerikanischer Arzt und Schriftsteller, der mit H. W. Longfellow und anderen Dichtern der neu-englischen Romantikbewegung der „Fireside Poets" zugerechnet wird. In seiner Eigenschaft als Mediziner prägte er den heute gängigen Begriff der „Anästhesie".

ben.[50] Der große Schriftsteller aber kann niemals irren. Wenn Shakespeare Böhmen eine Küste verleiht, oder wenn Victor Hugo einen englischen Preisboxer „Mr. Jim-John-Jack" nennt[51] – nun, dann ist das einfach so, und damit ist die Sache erledigt. *„Es gibt keinen zweiten Schienenstrang an diesem Ort*", mahnte einst ein Verleger einen noch unbekannten Autor. *„Dann erschaffe ich eben einen zweiten Schienenstrang an diesem Ort*", antwortete der Autor; und er war im Recht, sofern er seine Leserschaft damit zu überzeugen vermochte.

Aber wir schweifen von „Ivanhoe" ab. Was für ein Buch! Der zweitbeste historische Roman englischer Sprache, wie ich meine. Jedes Mal, da ich ihn wieder lese, steigt meine Bewunderung. Soldaten sind bei Scott im Allgemeinen immer gut und seine Frauen stets schwach, wobei es Ausnahmen gibt, von denen sich eine hier findet. Die Soldaten sind auch im „Ivanhoe" tadellos, aber die romantische Frauenfigur der Rebecca ist gleichauf mit ihnen und durchbricht so die gewohnte Darstellung ihres Geschlechts. Scott beschrieb Männlichkeit so stark, weil er selbst sehr männlich war und für diese Eigenschaft daher großes Verständnis aufbrachte. Bei jungen Heldinnen hingegen beugte er sich meist einer sozialen Konvention, der Mut zum vollendeten Bruch fehlte ihm. Die höchste ihm mögliche Stufe hinsichtlich der Kunst des romantischen Narratives erreicht Scott, wenn er sich in mehreren aufeinan-

50 Obgleich er dichterisch einer romantischen Strömung zugeschlagen wird, war Holmes als ausgebildeter Wissenschaftler ein scharfer Kritiker von Emotionalität und transzendentaler Poesie. Die von Conan Doyle genannte Beschreibung entstammt der dreibändigen „Breakfast-Table"-Reihe. Hier schildert Holmes – für den Diskussionen ein wichtiges Bildungsmedium waren – Unterhaltungen am Frühstückstisch zwischen Menschen, die unterschiedliche Argumentationsstrukturen nutzen.

51 Victor Hugo (1802–1885) war ein französischer Schriftsteller, der durch Romane wie „Der Glöckner von Notre-Dame" und „Die Elenden" bekannt wurde. In Hugos „Der lachende Mann" tritt ein Raufbold namens „Tom-Tim-Jack" auf.

derfolgenden Kapiteln auf ein Minimum an weiblicher Darstellung beschränkt – ein gutes Beispiel stellt der längere Abschnitt vom Beginn des Turniers bis zum Ende des Zwischenfalls mit Friar Tuck dar. Ich glaube kaum, dass sich in der englischen Literatur eine vergleichbar lange Passage mit einer ähnlich durchgehaltenen Atmosphäre finden lässt.

Ich muss allerdings gestehen, dass sich in Scotts Romanen eine inakzeptable Menge an überflüssigem Geschwätz finden lässt. Diese endlosen und unnötigen Einführungen bilden eine dicke Muschelschale, die schwer zu durchdringen ist, will man zur Auster gelangen. Zwar sind Scotts Einführungen oft für sich gesehen wunderbare Texte – gelehrig, lustig und bildhaft –, aber sie stehen nie in angemessener Verbindung zu den Geschichten, denen sie vorangestellt sind. Wie es so oft in der englischen Literatur geschieht, handelt es sich um gutes Material, das schlecht platziert wurde. Abschweifung, ein Mangel an Methode und fehlender Sinn für Struktur sind bei uns Sünden mit nationaler Tradition. Es mag originell anmuten, einen Essay in einen Roman zu schmuggeln, wie es Thackeray in „Vanity Fair“[52] tat, oder in eine Geistergeschichte zu kleiden, wie Dickens es sich getraute.[53] Genausogut könnte sich aber ein Stückeschreiber vors Publikum stellen und Anekdoten darüber zum Besten geben, während die Leute auf den Beginn der eigentlichen Vorführung warten und die Schauspieler hinter der Bühne unruhig werden. Das alles ist einfach nur falsch,

52 William Makepeace Thackerays (1811–1863) „Vanity Fair“ ist ein bedeutender Gesellschaftsroman des Viktorianischen Zeitalters. Conan Doyle spielt auf Kapitel 36 des Buches an, das mit „How to Live Well on Nothing a Year“ („Wie man ein Jahr gut von gar nichts lebt“) überschrieben ist.

53 Dickens hat mehrere Geistergeschichten geschrieben. Da sein essayistisches Interesse vorrangig politischen und sozioökonomischen Themen galt, meint Conan Doyle hier wohl den Klassiker „A Christmas Carroll“.

obgleich gewissermaßen jeder große Autor sich im Laufe seiner Karriere einer solchen Tat schuldig gemacht hat. Unser mangelnder Sinn für die rechte Form ist beklagenswert, und auch Sir Walter ist davon nicht freizusprechen. Aber hat man diese Problematik erst hinter sich gelassen und gelangt zu einer schwierigen Stelle innerhalb der eigentlichen Geschichte, wer findet dann prägnantere Ausdrücke oder mitreißenderes Vokabular als Scott? Erinnert ihr euch an die Szene, in der der skrupellose Sergeant der Dragoner vor den grimmigen Puritaner tritt, auf den ein Kopfgeld ausgesetzt ist?

> *„Ihr seid der mörderische Schurke Burley," sagte Bothwell, sein Schwert kräftig fassend und die Zähne zusammenbeißend – „ein Mal bist du uns entgangen, aber – (hier that er einen Schwur, zu furchtbar, um niedergeschrieben zu werden) – dein Kopf wird mit Silber aufgewogen, und ich bringe ihn an meinem Sattelknopfe heim, oder mein Sattel kommt ohne mich."*
>
> *„Ja," erwiderte Burley mit ernststrenger Fassung, „ja, ich bin jener John Balfour, der versprach, deinen Kopf dahin zu legen, wo du ihn nicht wieder aufheben sollst, und Gott thue mir desgleichen, und noch mehr, wenn ich nicht mein Wort löse."*
>
> *„Also ein Bett auf der Haide, oder tausend Mark!" sagte Bothwell, mit voller Kraft einen Hieb auf Burley führend.*
>
> *„Das Schwert des Herrn und Gideons!" antwortete Balfour, indem er den Hieb parirte und ihn erwiderte.*[54]

54 Eine Szene aus Scotts Covenanter-Roman „Old Mortality" von 1816. Es war der zweite Roman, den Scott innerhalb der Reihe "Tales of My Landlord" veröffentlichte – wiederum eine Verschleierungstaktik des anonym publizierenden Autors,

Hier werden nicht viele Worte verloren! Vielmehr wird die Geisteshaltung beider Parteien in wenigen Sätzen prägnant zusammengefasst, sodass sich die Szene tief ins Gedächtnis einbrennt. „*Bows and Bills!*", riefen die angelsächsischen Waräger beim Angriff der muslimischen Reiterei.[55] Wenn man dies liest, fühlt man einfach, dass es genau so gewesen sein muss. Noch knapper und grimmiger mutet der Schlachtruf an, der aus den Reihen der Vorväter erklang, die unter Wessex' rotem Drachen bei Hastings fochten. „*Out, Out!*", riefen sie den normannischen Rittern entgegen.[56] Einfach, bündig und stark – die kraftvolle Seele des gesamten Volkes lag in diesem Ruf.

Es scheint, als hätten höhere Empfindungen in solchen Momenten keinen Platz. Oder sind sie in gedämpfter Form auffindbar, aber zu wertvoll, um wahrhaft gezeigt zu werden? Vielleicht trifft beides in Teilen zu. Ich traf einst die Witwe jenes Mannes, der als junger Midshipman[57] die berühmte Botschaft Nelsons[58] als Signal von dessen Kommunikator empfing

die suggerieren soll, die Romaninhalte seien mündlich erzählte Geschichten eines Wirtes. Die hier gegebene Übersetzung ist der deutschen Ausgabe „Die Schwärmer" (Stuttgart, 1862) entnommen.

55 Die Waräger werden als Teilgruppe der Wikinger betrachtet, die sich ab dem 8. Jahrhundert über verschiedene Teile Europas ausbreitete. Conan Doyle meint hier jedoch nicht die eigentlichen Waräger, sondern die angelsächsischen Mitglieder der byzantinischen Warägergarde. Der Schlachtruf „Bows and Bills!" weist auf die Bewaffnung der Truppen mit Bögen („Bows") und Hippen („Bills") hin. Gelesen hat Conan Doyle dies vermutlich in einem von Scotts „Tales of a Grandfather"-Büchern. Hierbei handelt es sich um eine Reihe mit non-fiktionalen Geschichtsthemen, wobei der Schlachtruf in einem Abschnitt über „English Archers & Bill-Men" beschrieben wird.

56 Im Jahr 1066 fiel ein normannisches Heer unter William the Conqueror über die Südküste in England ein. Der angelsächsische König Harold Godwinson stellte sich ihnen bei Hastings entgegen – und verlor. Der „Red Dragon of Wessex" ist das Wappentier des Königreichs Wessex, das vor der Gründung des Königreichs England bestand und der als traditionsreiches Symbol weiterhin Verwendung fand.

57 Militärischer Rang, in der Royal Navy „Offiziere in Ausbildung".

58 Horatio Nelson, 1st Viscount Nelson (1758–1805), war ein hochdekorierter britischer Admiral, der viele Siege auf See errang. Hier ist die Schlacht von Trafalgar gemeint, die von der britischen Flotte unter Nelson gegen die verbündeten Flotten von Frankreich und Spanien gewonnen wurde. Das Flaggensignal, welches Nelson

und sie an die Flotte weitergab. Die Offiziere waren beeindruckt, die Mannschaften nicht. *„Unsere Pflicht?“*, meinten sie. *„Haben wir immer erfüllt. Warum nicht?“* Man beachte, dass eine weniger hochgestochene Formulierung eine britische Kompanie wahrhaft deprimiert hätte. Gerade das Understatement erfreut und motiviert sie. Deutsche Truppen können auf ihrem Weg in die Schlacht Luther-Lieder[59] singen. Franzosen werden eine Hymne auf die Glorie ihres Vaterlandes anstimmen, während sie angreifen. Unsere Kriegspoesie brauch dergleichen nicht zu imitieren – zumindest braucht sie sich nicht einzubilden, sie würde unseren Soldaten damit etwas Gutes tun. Unsere Geschützmatrosen in Südafrika sangen: *„Here's another lump of sugar for the Bird“*.[60] Ich wurde Zeuge eines Kampfes, in den ein Regiment zum Refrain von „A Little Bit Off the Top“[61] zog. Eine Kriegspoesie, die nicht das Genie und die Kenntnisse eines Kipling[62] hat, wird viel Tinte verschwenden, ehe sie auf solche Wendungen verfällt. Die Russen sind uns in diesem Punkt recht ähnlich. Ich erinnere mich, von einer russischen Kolonne gelesen zu haben, die mit lustvollem Gesang eine Bresche in die Reihen des Feindes schlug. Der Gesang wurde auch während des Kampfes fortgeführt

---

von der „HMS Victory“ an die Flotte senden ließ, lautete: *„England expects that every man will do his duty“* (*„England erwartet von jedem Mann, seine Pflicht zu erfüllen“*). Es wurde zum berühmtesten Signal der britischen Marine.

59 Martin Luther (1483–1546) war ein deutscher Mönch und Theologe, der als Initiator der Reformation gilt. Luther bearbeitete vorwiegend bestehende Hymnen und Liturgien, schrieb aber auch eigene Lieder. Sein Titel „Ein feste Burg ist unser Gott“ wurde nach Ansicht mancher Experten als Kampflied gegen osmanische Invasoren verfasst. Tatsächlich avancierte das Lied im 1. Weltkrieg zum Kampflied deutscher Truppen, was Conan Doyle hier aber noch nicht gewusst haben kann.

60 Spielt auf den „Sugarbird“ an – ein kleiner Vogel, der ausschließlich in Südafrika zu finden ist.

61 Ein Schlager der Jahrhundertwende, der durch den Music-Hall-Entertainer Harry Bedford (1873–1939) populär wurde.

62 Rudyard Kipling (1865–1936) war ein britischer Schriftsteller und Dichter, der u. a. durch sein „Jungle Book“ bekannt wurde. Conan Doyle spielt auf unterschiedliche kolonial und imperialistisch geprägte Dichtungen Kiplings an.

und war selbst dann nicht verklungen, als zuletzt nur einige wenige Überlebende vom Sieg der Russen künden konnten. Ein Beobachter wollte wissen, welch wundersamer Schlachtengesang die Männer zu solchen Taten angespornt hatte. Wie sich herausstellte, hatten die Männer bloß immer und immer wieder ein- und denselben Satz wiederholt: „*Ivan ist im Garten und erntet Kohl*". Ich vermute, dass der monotone Klang solchen Gesangs den Platz wilden Kriegsgetrommels aus der Urzeit des Menschen einnimmt und den Soldaten so auf hypnotische Weise das Heldentum eingibt.

Unsere Cousins auf der anderen Seite des Atlantiks haben eine ähnliche Tendenz, ihre ernsthaftesten Werke mit einer gewissen Komik anzureichern. Schaut euch nur die Lieder an, die sie während des blutigsten Krieges sangen, den der anglo-keltische Mensch jemals ausfechten musste[63] – der einzige Krieg, der die Annahme rechtfertigte, sie seien zum äußersten gegangen und hätten ihr wahres Antlitz enthüllt. „Tramp, tramp, tramp", „John Brown's Body", „Marching through Georgia" – alle mit einem spielerischen Humor durchsetzt.[64] Lediglich eine Ausnahme ist mir bekannt, und dabei handelt es sich um das hervorragendste Kriegslied, das ich kenne. Selbst ein Zivilist in Zeiten des Friedens kann es kaum ohne Gefühlsausbruch lesen. Ich spreche natürlich von Julia Ward Howes „War Song of the Republic" mit der Anfangszeile: „*Mine eyes have seen the glory of the coming of the Lord*".[65] Wäre dies Lied jemals auf

63 Gemeint ist der Amerikanische Bürgerkrieg, der von 1861–1865 zwischen den Unionsstaaten und den Konföderierten geführt wurde.

64 Typische Beispiele für im US-Bürgerkrieg entstandenes Liedgut. Inwiefern Texten, die von Kriegsgefangenschaft, gewonnenen Schlachten und hingerichteten Bürgerrechtlern handeln, ein „spielerischer Humor" innewohnt, bleibt Conan Doyles Geheimnis.

65 Julia Ward Howe (1819–1910) war eine US-amerikanische Poetin und Aktivistin. Sie trat für die Abschaffung der Sklaverei, für das Frauenwahlrecht und den Pazifismus ein. Ihre berühmte, von christlicher Symbolik geprägte Hymne entstand ebenfalls während des US-Bürgerkriegs.

einem Schlachtfeld gesungen worden, die Wirkung müsste fantastisch gewesen sein.

Ein langer Exkurs, meint ihr nicht? Das ist nun einmal das Schlimmste an den Gedanken, die auf der anderen Seite der verzauberten Tür lauern. Man kann sich keinen herauspicken, ohne sich nicht gleichzeitig in einem Dutzend weiterer zu verheddern. Aber ich sprach von Scotts Soldaten und ich verwies darauf, dass sie nichts Theatralisches haben, keine Poseure sind oder sich etwa heroisch geben (eine Sache, die wahre Helden am meisten verabscheuen). Hier gibt es nur das kurze raubeinige Wort und die schlichte Männlichkeit, und jeder Ausdruck und jede Metapher ordnen sich dem auf ungekünstelte Weise unter. Wie schade, dass er uns trotz seiner Wertschätzung des Soldatischen so wenige seiner Zeitgenossen aus jenem Felde schilderte – dabei waren sie womöglich die besten Soldaten, die es jemals auf Erden gab! Es stimmt natürlich, dass er ein Portrait des großen Soldatenkaisers[66] schrieb, doch legt Scott hier das erste und einzige Mal ein nur durchschnittliches Werk vor. Allerdings ist von einem patriotischen Tory, der Napoléon als eine Art finsteren Dämon betrachtet, auch keine ausgewogene Darstellung zu erwarten. Jedoch war Europa zu Scotts Zeiten reich an Charakteren, denen er entsprechend einfühlsame Darstellungen hätte angedeihen lassen können. Wie gern würde man von einem Reiter aus den Reihen von Murats[67] leichter Kavallerie lesen, oder von einem Grenadier aus Bonapartes Vieille Garde[68]. Portraits, die zweifellos in denselben kräftigen Farben gezeichnet

66 Gemeint ist Napoléon Bonaparte (1769–1821), über den Scott ein biographisches Werk verfasste. Scott war als Konservativer extrem gegen den französischen Kaiser eingenommen.

67 Joachim Murat (1767–1815), war ein französischer Kavallerieoffizier und späterer Schwager Napoleon Bonapartes.

68 Die „Alte Garde“ war eine napoleonische Eliteeinheit.

worden wären wie jenes von Gustav Adolfs Rittmeister[69] oder das der Bogenschützen der französischen Garde in „Quentin Durward“[70].

Bei seinen Aufenthalten in Paris muss Scott viele dieser eisenharten Männer gesehen haben, die über Dekaden sowohl die Plage als auch die Erlösung des Kontinents bildeten. Uns kommen Soldaten, die ihn im Jahr 1814 von den Gehwegen aus finster anblickten, heute ebenso interessant und romantisch vor, wie die gepanzerten Ritter und die stets zu Raufhändeln bereiten Kämpen aus seinen Romanen. Das Leben eines Veteranen des spanischen Unabhängigkeitskrieges[71] und seine Sicht auf den Duke[72] wären genauso reizvoll, wie es die Geschichte von Dugald Dalgettys Beteiligung an den deutschen Kriegen[73] ist. Jedoch erkennt ein Mann niemals den Reiz des eigenen Zeitalters. Die Proportionen verschwimmen und die Aufmerksamkeit wird auf die kleinen Dinge gelenkt, was den Blick aus der Distanz, der nötig wäre, unmöglich macht. In der Finsternis verwechselt man leicht das Glühwürmchen mit dem Stern. Man denke nur an die Alten Meister[74], die ihre Motive in Gasthäusern oder Salons suchten, oder

---

69 Gemeint ist die Figur des Dugald Dalgetty aus Scotts historischem Roman „A Legend of Montrose“, der den englischen Bürgerkrieg (1642–1651) zum Thema hat. Dalgetty ist dort ein Söldner, der im 30-jährigen Krieg Kampferfahrung sammelte, wo er auch für den schwedischen König Gustav IV. Adolf kämpfte.

70 Historischer Roman von Scott, der im 15. Jahrhundert spielt. Der titelgebende Held ist ein Schotte, der in den Dienst des französischen Königs Louis XI. tritt.

71 So wird er von den Spaniern genannt. Die Briten nennen diesen Konflikt (1808–1814) „Peninsular War“. Gemeint sind die Napoléonischen Kriege auf der Iberischen Halbinsel.

72 Gemeint ist Arthur Wellesley (1769–1852), der 1814 als Feldmarschall den Titel „Duke of Wellington“ erhielt. Wellington gilt als bedeutendster britischer Heerführer der napoleonischen Zeit. Er schlug Napoleon in den Kriegen auf der Iberischen Halbinsel und war auch an der endgültigen Vernichtung des französischen Kaisers beteiligt, indem er dessen Armee bei Waterloo so lange standhielt, bis die Preußen unter Generalfeldmarschall von Blücher eintrafen und gemeinsam mit den Briten den Sieg davon tragen konnten.

73 Gemeint ist der 30-jährige Krieg, der von 1618–1648 Zentraleuropa verheerte.

74 Sammelbegriff vorwiegend für die Maler aus der Zeit des 14. bis zum 18. Jahrhundert.

den heiligen Sebastian[75] malten, während Columbus gewissermaßen vor ihren Augen Amerika entdeckte[76].

Ich sagte bereits, dass ich „Ivanhoe" für Scotts bestes Buch halte. Vermutlich würden mir die meisten Leute zustimmen. Wie aber heißt Scotts zweitbester Roman? Es findet sich in seiner Bibliographie wohl kein einziges Buch, das in dieser Frage ohne Fürsprecher bliebe, was auf das hohe Niveau von Scotts Gesamtwerk hinweist. Dem schottischen Menschen müssen natürlich die mit schottischer Lebensart befassten Romane besonders am Herzen liegen. Der reiche Gehalt an schottischem Humor lässt Werke wie „Old Mortality", „The Antiquary"[77] und „Rob Roy"[78] außer Konkurrenz laufen. Seine alten schottischen Frauen sind, neben den bereits benannten Soldaten, der glorreichste von ihm entworfene Typus. Allerdings muss auch eingestanden werden, dass die Strahlkraft des Dialekts in Romanen limitiert ist, sodass Bücher, die damit arbeiten, nie denselben Wert haben können wie Werke, die über Grenzen der Mundart hinaus gewissermaßen zur Welt sprechen. Vielleicht würde ich alles in allem dazu tendieren, „Quentin Durward" zu Scotts zweitbestem Roman zu erklären. Die enorm starke Charakterzeichnung spricht gewiss ein breites Publikum an, und die dargestellten historischen Figuren und Ereignisse

---

75 St. Sebastian (vermutlich gestorben um 288 nach Christus) war ein römischer Soldat und wird von der katholischen Kirche als Märtyrer und Heiliger verehrt. Bekannte Darstellungen aus der Zeit der Alten Meister stammen Zum Beispiel von dem Italiener Correggio, dem Deutschen Hans Memling und dem Lothringer Georges de la Tour.

76 1492 stieß der italienische Seefahrer Christoph Kolumbus auf eine Insel der Bahamas, was als erste Sichtung des amerikanischen Kontinents durch Seefahrer aus dem europäischen Zivilisationsraum gilt, obgleich heute bekannt ist, dass Kolumbus und seine Mannschaft mitnichten die ersten Europäer waren, die amerikanischen Boden betraten.

77 Roman über einen laienhaften Altertumsforscher, dessen Handlung Scott hauptsächlich dazu gebraucht, um Sprache und Lebensweise Schottlands zu portraitieren.

78 Einer von Scotts berühmtesten Romanen, der die Geschichte des schottischen Volkshelden Robert Roy MacGregor (1671–1734) zum Thema hat.

sind von gesamteuropäischer Relevanz. Zudem ist er der Vater aller Mantel-und-Degen-Romane[79], die die leichtere Unterhaltungsliteratur des vergangenen Jahrhunderts so zahlreich bevölkern. Die Darstellungen von Charles the Bold[80] und des unbeschreiblichen Louis[81] sind außerordentlich lebendig. Man kann die beiden Todfeinde förmlich vor sich sehen, wie sie den Bluthunden bei der Hatz auf den Herold zuschauen und sich aneinander festkrallen im Taumel ihrer gefühllosen Heiterkeit. Lese ich Scotts Zeilen, dann scheinen mir diese Bilder klarer vor Augen zu stehen als die meisten Dinge, derer ich in Wirklichkeit ansichtig wurde.

Der Darstellung Louis' in all seiner Schläue und Grausamkeit unter Berücksichtigung seines Aberglaubens und seiner Feigheit steht das Portrait Commines[82] in nichts nach. Tatsächlich ist es in Momenten des Konflikts mit seinem Rivalen sogar effektiv gelungener. Es geschieht nicht oft, dass historische Charaktere in der Vorstellung genauso beschaffen sind, wie sie wirklich gelebt haben. Von Louis und Charles aber kann ich sagen, dass sie mir wie aus Scotts Roman entsprungen vorkamen, als ich ihre Skulpturen in der Innsbrucker Hofkirche bewunderte. Louis als dürrer Asket, Typ „gerissener Schurke"; dagegen Charles mit dem Haupt eines Preisboxers. Es ist herausfordernd, wenn künstlerische Darstellungen eigene Ideen und Urteile in Frage stellen. Da besucht man z. B. die National Gallery[83] und schaut auf das Portrait eines Mannes von noblem Gesichte, mit dunklem Teint und poetischem Blick –

79 Im Original „sword-and-cape novels".
80 Karl I., genannt „der Kühne" (1433–1477) war Herzog von Burgund.
81 Ludwig XI., genannt „der Kluge" (1423–1483), war König von Frankreich.
82 Philippe de Commynes (1447–1511) war ein französischer Diplomat sowie ein Berater von Louis XI. Als Chronist gilt er als ein Vorläufer der modernen Geschichtsschreibung.
83 Kunstmuseum am Trafalgar Square in London, gilt als eine der bedeutendsten Gemäldegalerien weltweit.

und erschrickt geradezu, wenn man auf der Informationstafel liest, es handele sich um den schlimmen Richter Jeffreys.[84] Ab und an wird man aber wiederum zufriedengestellt, so wie ich seinerzeit in Innsbruck. Auf meinem Kaminsims dort drüben steht ein Portrait von Königin Marys[85] Bothwell.[86] Nehmt es einmal herunter und betrachtet es. Beachtet den ausgeprägten Schädel, der so manche Intrige ersann; die animalischen Züge, dazu geschaffen, feinfühlige Damen für sich zu gewinnen; den kraftvollen, fast brutalen Ausdruck, der Mund dabei die Form eines wilden Ebers andeutend und der Bart an feurigen Zorn gemahnend. Der ganze Mann und seine Lebensgeschichte sind in diesem Bild konserviert. Ob Scott wohl jemals das Original gesehen hat, das im Familiensitz der Hepburns[87] hängt?

Persönlich hatte ich immer eine hohe Meinung von einem seiner Romane, den die Kritiker etwas zu harsch behandelten. Ich spreche von einem der letzten Werke, die aus Scotts ermüdeter Feder flossen: „Count Robert of Paris“.[88] Ich bin mir sicher, dass dieses Buch bei früherem Erscheinen mindestens so viel Aufmerksamkeit bekommen hätte wie „Waverley“[89]. Ich verstehe gewiss

84 George Jeffreys, 1st. Baron Jeffreys (1645–1689), war Lordkanzler und oberster Strafrichter von England und Wales. Als seine Pflicht zur Unparteilichkeit ignorierender Richter war er verantwortlich für die als „Bloody Assizes“ bekannt gewordenen, justiziell legitimierten Massaker zur Zeit der Stuart-Restauration.

85 Gemeint ist Maria Stuart (1542–1587), geboren als Mary Stewart, die etwa 25 Jahre lang Königin von Schottland war.

86 James Hepburn, 4th. Earl of Bothwell (1534–1578), war Oberbefehlshaber der schottischen Grenzlande und Maria Stuarts dritter Gemahl. Letzteres wurde er nach dem Mord am zweiten Ehemann, Henry Stuart, dessen mutmaßlicher Auftraggeber er war.

87 Gemeint ist Crichton Castle, südlich von Edinburgh nahe der Quelle des Tyne gelegen. Bekannt vor allem als Motiv des bedeutenden Malers William Turner (1775 – 1851), ist das Schloss heute eine Ruine und wird von der Denkmalpflegeorganisation „Historic Scotland“ verwaltet.

88 Aus der Reihe „Tales of My Landlord“, erschienen 1832 kurz vor Scotts Tod. Der Roman spielt zum Ende des 11. Jahrhunderts in Konstantinopel, wo sich gerade die Vorbereitungen zum 1. Kreuzzug vollziehen.

89 Scotts erster Roman aus dem Jahr 1814. Die Handlung dreht sich um den niederen englischen Adligen Edward Waverley, der durch eine Karriere beim Militär die

den Experten, der in einer Mischung aus Bewunderung und Verzweiflung aufschrie: „*Mein ganzes Leben lang studierte ich die gesellschaftlichen Bedingungen von Byzanz – und hier kommt ein schottischer Anwalt, der mir augenblicklich Klarheit verschafft!*“.[90] Viele Autoren könnten mit unterschiedlichem Erfolg ein Bild des normannischen Englands entwerfen, oder des mittelalterlichen Frankreichs. Aber eine tote Zivilisation in ihrer Gesamtheit plausibel zu rekonstruieren, ihr Würde zu verleihen und unterschiedlichste Details akkurat wiederzugeben, stellt eine wunderbare literarische Tour de Force dar. Sicherlich spiegelt sich Scotts schlechter Gesundheitszustand gerade im letzten Teil des Romans, aber wäre dieser nur halb so gut gelungen wie der vorangegangene Abschnitt, der solch humorvolle Szenen enthält wie jene, in welcher Anna Komnene[91] des Vaters Nachlass verliest, oder auch solch majestätische Schilderungen wie die der an die Ufer des Bosporus brandenden Kreuzfahrerflotte – nun, in solchem Fall könnte man dem Roman seinen Platz unter den besten Werken des Autors nicht versagen.

Ich vermute, Scott hätte seine Geschichtsdarstellung fortgeführt und uns einen Einblick in die Entwicklung des 1. Kreuzzugs[92] gegeben. Was für ein Ereignis! Hat

---

schottische Kultur kennenlernt. Der Roman ist literarhistorisch bedeutend als erster historischer Roman aus britischer Feder. Zudem gilt er als relevant bei der Prägung des sog. „mittleren Helden“ – eines Heldentypus also, der nicht an der Spitze der jeweiligen Gesellschaft steht und sich nicht durch hervorragende Fähigkeiten auszeichnet, sondern von mittlerer Herkunft und durchschnittlichem Format ist. Der Romantitel ist für das Verständnis der Laufbahn Walter Scotts von Bedeutung. Da Scott seine Romane über Jahre anonym veröffentlichte, wurden diese mit dem Zusatz „vom Autor von ‚Waverley‘“ beworben, weswegen seine Romane bis heute als „Waverley-Romane“ nebst entsprechender Nummerierung klassifiziert werden.

90 Quelle nicht ermittelbar.

91 Anna Komnena (1083–1154) war eine byzantinische Geschichtsschreiberin und Tochter von Kaiser Alexios I.

92 Nach Aufruf durch Papst Urban II. zogen ab 1096 sowohl bewaffnete Laienpilger als auch ganze Ritterheere aus Frankreich, Deutschland und Italien gen Osten, um das byzantinische Reich gegen die Seldschuken zu verteidigen. Der Kreuzzug endete 1099 mit der Einnahme Jerusalems.

es jemals eine vergleichbare Sache in der Weltgeschichte gegeben? Der große Unterschied zu anderen historischen Vorgängen besteht in der Struktur, die man allgemein nur selten vorfindet: Klar auszumachender Beginn, Mitte und Abschluss, von den halb-verrückten Predigten Peters[93] bis zum Fall Jerusalems. Bedenkt bloß das Format der Anführer! Es bedürfte eines zweiten Homer[94], um ihnen Gerechtigkeit widerfahren zu lassen. Godfrey[95], der perfekte Soldat und militärische Führer. Bohemund[96], skrupellos und beeindruckend. Tancred[97], das Ideal des fahrenden Ritters. Robert von der Normandie[98], der halb-irre Held. Hier bietet sich derartig reichhaltiges Material dar, dass man sich des literarischen Umgangs damit unwürdig fühlt. Wessen Imaginationskraft wäre stark genug, um Größe und Spannung der geschichtlichen Wirklichkeit zu übertreffen?

Was für eine glorreiche Bruderschaft diese Romane bilden! Ruf euch die vollendete Romantik im „Talisman“[99] ins Gedächtnis; das exquisit abgebildete Leben auf den Hebriden[100] in „The Pirate“[101]; die hervorra-

93 Peter von Amiens, genannt „der Einsiedler“ (1050–1115), war ein begeisterter Anhänger des Kreuzzugs und mobilisierte im großen Stil durch eine Tätigkeit als Wanderprediger.

94 Der Grieche Homer, dessen Geburts- und Todeszeitpunkt unbekannt sind, gilt als Autor der „Illias“ und der „Odyssee“ und somit als erster Dichter des Abendlandes.

95 Gottfried von Bouillon (1060–1100) war ein lothringischer Heerführer und nach dem 1. Kreuzzug erster Regent des neuen Königreichs Jerusalem.

96 Bohemund von Tarent (1051/52–1111) war ein normannischer Adliger und Führer des italo-normannischen Heeres im 1. Kreuzzug. Ab 1097 galt er als faktischer Anführer der gesamten Unternehmung.

97 Tankred von Tiberias (1072–1112) war ein Neffe Bohemunds und nach dem Kreuzzug Fürst von Galiläa

98 Robert II., genannt „Kurzhose“ (1054–1134), war Herzog der Normandie und Sohn von Wilhelm dem Eroberer. Zog verarmt in den Kreuzzug, konnte aber durch Erfolge und eine Heirat zu Geld kommen. Später versuchte er, seinen Bruder Heinrich mit Militärgewalt vom englischen Thron zu verdrängen.

99 „The Talisman“, Erzählung von 1825. Bestandteil der Sammlung „Tales of the Crusaders“.

100 Inselgruppe vor der Nordwestküste Schottlands.

101 Im Roman „The Pirate“ verarbeitete Scott Motive aus dem Leben des Seeräubers John Gow (1698–1725), über den allerdings nur wenig gesicherte Erkenntnisse

gende Beschwörung des elisabethanischen Englands in „Kenilworth“[102]; den tiefgründigen Humor der „Legend of Montrose“ – und bedenkt vor all dem, dass sich in all diesen großen Werken, obgleich zu rauen Zeiten entstanden, nicht ein einziges kränkendes Wort findet, womit sie Zeugnis ablegen von der Größe und dem noblen Charakter von Walter Scott. Sie zeigen uns, welch großen Dienst er der Literatur und der Menschheit erwiesen hat.

Aus diesem Grund ist sein eigenes Leben eine gute Lektüre und steht dort drüben neben seinen Romanen im selben Regal. Lockhart kennt man natürlich als seinen Schwiegersohn und ergebenen Freund.[103] Der ideale Biograph sollte unparteiisch und von zugewandtem Geist sein, dabei immer von dem festen Willen geleitet, die absolute Wahrheit wiederzugeben. Immerhin möchte man die verschiedenen Seiten des Mannes kennenlernen, auch seine verletzliche, menschliche. Wobei ich nicht recht glauben kann, dass wirklich jemand so gut war, wie in den Biographien meist beschrieben. Diese ganzen großen Leute haben gewiss auch mal geflucht, einem hübschen Gesicht hinterhergeschaut, die zweite Flasche geöffnet, wenn sie doch besser daran getan hätten, es bei der ersten bewenden zu lassen, oder etwas getan, was uns das Gefühl vermittelt, sie wären Männer und unsere Brüder gewesen. Natürlich ist aber kein Biograph gezwungen, bei der Darstellung gleich dem Beispiel jener Dame zu folgen, deren Biographie

bestehen. Scott muss sich maßgeblich auf Schilderungen Daniel Defoes gestützt haben, die als nicht belastbar gelten, sowie auf ein Buch zur Piraterie aus der Feder eines Captain Charles Johnson, wobei auch diese Quelle als höchst zweifelhaft betrachtet wird.

102 Ein Roman Scotts, der im elisabethanischen Zeitalter angesiedelt ist und sich maßgeblich auf Kenilworth Castle abspielt.

103 Die Rede ist von „Memoirs of the Life of Sir Walter Scott“, erschienen in 7 Bänden ab 1837. Der Autor ist John Gibson Lockhart (1794–1854), dessen Arbeit gemeinhin als größtes Werk seiner Art nach Boswells Johnson-Biographie gilt.

ihres verstorbenen Mannes mit den Worten beginnt: „*D--- war ein niederträchtiger Mann*“.[104] Jedoch wären die Bücher gewiß lesbarer und ihre Charaktere liebenswerter, wenn wir mehr Licht und Schatten in dem Bild gehabt hätten.

Bei Scott bin ich mir aber ohnehin sicher, dass man ihn bei besserer Kenntnis seiner Persönlichkeit nur noch mehr hätte verehren müssen. Er lebte in einem Zeitalter des Trunkes, in einem von Trinklust geprägten Land, und ich habe nicht den Hauch eines Zweifels, dass er seine schwächlichen Nachahmer an manchen Abenden unter den Tisch trank. Seine letzten Lebensjahre waren dann aber von Enthaltsamkeit geprägt – armer Kerl! – wenn er sich mit Wasser begnügen musste, während andere die Weinkaraffe herumgehen ließen. Selbst dann stellte er unter Beweis, was für ein ritterlicher Gentleman er war, indem er sich nicht leerem Geschwätz hingab, sondern sein restliches Dasein der Askese und der Arbeit widmete! Ihr erinnert euch bestimmt, wie er einst stiller Teilhaber an einer Druckerei wurde und so in den Niedergang des Unternehmens hineingezogen wurde. Es gab Klagen rechtlicher Art gegen ihn, aber kaum solche von moralischer Natur. Es wäre ein Leichtes für ihn gewesen, sich auf eine Bankrotterklärung zurückzuziehen, um den Verpflichtungen des Unternehmens zu entgehen. Gewiss wäre es ihm so möglich gewesen, trotz des unternehmerischen Misserfolges in den kommenden Jahren zum reichen Mann zu werden. Scott aber tat dies nicht, sondern nahm die Verantwortung auf sich. Er widmete fortan den Rest seiner Lebenszeit und seiner Gesundheit der Arbeit, um seine Ehre vor jedweder Befleckung zu bewahren. Ich glaube, er zahlte seinen Gläubigern beinahe hunderttau-

104 Quelle nicht ermittelbar.

send Pfund – eine gewaltige Summe, unter Einsatz seines Lebens erarbeitet.[105]

Was für eine Arbeitskraft er mobilisieren konnte! Übermenschlich. Nur, wer sich selbst als Schriftsteller versucht hat weiß was es bedeutet, wenn man darauf verweist, dass Scott zwei seiner langen Romane innerhalb eines Jahres vorlegte. Ich erinnere mich, dies in einem Buch mit Erinnerungen an Scott gelesen zu haben – wenn ich es recht bedenke, war es bei Lockhart selbst. Dort wird beschrieben, wie der Biograph von seiner Wohnung in der Castle Street in Edinburgh die Silhouette eines Mannes beobachten konnte, die sich an einem mit Vorhängen verdeckten Fenster im Haus auf der anderen Straßenseite abzeichnete. Der Mann dort schrieb den ganzen Tag, was der Beobachter Lockhart anhand der Bewegung des Schattens erkennen konnte, der offensichtlich einen Bogen Papier nach dem anderen beschrieb und sie dann zur Seite auf einen Stapel legte. Lockhart verließ irgendwann seine Wohnung, um auf eine Gesellschaft zu gehen, aber als er zurückkehrte, schrieb die Silhouette noch immer. Am nächsten Morgen erfuhr er, der Mieter des Hauses gegenüber sei Walter Scott.

Es wirft ein interessantes Schlaglicht auf die Psyche des Autors, dass er zwei seiner Bücher – von den guten,

105 Scotts Freund James Ballantyne betrieb eine Druckerei im schottischen Kelso und gab dort ein Magazin heraus. Er hatte Scotts Übersetzungen von Goethe und Bürger veröffentlicht und auch Scotts Sammlung mit „Border Ballads“ wurde dort gedruckt. Zu Beginn des 19. Jahrhunderts schlug Scott seinem Freund die unternehmerische Übersiedlung nach Edinburgh vor und gewährte ihm ein privates Darlehen, später wurden sie Partner – die von Conan Doyle hier benannte „stille Teilhaberschaft“ an der Druckerei. Im Zuge einer Finanzkrise ging die Druckerei 1825 pleite. Wie von Conan Doyle hier beschrieben, weigerte Scott sich, Insolvenz anzumelden. Auch finanzielle Hilfe von Freunden schlug er aus, sogar eine königliche Subvention lehnte er ab. Stattdessen setzte er eigenes Einkommen und Immobilienbesitz ein, um die Schulden abzutragen. Die Gesamtsumme belief sich auf etwa 130.000 Pfund. Obgleich Scott es nicht schaffte, alle Schulden vor seinem Tod zu tilgen , konnte die Restsumme durch den fortgesetzten Erfolg seiner Werke posthum beglichen werden.

wohlgemerkt – unter gesundheitlich derart widrigen Bedingungen verfasste, dass er sich nach der Niederschrift an kein einziges Wort mehr erinnern konnte. Als man ihm später daraus vorlas, war ihm, als höre er etwas von einem gänzlich anderen Autor. Offenbar hatte die einfachste Hirnfunktion des Erinnerns ausgesetzt, während die viel komplexere Funktion der Vorstellungskraft vollkommen unbeeinträchtigt geblieben war. Eine außerordentliche Tatsache, über die man nachdenken sollte. Hier wird uns ein manifester Eindruck jenes Gefühls vermittelt, welches allen Schriftstellern bekannt sein muss – dass nämlich die besten Ideen auf seltsamen Pfaden von außen ins Bewußtsein gelangen und der Autor lediglich das Medium ist, das diese zugeflogenen Ideen aufs Papier zu bringen hat. Das kreative Moment – jener Kerngedanke, aus welchem das Gesamtwerk erwächst – schießt dem Autor ins Hirn wie eine Kugel. Er ist sodann erstaunt über seine eigenen Ideen. Er kann sich nicht entsinnen, an der Entstehung der Idee aktiv beteiligt gewesen zu sein. Und so haben wir hier in Scott einen Mann vor uns, der seine hervorragendsten Arbeiten schafft, während seine anderen Hirnfunktionen außer Kraft sind. Ist es möglich, dass wir lediglich eine Art Transportröhre sind für das unendliche Reservoir des Unbekannten? Gewiss sind es immer unsere besten Werke, die die geringsten Spuren persönlichen Aufwands erkennen lassen.

Ich denke auf dieser Linie weiter, wenn ich die Annahme formuliere, dass physische Schwäche und instabiles Nervensystem das materielle Streben eines Mannes dämpfen und ihn so zu einem passenden Vermittler für die angesprochenen geistigen Kräfte werden lassen. Ein altes Sprichwort lautet:

*Great Genius is to madness close allied,*
*And thin partitions do those rooms divide*[106]

Jedoch findet man auch abseits der Genialität oft den Fall vor, dass selbst ein moderater Hang zur kreativen Gedankenarbeit die Verbindung zwischen Körper und Seele deutlich schwächt.

Sehen wir uns die britischen Poeten von vor einem Jahrhundert an: Chatterton[107], Burns[108], Shelley[109], Keats[110], Byron. Burns war der älteste aus dieser Reihe brillanter Geister, und doch war er zum Zeitpunkt seines Todes erst 38 Jahre alt – „ausgebrannt"[111], wie sein Bruder es schrecklicherweise nannte. Es stimmt natürlich, dass Shelley bei einem Unfall starb und Chatterton durch Gift, wobei Selbstmord für sich betrachtet auf einen morbid gestimmten Geisteszustand hinweist. Es stimmt auch, dass Rogers[112] beinahe 100 Jahre alt wurde, er war aber auch in erster Linie ein Banker und

106 Etwa: „Genialität und Wahnsinn liegen dicht beieinander und sind bloß durch schmalen Zwischenraum getrennt". Conan Doyle gibt hier in abgewandelter Form ein Diktum des Dichters John Dryden (1631–1700) wieder. Wörtlich heißt es in dessen Werk „Absalom and Achitophel" (1681): „Great wits are sure to madness near allied, And thins partitions do their bounds divide".

107 Thomas Chatterton (1752–1770) gilt – obgleich er früh Selbstmord beging – als relevanter Einfluss auf die sich zum Ende des 18. Jahrhunderts konstituierende Englische Romantik.

108 Robert Burns (1759–1796) verschaffte sich durch Verse in schottischer Sprache („Scots") und in schottisch eingefärbtem Englisch einen Ruf als Nationaldichter. Als Pionier der Romantik ist er weltweit anerkannt.

109 Percy Bysshe Shelley (1792–1822) ist einer der großen Vertreter der Englischen Romantik. Gleichsam gilt er als hervorragender Exponent einer radikalen Poesie und ebenso radikaler politisch-philosophischer Standpunkte. Seine spätere Ehefrau Mary Shelley ist die Autorin des „Frankenstein". Er ertrank bei einem Segelunfall.

110 John Keats (1795–1821) gilt ebenfalls als einer der großen Poeten der Englischen Romantik. Er verstarb früh an Tuberkulose.

111 „burned out" im Original – ein Wortwitz, der auf den Nachnamen des schottischen Poeten verweist.

112 Samuel Rogers (1763–1855) war ein zu Lebzeiten gefeierter Dichter, dessen Ruhm jedoch durch die Romantik im weiteren Verlauf verblasste. Aufgrund seines als Bankier angehäuften Vermögens konnte er sich als Kunstsammler hervortun und in höheren Kreisen verkehren. Es verbanden ihn Freundschaften u. a. mit Edmund Burke, Talleyrand und dem Duke of Wellington. Gleichwohl hatte er auch Umgang mit Literaten wie Wordsworth, Byron, Coleridge und Scott.

erst in zweiter ein Dichter. Wordsworth[113], Tennyson[114] und Browning[115], sie alle haben das Durchschnittsalter der Poeten angehoben, aber aus irgendeinem Grunde weisen die Romanciers, gerade in späten Jahren, beklagenswerte Zahlen auf. Am Ende werden sie noch gleichauf liegen mit Bleiarbeitern und anderen hochgefährlichen Berufen. Schaut euch als Beispiel die geradezu schockierenden Fälle unter den jungen amerikanischen Autoren an. Was für eine Anzahl vielversprechender Schriftsteller ist im Abstand weniger Jahre verschwunden! Da war der Autor dieses bewundernswerten Buches „David Harum“[116]; da war Frank Norris[117], der meiner Meinung nach das Zeug gehabt hätte, vor allen anderen lebenden Schriftstellern eine ungeahnte Größe zu erlangen. Sein „Pit“[118] scheint mir zu den hervorragendsten amerikanischen Romanen zu gehören. Aber auch er starb einen zu frühen Tod. Dann hatte man Stephen Crane[119], der ebenfalls brillante Arbeiten vor-

113 William Wordsworth (1770–1850) gilt (gemeinsam mit Coleridge) als Initiator der Englischen Romantik. Sein übergreifender Ruhm als Vertreter der romantischen Dichtung englischer Sprache brachte ihm die Position des „Poet Laureate“ ein.

114 Alfred, Lord Tennyson (1809–1892) zählt zu den berühmtesten englischen Poeten. Er war Wordsworths Nachfolger als „Poet Laureate“ und bekleidete den Posten somit den Großteil des Viktorianischen Zeitalters über.

115 Robert Browning (1812–1889) gilt als exzellenter Vertreter der englischen Poesie während der Viktorianischen Epoche. Seine Ehefrau Elizabeth Barrett Browning war ebenfalls eine profilierte Dichtern, sie galt gar als Rivalin Tennysons im Wettbewerb um den „Poet Laureate“.

116 Ein Beststeller im Jahre 1898, geschrieben vom ehemaligen Bankangestellten Edward Noyes Westcott (1846–1898). Er starb im Publikationsjahr an Tuberkulose.

117 Frank Norris (1870–1902) war ein Autor des Naturalismus, der an den Folgen einer Bauchfellentzündung verstarb.

118 Der Börsenroman „The Pit – The Story of Chicago“ erschien ab 1902 als Fortsetzungsroman in der “Saturday Evening Post” und in Buchform – posthum – 1903.

119 Stephen Crane (1871–1900) machte sich zunächst als Mann für Sozialreportagen in New York einen Namen, bevor er nach England übersiedelte und dort Unter anderem Bekanntschaft mit Henry James und Joseph Conrad machte. Er bereiste als Kriegsberichterstatter verschiedene Konfliktgebiete und trieb als Opfer eines Schiffbruchs einmal mehrere Tage allein in einem Rettungsboot auf dem offenen Meer, bevor er gerettet werden konnte. Er erkrankte an Tuberkulose und starb während eines Kuraufenthalts in Deutschland. Sein bekanntestes Buch ist bis heute der Bürgerkriegsroman „The Red Badge of Courage“ von 1895.

legte, und mit Harold Frederic[120] einen weiteren Meister seines Fachs. Gibt es eine weitere Profession auf der Welt, die – im Verhältnis zur Anzahl ihrer Angehörigen - derartige Verluste erleiden kann? Zwischenzeitlich haben auch wir Derartiges zu vermelden mit dem Tod von Robert Louis Stevenson[121], dem Ableben Henry Seton Merrimans[122] und vielen anderen.

Eigentlich starben aber auch viele der ganz großen Schriftsteller deutlich zu früh, obgleich wir von ihnen sprechen, als ob sie ihre Karrieren nach getaner Arbeit schlicht beendet hätten. Zum Beispiel ist Thackeray[123], trotz seines makellosen Geistes, bereits mit 52 verstorben. Dickens[124] erreichte gerade mal die 58 und Scott – der erst mit 40 Jahren überhaupt das Romanschreiben begann – bloß die 61[125]; womit er aber immerhin eine längere Laufbahn vorweisen kann, als viele seiner Brüder aus der schreibenden Zunft.

Er konnte seiner kreativen Arbeit über einen Zeitraum von etwa 20 Jahren nachgehen, was vermutlich in

120 Harold Frederic (1856–1898) war Autor und Journalist, der einige Zeit als Korrespondent der „New York Times“ in London lebte. Als sein Hauptwerk gilt der realistische Roman „The Damnation of Theron Ware“. Er starb an einem Schlaganfall.

121 Robert L. Stevenson (1850–1894) ist bekannt als Autor von „The Treasure Island“ und des „Dr. Jekyll and Mr. Hyde“. Er studierte ebenfalls in Edinburgh. Als Autor wurde er von Conan Doyle sehr geschätzt, 1890 veröffentlichte dieser sogar einen Essay über Stevensons literarische Methoden. Als Conan Doyle selbst berühmt wurde, wandte sich Stevenson, der seinerzeit nach Samoa übergesiedelt war, brieflich an ihn.

122 Henry S. Merriman (1862–1903) hieß eigentlich Hugh Stowell Scott. Er war ein begeisterter Reisender und verfasste eine Vielzahl von Romanen und Erzählungen, die innerhalb der Viktorianischen Literatur einen hohen Stellenwert genießen und zu Lebzeiten des Autors bereits extrem populär waren.

123 Thackeray ist besonders für seine satirischen Gesellschaftsromane wie „Vanity Fair“ und „The Luck of Barry Lyndon“ im Gedächtnis geblieben, obgleich er – ähnlich wie Dickens – auch in der Zeitungsbranche reüssierte. Sein früher Tod ist auf seinen exzessiven Lebensstil hinsichtlich Speis und Trank zurück zu führen. Er litt bereits früh an Folgekrankheiten und lehnte ärztlichen Ratschlag ab – am Weihnachtsmorgen des Jahres 1863 erlag er einem Schlaganfall.

124 Charles Dickens (1812–1870), der berühmte Autor gesellschaftskritischer Romane wie „Oliver Twist“ und „David Copperfield“, Verfasser bissiger Glossen und Herausgeber relevanter Magazine, verstarb an den Folgen mehrerer Schlaganfälle.

125 Scott erlitt auf einer Erholungsreise einen tödlichen Schlaganfall.

etwa dem zeitlichen Pensum Shakespeares gleichkommt. Der „Bard of Avon“[126] ist im übrigen ein weiteres Beispiel für die Tatsache, dass Genies weniger Anspruch auf Lebenszeit haben als Normalmenschen, wobei er die meisten seiner Familienmitglieder, die alle nicht sehr gesund waren, überlebte, wie ich glaube. Ich denke, er starb an krankhafter Nervosität, was sich von der sukzessiven Verschlechterung seiner Unterschrift ableiten lässt. Vielleicht handelte es sich um Schwindsucht des Rückenmarks[127], die nicht wenige Männer von ausgeprägter Kreativität befällt. Zu den Opfern dieser Krankheit zählen Heine[128], Daudet[129] und viele mehr. Die lang gehegte Meinung, Shakespeare sei an einem durch Zecherei induzierten Fieber gestorben, ist natürlich absurd. Die Wissenschaft hat nie von einem derartigen Fieber gehört. Andererseits können selbst moderate Trinkgelage eine krankhafte Nervosität desaströs verschlimmern.[130]

Gestattet mir noch eine weitere Bemerkung zu Scott, bevor wir den Blick abwenden von jenen grünen Bänden, die mich zu solch weitschweifiger Geschwätzigkeit verleiteten. Keine Darstellung seiner Person ist vollständig ohne den Verweis auf seinen seltsamen Hang zur Geheimhaltung. Er schreckte nicht davor

126 „Barde von Avon“, in Anspielung auf Shakespeares Geburts- und Heimatstadt Stratford-upon-Avon.

127 Im Original „locomotor ataxy“. Gemeint sind neurologische Symptome, die heute unter dem Begriff „Neurosyphilis“ subsumiert werden und die eine Folge unbehandelter Syphilis sind.

128 Heinrich Heine (1797–1856) ist einer der bedeutendsten deutschen Literaten des 19. Jahrhunderts. Er litt möglicherweise an der von Conan Doyle beschriebenen Krankheit, obgleich auch Multiple Sklerose und andere Erbkrankheiten zur Debatte stehen.

129 Alphonse Daudet (1840–1897) zählt zu den kanonisch gewordenen Autoren der französischen Literatur. Der Freund von Émile Zola litt und starb an der von Conan Doyle beschriebenen Krankheit.

130 Die wahre Todesursache Shakespeares ist unbekannt, man hat jedoch eine damals grassierende Typhusepidemie in Verdacht. Die Anekdote um ein Trinkspiel als Todesursache geht auf einen Vikar aus Stratford-upon-Avon zurück, der diese etwa 50 Jahre nach Shakespeares Tod zu verbreiten begann.

zurück, die Wahrheit etwas überzustrapazieren, wenn bloß seine Autorschaft an den so berühmten Romanen verschleiert blieb. Selbst intime Freunde, die ihn täglich sahen, waren sich der Tatsache nicht bewusst, dass sie mit einem Mann verkehrten, über den ganz Europa sprach. Vor seiner Frau hielt er zumindest alle finanziellen Vorgänge geheim, und sie erfuhr erst von der düsteren Lage um Ballantynes Druckerei oder überhaupt der Teilhabe ihres Ehemannes daran, als das Unternehmen bereits bankrott war. Ein Psychologe würde diesen Charakterzug vielleicht in Scotts Romanen wiederfinden, wo er sich in den vielen elfenhaften Fenella-Figuren spiegelt, die flatterig ihr Geheimnis über ganze Kapitel zu verbergen versuchen.[131]

Lockharts Scott-Biographie ist ein trauriges Buch, das mich trübsinnig zurücklässt. Dieser müde Gigant, der sich ums Fortkommen müht, beladen mit Schulden und noch mehr beladen mit Arbeit, die Ehefrau tot und die Nerven zerrüttet, dem nichts geblieben ist als die unbefleckte Ehre – dies ist einer der ergreifendsten Anblicke der Literaturgeschichte. Doch die Wolken verziehen sich, und es bleibt die Erinnerung an einen hervorragenden, noblen Mann, der sich seinem Schicksal bis zuletzt tapfer stellte und seinen Weg klaglos bis zum bitteren Ende verfolgte. Sein Werdegang gibt uns Beispiele für sämtliche menschlichen Emotionen. Groß waren seine Freude und sein Erfolg, ebenso groß sein Niedergang und bitter sein Schmerz. Aber unter allen Söhnen des Menschengeschlechts gibt es wohl kaum

131 Conan Doyle spielt auf eine Figur in Scotts längstem Roman „Peveril of the Peak" an, die wiederum durch einen Charakter in Goethes „Wilhelm Meisters Lehrjahre" inspiriert ist. Interessant ist in diesem Kontext zudem, dass Conan Doyle sich gemeinsam mit Bram Stoker und vielen Autorinnen an einem Experimentalroman mit dem Titel „The Fate of Fenella" beteiligte.

viele größere Männer als ihn, der unter der großen Steinplatte in Dryburgh ruht.[132]

132 Scott liegt mit seiner Ehefrau in einem Steinsarg in Dryburgh Abbey, die nahe des Flusses Tweed in den schottischen Grenzlanden steht. Neben dem Ehepaar Scott fand dort auch Biograph Lockhart seine letzte Ruhestätte. Das Grab der Scotts ist das größte am Ort.

# III

Wir können uns nun ruhig von der langen Reihe der grün gebundenen „Waverley"-Romane und Lockharts Biographie abwenden. In diesen vier grau gebundenen, dicken Bänden dort drüben werdet ihr etwas schwereren Stoff finden. Es handelt sich um eine altertümliche Großdruck-Ausgabe von Boswells „Life of Johnson"[133]. Ich betone den Großdruck, da dieser Aspekt ein Schwachpunkt bei den meisten billigen Ausgaben englischer Klassiker ist, die heute auf den Markt kommen. Handelt es sich um ein überaltertes oder abstruses Werk, so muss zumindest

---

133 James Boswell (1740–1795) war ein Rechtsanwalt aus Edinburgh. Durch Vermögen und Stand war es ihm möglich, zwischen Studium und Berufsausübung ausgedehnte Kontinentalreisen zu unternehmen. Auf diesen Reisen versuchte er stets, in Kontakt mit bekannten Geistesgrößen zu gelangen; so traf er sich z. B. mit den Philosophen Voltraire und Jean-Jacques Rousseau. Er gelangte durch die Veröffentlichung seiner Reisejournale zu moderatem Ruhm, weitere intellektuelle Kontakte knüpfte er aber vor allem dank seiner Bekanntschaft mit Johnson. Boswell begründete mit seiner methodisch weiland revolutionären Darstellung des schon zu Lebzeiten legendären „Man of Letters" Dr. Samuel Johnson die literarische Form der Biographie neu.

„The Life of Samuel Johnson, LL.D." erschien erstmals 1791, also mehrere Jahre nach dem Tod Johnsons (1709–1784). Im Buch entwirft Boswell, der zeitweise sehr eng mit Johnson befreundet war und viel Zeit in dessen Gesellschaft verbrachte, ein vitales Bild sowohl seines Freundes als auch des damaligen intellektuell-künstlerischen Lebens in London. Er erreichte dies, indem er akribisch Tagebuch führte und seine Schilderungen darauf fußen ließ. Er gibt derart Begebenheiten und sogar Gespräche bis ins letzte Detail wieder. Die Forschung hat festgestellt, dass zwischen seinem Tagebuch und der publizierten Form nur geringe Unterschiede bestehen. Daneben verfügte Boswell über einen exzellenten Schreibstil. Das Werk ist aus diesen Gründen ein literarischer Meilenstein und zählt bis heute zu den bedeutendsten Büchern englischer Sprache.

das Schriftbild von Klarheit sein. Dies erleichtert die Zugänglichkeit und ist außerdem gut für die Augen und das Gemüt. Man bezahle lieber etwas mehr für ein Buch, um es dann aber auch vernünftig gebrauchen zu können.

Dieses Buch nun interessiert mich – ja, fasziniert mich – und ich wünschte, ich könnte mich schlicht in jenen Chor wärmster Lobreden einreihen, die dem gutherzigen Tyrannen allenthalben zuteil wurden. Aber ich möchte Johnsons eigenem Ratschlag folgen und *„meinen Geist von Ungereimtheiten reinigen"*, auch wenn dies hier gar nicht so leicht zu bewerkstelligen ist. Man ist es schließlich gewohnt, sich ihm durch die zugewandten Augen von Macaulay oder Boswell zu nähern, und es fällt schwer, den Blick zu klären und sich eine gänzlich eigene, ehrlich Meinung zu bilden, die alle Äußerungen des Mannes, seine Taten und Grenzen umstandslos berücksichtigt. Jeder Versuch geht mit den seltsam gemischtesten Eindrücken einher. Wie lässt sich dieses Vorhaben am besten umsetzen? Klar bleibt, dass hier John Bull zu Literatur gemacht wurde – die übertriebene Variante der Karikaturisten zumindest – John Bull mit all seinen guten wie schlechten Qualitäten.[134] Wir finden hier ein weiches Herz, verborgen unter rauer Schale, ein explosives Temperament und Arroganz, Engstirnigkeit mit gleichzeitigem Bedürfnis nach Anerkennung, Grobheit im Erkenntnisprozess, Bestimmtheit, ein vorherrschender Hang zum Aufbrausen, tief verwurzelte religiöse Prinzipien, und alle ande-

134 „John Bull" ist für England, was „Uncle Sam" für die USA: eine künstlerische Personifikation von vermeintlich typisch englisch-nationalen Charakteristika aus den Bereichen des Stils und der Persönlichkeit. Sie wurde von John Arbuthnot, einem Zeitgenossen Jonathan Swifts und Alexander Popes, in satirischer Absicht geschaffen, fand dann aber schnell eine wohlmeinendere Verwendung in politischen Cartoons und in der Werbung. Der Literaturwissenschaftler Jens-Peter Becker nennt in einem seiner Aufsätze Conan Doyle den „typischen John Bull".

ren Charakteristika des grobschlächtigen John Bull, der der Ur-Großvater des heutigen wohlgestimmten Johnnie ist.

Was würden wir von Johnson wohl heute noch wissen, hätte es Boswell nicht gegeben? Mit schottischer Hartnäckigkeit hat er die Welt mit seiner Heldenverehrung angesteckt. Es war nur natürlich, dass er selbst Bewunderung für seinen Gegenstand empfand. Die Beziehung zwischen den beiden Männern war sehr angenehm, die Qualität der Gespräche ihrer beider Verdienst, aber als sichere Basis für die Beobachtungen einer dritten Person sind die entsprechenden Schilderungen nur bedingt geeignet. Als sie sich kennenlernten, war Boswell ein Mittzwanziger und Johnson bereits 54 Jahre alt. Der eine ein eifriger, junger Schotte von begeisterungsfähigem Gemüt, der andere ein arrivierter Mann einer früheren Generation. Vom ersten Moment an entwickelte sich zwischen ihnen eine Verbindung, die von absoluter Vorherrschaft des Älteren über den Jüngeren geprägt war. Ehrliche Kritik wurde dadurch erschwert, noch ärger als zwischen Vater und Sohn. Die Belastbarkeit der bis zuletzt ungetrübten Beziehung ergab sich aus dieser Struktur.[135]

135 Conan Doyle sitzt hier einem zu seiner Zeit gängigen Bild Boswells auf, an dessen Etablierung Lord Macaulay nicht ganz unschuldig ist . Zwar empfand dieser gewiss große Bewunderung für Johnson – so wie die meisten Zeitgenossen es taten – und nicht selten ordnete er sich der Meinung des Vorbilds unter. Von der hier beschriebenen *„absoluten Vorherrschaft“* kann dennoch keine Rede sein. Boswell war als junger Intellektueller erpicht, von seinem älteren Freund zu lernen, und tatsächlich ließ er sich dann und wann zu der Aussage hinreißen, er bewundere und verehre Johnson in höchstmöglichem Maße; aber er sah auch klar dessen Fehler und Beschränkungen. Er war in vielen Punkten durchaus anderer Ansicht als Johnson und teilte dies ihm auch mit. Ebenso gibt es Momente, in denen sich Boswell für die polternde, bei Zuhörerinnen und Zuhörern manchmal Entsetzen auslösende Art seines Freundes geradezu geniert. Dann und wann ahmt er sogar Johnsons hauruckartiges Abschneiden eines Gespräches in dessen Gegenwart scherzhaft nach. Dazu kommt, dass Johnson nach anfänglicher Zurückhaltung große Stücke auf Boswell zu halten begann und seinen Freund regelmäßig zu eigenen Projekten und Argumentationsentwicklungen ermutigte. Als Boswell, der ein beflissener Korrespondent war, seinem Freund einmal zu lange nicht schrieb, erkundigte sich Johnson alarmiert, ob etwas vorgefallen sei. Er ließ sich von Boswell, den er unter vier

Man kann leicht an Boswell herummäkeln, wie Macaulay es tat, aber ein Mann schreibt nicht zufällig die beste Biographie seiner Sprache.[136] Wir finden hier einige hochwertige und seltene literarische Qualitäten. Einen klaren und vitalen Stil, flexibler und nationaltypischer als der seines Vorbilds. Bemerkenswerte Diskretion, die verantwortlich dafür ist, dass wir kaum eine Geschmacklosigkeit in diesem voluminösen Buch zu finden vermögen, trotz der überall lauernden Fallstricke, denen Boswell bei der Niederschrift entgehen musste. Man sagt, er sei im Privaten ein Narr und Stutzer gewesen – mit der Feder in der Faust ist er keines von beiden. Auch lag er in Disputen mit Johnson nicht immer daneben, wie die Erfahrung gezeigt hat. Es gibt ein paar Momente, in denen Boswell sich getraut, leise Zweifel anzumelden, die dann von Johnsons dröhnendem „*Nein, Sir!*“ zwar abgeschmettert werden, Boswell aber blieb rückblickend nichtsdestotrotz im Recht. So in der Frage der Sklaverei und der Amerikanischen Revolution, in einer Debatte über die Hannoversche Dynastie, in Punkto religiöser Toleranz und so weiter.[137] Ich

---

Augen gern „Bozzy“ nannte, zu Unternehmungen überreden und beglückwünschte ihn zu gelungenen Aussagen. Alles in allem kann von einer einseitigen, bedingungslosen Hingabe Boswells also überhaupt nicht die Rede sein.

136 Als Boswells Buch 1831 in einer von John Wilson Croker kommentierten Neuausgabe erschien, besprach Macaulay es im „Edinburgh Review“. In der Rezension zieht er recht arg gegen Boswell vom Leder. Während er die Meriten des Werks zwar anerkennt, hält er den Autor selbst jedoch u. a. für einen „*vorlauten, oberflächlichen und bigotten*“ Zeitgenossen, der sich wie „*Johnsons Schoßhündchen*“ verhalten habe.

137 Conan Doyles Gedächtnis trügt zum Teil. Zwar war Johnson in der Tat gegen die Unabhängigkeitsbestrebungen der Amerikaner eingestellt (entgegen der Meinung seines Klubfreundes Edmund Burke, man muss sogar sagen, dass er einen regelrechten Hass auf Amerika und das sezessionistische Bestreben dieser englischen Kolonie empfand. Auch ist korrekt, dass das Haus Hannover, unter dessen Regentschaft Johnson lebte, seinen Beifall nicht fand. Allerdings war Johnson ein eindeutiger Gegner jeglicher Sklavenhaltung. In England und Irland war die Sklaverei 1772 abgeschafft worden, in Schottland geschah dies erst 1778. Während Boswell eher geneigt war, einer gesetzlich regulierten Form der Sklaverei zuzustimmen, wurden diese Entwicklungen von Johnson begrüßt.

In Glaubensfragen liegen die Dinge komplexer, als Conan Doyle es hier bescheidet. Johnson war der Ansicht, dass die Christenheit eher politisch als reli-

könnte aus dem Gedächtnis noch etwa ein Dutzend weitere Themen nennen. In diesen Punkten waren es Boswells Ansichten, die vor der Prüfung der Zeit Bestand hatten.[138]

Als Biograph übertrifft er sich selbst, wenn er uns an gewissen Stellen genau das erzählt, was wir wissen wollen. Wie oft liest man eine Biographie, die genau jene Details auslässt, welche wichtig gewesen wären, um sich ein Bild der Persönlichkeit des betreffenden Mannes zu machen? Nicht so bei Boswell. Johnson erwacht hier zum Leben. Denkt an diese kurze

---

giös gespalten sei. Auf individueller Ebene war er leutselig eingestellt; über einen befreundeten Arzt erzählte er einmal, dieser sei als frommer Mann anzusehen – der Doktor habe zwar ewig keine Kirche mehr betreten, aber er ziehe wenigstens stets seinen Hut, wenn er an einem Gotteshaus vorbeikomme. Dazu kommt ein Aspekt, der seltsamerweise von Conan Doyle hier gar nicht gewürdigt wird: Johnsons Interesse an Geistern. Er nahm regen Anteil an Spukerscheinungen und war mindestens einmal selbst an der Entlarvung eines Betrugs beteiligt. Er war allgemein der Ansicht, die Existenz von Geistern sei eines der wichtigsten theologisch-philosophischen Menschheitsrätsel überhaupt. Auch die empirische Forschung zur Hellseherei fand seinen Beifall. Andererseits ist eine Kritik an Johnson in dieser Frage absolut legitim, da dieser sich in einschlägigen Kontexten so manches Mal in einen intoleranten Furor hineinsteigerte und dogmatische Ansichten bis zur letzten Konsequenz vertrat. Gerne ließ er in Debatten vernehmen: „*Was die Philosophie dazu sagt, ist wahrscheinlich. Was dazu in der Bibel steht, ist gewiss.*" Boswell selbst wurde von seiner Mutter in calvinistischem Geiste erzogen, liebäugelte später jedoch mit einem Übertritt zum Katholizismus, wofür es aus Sicht des anglikanischen Johnson durchaus Argumente gab, wenngleich er als Traditionalist der Ansicht war, man solle die althergebrachte Religion seiner Familie nicht im Stich lassen.

138 Conan Doyles Bewertung Boswells bleibt kritikwürdig. Es finden sich trotz aller Bewunderung Boswells für Johnson eine Vielzahl kritischer und wenig schmeichelhafter Stellen im Buch, sodass das Publikum einen insgesamt recht differenzierten Eindruck von Johnsons Charakter und seines Verhaltens erhält. Wie hätte Conan Doyle sonst von den ganzen Eigenschaften erfahren können, die er selbst hier als negative aufzählt? Da Boswell auch vor Derbheiten in Johnsons Verhalten keineswegs zurückschreckt, erscheint unklar, welche „Diskretion" Conan Doyle hier anspricht. Möglicherweise ist Boswells zurückhaltende, eher sachliche Mitschrift von Gesprächen delikater Natur gemeint, Darunter Dialoge über Geschlechtsverkehr, uneheliche Nachkommenschaft und dergleichen. Johnson jedenfalls lebte seine exzentrischen Seiten vor den verschiedensten Leuten aus und galt weithin als Sonderling; es wäre Boswell entsprechend also kaum möglich gewesen, den komplexen Charakter seines Freundes einfach unter den Teppich zu kehren. Tatsächlich erkennt Conan Doyle genau dieses Wiedergeben von Details jedweder Couleur im folgenden Abschnitt lobend an. Es entsteht mithin der Eindruck, Conan Doyle habe hier eher die Person Samuel Johnson als den Autor James Boswell kritisieren wollen.

Beschreibung Johnsons – nicht in „Life of Johnson“, sondern in „The Tour to the Hebrides“[139], das bekannt ist für seine lebhaften Portraits; es steht übrigens dort direkt neben den anderen Büchern von Boswell. Mögt ihr einen Abschnitt daraus hören?

> *Er war von großer, robuster Gestalt. Ich würde sogar sagen, er ähnelte einem Giganten von korpulenter Unförmigkeit. Seine Haltung war von Natur aus die einer antiken Statue, lediglich etwas entstellt durch Skrofulose. Er befand sich nun im 64. Lebensjahr und war etwas taub geworden, seine Sicht war ohnehin noch nie die beste. Dennoch waren Geist und Auffassungsgabe ungewöhnlich schnell und sicher geblieben, sodass organische Defizite hierdurch ausgeglichen wurden. Sein Kopf und manchmal gar sein ganzer Körper zuckten bisweilen paralytisch. Es schien, als litte er unter Symptomen, die dem Veitstanz ähnelten. Regelmäßig wurde er von Krämpfen und konvulsivischen Kontraktionen geplagt. Er trug stets einen einfachen braunen Anzug und über seinen braunen, im Ansatz gelockten Haaren eine ergraute Perücke. Dazu ein einfaches Hemd, schwarze Strümpfe und Schuhe mit silbernen Schnallen. Seine Garderobe für unsere hier beschriebene Reise bestand aus Stiefeln und einem weiten braunen Mantel, einer Soutane ähnlich und war versehen mit Taschen, in denen zwei Bände*

139 Der Reisebericht „The Journal of a Tour to the Hebrides with Samuel Johnson, LL.D.“ erschien 1785, also kurz nach Johnsons Tod und einige Jahre vor der großen Biographie. Boswell hatte seinen Freund, der einen Widerwillen gegen Schottland und alles Schottische hegte, über längere Zeit zu der Reise gedrängt. Der Weg führte sie von Edinburgh aus quer durchs Land und über verschiedene schottische Inseln. Sie reisten zu Pferde, zu Fuß und per Boot und kamen einige Male in durchaus heikle Situationen, da der abenteuerlustige Johnson bestrebt war, die *„Wildheit des Landes“* zu erleben. Sie nächtigten in rustikalen Gasthöfen, durchwanderten Dörfer, in denen niemand Englisch sprach und zechten mit lokalen Gutsherren. Vielerorts war der Name Johnsons wohlbekannt, was ihm schmeichelte. Johnson mochte zwar auch weiterhin von seinen (oft allerdings eher spielerisch und neckend gepflegten) Ressentiments gegen Schottland nicht lassen, hatte die Reise durchs Land jedoch insgesamt sehr genossen. Leidtragende seines Besuches war Boswells Gattin, die sich mit dem Betragen Johnsons nicht anzufreunden wusste.

*seines Wörterbuchs problemlos Platz gefunden hätten. Dazu führte er stets einen Spazierstock aus englischer Eiche mit sich.*

Ihr müsst zugeben, dass jeder selbst schuld ist, der sich nach dieser Beschreibung kein Bild von Johnson zu machen versteht, und es finden sich Dutzende solcher Abschnitte im Buch. Es sind eben jene lebendigen Darstellungen des großen, ungeschlachten Mannes mit seinen Grunz- und Ächz-Lauten, seines einem Gargantua[140] würdigen Appetits, seinen täglich zwanzig Tassen Tee und seinen vielen Ticks, wie jener mit den Orangenschalen oder der mit den Laternenpfählen, die das Buch zum Faszinosum machen.[141] Dies alles zusammengenommen ließ Johnson selbst zur literarischen Erscheinung werden, während seine eigenen Werke dies nicht vermochten.

Seien wir ehrlich und überlegen uns, welche seiner Schriften heute noch von Interesse sind. Gewiss nicht „Rasselas", dieser gestelzte Schmachtfetzen.[142] Was ist

140 Eine satirische Romanfigur aus der Feder des französischen Renaissance-Autors François Rabelais, auf die später u. a. Jonathan Swift in seinem Klassiker „Gulliver's Travels" Bezug nahm.

141 Johnson hatte die Angewohnheit, übriggebliebene Orangenschalen zu sammeln, wenn er die Frucht verzehrt hatte. Boswell und andere Freunde Johnsons waren erpicht, den Grund zu erfahren, wurden aber von diesem lange abgewehrt. Irgendwann wurde dann bekannt, dass Johnson sich aus den Schalen einen Sud gegen Verdauungsstörungen bereitete.

Die zweite Anspielung verweist auf Johnsons Bedürfnis, jeden einzelnen Laternenpfahl mit dem Finger zu berühren, sobald er von seiner Wohnung aus die Fleet Street hinab schritt. Derlei zwanghafte Verhaltensweisen finden sich – im Verbund mit körperlichen „Ticks" und psychischen Malaisen – bei Johnson derart gehäuft, dass sein Gesundheitszustand immer wieder zu Diskussionen psychologischer und neurologischer Natur geführt hat. Die gestellten Diagnosen variieren dabei, unter anderem vermutet man Depressionen, neurotische Angstzustände, Nervenschäden durch die im Kindesalter erlittenen Krankheiten und eine Form des Tourette-Syndroms.

142 Zuerst 1759 erschienen, handelt es sich bei „The History of Rasselas, Prince of Abissina" um eine didaktisch strukturierte Erzählung, die Johnson unter dem Einfluss seiner Montesqieu-Lektüren schrieb. Im Zentrum der auf allegorische Wirkung hin verfassten Entwicklungshandlung steht der Sohn des abessinischen Königs, der seiner behüteten Existenz entfliehen will und auf der Suche nach Sinn,

mit „The Lives of the Poets"? Lediglich eine Sammlung von Vorworten.[143] Auch die Essays aus dem „Rambler" sind ephemerer Natur.[144] Sein Wörterbuch fertigte Johnson unter monströser Plackerei und brachte damit gewiss eine beachtliche Pionierleistung von monumentalem Charakter zustande, aber es bleibt dadurch stets eine gewisse Distanz zu diesem unvorstellbaren Werk. „London"[145] hat einige starke Zeilen und die „Journey

Selbstständigkeit und Glück in die Welt hinauszieht. Obgleich von zeitgenössischen Lesern aufgrund der Einarbeitung moralisch-philosophischer Streitfragen als wichtiges Werk betrachtet, überschattet Voltaires nur wenige Monate zuvor erschiene und strukturell wie hinsichtlich der Grundidee ähnliche Novelle „Candide" den Nachruhm von Johnsons sich einer klaren Einordnung entziehendem Werk.

Ein Grund dafür wird in dem Faktum gesehen, dass Voltaire mit „Candide" eine bissige Kritik der herrschenden Verhältnisse vorlegte, während Johnson als Verfechter einer bürgerlichen Moral dies im „Rasselas" nicht oder zumindest in deutlich schwächerer Form tat. Wo Voltaire auf Änderung hin kritisiert, folgt Johnson einem pessimistisch-konservativen Weltbild des Sich-Fügens in Verhältnisse, die zwar misslich, aber doch nicht zu ändern seien. In diesem Punkt wird die Grundlage für derart auseinanderstrebende Weltinterpretationen meist in den sich unterscheidenden religiösen Überzeugungen Voltaires und Johnsons gesucht. Ein weiteres Differenzkriterium müsste auch in den kulturellen Umfeldern und ihren divergierenden materiellen Grundlagen zu suchen sein; so war sich bereits Goethe sicher, speziell in der englischen Literatur des 18. Jahrhunderts – also dem Zeitalter der ersten Krise der bürgerlichen Gesellschaft -- einen *„ernsten Trübsinn"* und *„elegische Trauer"* ausgemacht zu haben. Indes war Johnson selbst offenbar recht wenig an der Nachwirkung seiner Schrift interessiert, denn er ließ seine Freunde wissen, er habe das Buch innerhalb einer Woche heruntergeschrieben, um mit dem Erlös die Beerdigung seiner Mutter bezahlen zu können, und sich dann nicht mehr damit befasst. Er geriet allerdings in einer anderen Frage mit Voltaire aneinander .

143 Es handelt sich um biographisch-kritische Essays über diverse Autoren und Poeten, darunter John Milton, Alexander Pope, John Dryden und Jonathan Swift. Ursprünglich als Vorworte zu einer Gedicht-Anthologie gedacht, sind die Essays später auch eigenständig erschienen. Zwischen 1779 bis 1781 erschienen mehrere Bände unter dem Titel „Lives of the Most Eminent English Poets".

144 Zu Deutsch etwa „Der Bummler"; ein von Johnson selbst gegründetes Periodikum, das von 1750 bis 1752 wöchentlich jeweils Dienstag und Samstag erschien. Johnson schrieb hier über diverse ihn interessierende Themen, wobei er sich durch seinen elaborierten Stil von vergleichbaren Blättern jener Zeit abhob. Zudem war es sein erklärtes Ziel, neben Information und Bildung auch Unterhaltung zu bieten. Johnson verfolgte in späteren Jahren ähnliche Projekte, zu nennen ist die Zeitschrift „The Idler" (etwa „Der Müßiggänger").

145 Ein frühes Poem, das eine Arbeit des römischen Satiredichters Juvenal zum Vorbild hat. Es gilt als Johnsons erstes weithin publiziertes Werk und sicherte ihm u. a. die Aufmerksamkeit von Alexander Pope, der seinerzeit unangefochtenes Ansehen als Englands erster Dichter genoss.

to the Hebrides“[146] ein paar geistreiche Seiten zu bieten. Damit wäre sein Gesamtwerk aber bereits zusammengefasst, einige politische Pamphlete und ähnliche Texte beiseitegelassen. Man muss eingestehen, dass dies kaum ausreichend ist, um seine hervorgehobene Stellung in der englischen Literatur zu rechtfertigen. Es braucht den bescheidenen, zu oft verächtlich gemachten Biographen, um zu einer überzeugenden Erklärung dafür zu gelangen.[147]

146 Gemeint ist nicht Boswells Buch, sondern Johnsons eigenes, früher publiziertes Tagebuch von der Reise, das unter dem Titel „A Journey to the Western Islands of Scotland“ erschien. Heute werden beide Werke meist in einem Band angeboten.

147 Obgleich Boswells Verdienste aus literarhistorischer Sicht gewiss kaum zu unterschätzen sind, ist Conan Doyles Beurteilung Johnsons hier wenig stichhaltig. Allein das Wörterbuch „A Dictionary of the English Language“ stellt eine so ungeheure Pionierleistung sprachgeschichtlicher Art dar, dass Wirkung und Wichtigkeit nicht genug betont werden können. Es waren einige Buchhändler – zur damaligen Zeit meist gleichzeitig auch Verleger – die auf die Idee verfielen, es brauche ein Wörterbuch der englischen Sprache, um einen einheitlichen Überblick bezüglich Grammatik und Aussprache zu erhalten. Während dies in Frankreich bereits gängige Praxis war, kannte Großbritannien Derartiges bis ins mittlere 18. Jahrhundert nicht. Der Buchhändlerstammtisch engagierte Johnson im Jahr 1746 für die Aufgabe, ein Vertrag über drei Jahre Arbeitszeit bei einer Pauschalentlohnung von 1.575 Pfund wurde geschlossen. Johnson mietete sich mit dem Geld Arbeitsräumlichkeiten und mehrere Hilfskräfte, die ihm ordnend zur Hand gingen und zeitraubende Schriftarbeit erledigten (was seinen eigenen Arbeitslohn extrem minimierte und Boswell an seines Freundes statt später sehr empörte). Da Johnson keine rechten Vorbilder bei der Erstellung eines Wörterbuches hatte, ging er methodisch und strukturell gänzlich nach eigenen Vorstellungen vor. Er las dazu Hunderte und Aberhunderte von Büchern, die ihm als relevanter Beitrag zur englischen Sprache seines Jahrhunderts erschienen. Dabei war es nicht sein Ziel, alle bekannten Begriffe zu sammeln, sondern das recht diverse Gebrauchsenglisch seines Zeitalters abzubilden. Vor allem unter Rückgriff auf große Autoren wie Shakespeare, Milton und Dryden sammelte er so Wörter nebst ihren unterschiedlichen Bedeutungen, gab Hinweise zur jeweiligen Aussprache und führte zudem – vielleicht der wichtigste Aspekt seiner Arbeit – über 100.000 Zitate an, um Herkunft und Gebrauch von Wörtern zu belegen. Letztendlich benötigte Johnson für diese monumentale Arbeit, deren Löwenanteil er nach wissenschaftlicher Lehrmeinung trotz der Hilfskräfte selbst bewältigt hatte, etwa neun Jahre. Die erste Auflage des „Dictionary“ erschien 1755. Der auf Genauigkeit bedachte Johnson arbeitete jedoch beinahe den Rest seines Lebens immer wieder an Erweiterungen und Korrekturen, sodass das Wörterbuch noch zu seinen Lebzeiten mehrere Neuauflagen erfuhr, die im Gegensatz zur ersten Drucklegung zu günstigeren Preisen und teils in übersichtlicherer Fassung angeboten wurden. Heutigen wissenschaftlichen Standards hält Johnsons Buch nicht mehr stand; so verlässt Johnson immer wieder in den Wortdefinitionen das Terrain der Neutralität, um *„eigene Meinungen oder gar Vorurteile einzuschmuggeln“*, wie bereits Boswell pikiert anmerkte. Wenn Conan Doyle sich weiter unten im Text über eine *„Beschimpfung von Pensionären“* in Johnsons Wörterbuch beklagt, so ist dies faktisch nicht unzutreffend. Die von Johnson gegebene Definition zum Wort „Pen-

Kommen wir zu Johnsons Talent als Redner und Debattierendem. Wie konnte er sich auf diesem Feld derart auszeichnen? Durch Eindeutigkeit in den Formulierungen und Bestimmtheit in der Sache. Dies jedoch ist auch Zeichen eines engstirnigen Dogmatismus – eine Haltung, die eine Unmöglichkeit für Menschen mit Empathie und Imaginationskraft ist, die Fragen immer aus unterschiedlicher Sicht betrachten und die begrei-

sion" lautet: „*Leibrente, die ohne Gegenleistung ausgezahlt wird; in England meist ein vom Staat ausgelobter Lohn für Landesverrat.*" Indes beweist der Lexikograph Selbstironie, wenn er diesen Begriff definiert mit: „*Schreiber von Wörterbüchern; ein harmloser Lohnsklave, der sich mit Sucharbeiten und minimalsten Einzelheiten herumplagt.*" Trotz dieser Eigentümlichkeiten gilt Johnsons Wörterbuch bis heute als eines der wichtigsten und einflussreichsten Werke seiner Art.

Aber auch Johnsons Autoren-Essays sind weithin als prägend für die englische Sprache und die Eingrenzung des Feldes englischer Literatur anerkannt. Abermals waren es Buchhändler, die an Johnson herantraten. Sie planten eine Ausgabe mit Gedichten ausgesuchter englischer Dichter und baten Johnson um Einleitungen zu den insgesamt 52 enthaltenen Poeten. Die Entlohnung fiel erneut relativ schmal aus, da man von einer einfachen Aufgabe für Johnson ausging. Dieser schrieb dann aber deutlich ausführlichere und originellere Essays als angedacht. In seinem Tagebuch beklagt sich Johnson über seine Unfähigkeit zur lockeren Arbeitsweise: „*Irgendwann im März bin ich fertiggeworden, gearbeitet habe ich wie stets: erst aufschiebend, dann hastig, mit einem Unwillen gegen das Schreiben, unter Anstrengung und mit dem Drang, die Arbeit eilig zu beenden*". Da es sich um Literaturkritik handelt, erregten Johnsons Beurteilungen einzelner Poeten bereits zu seinen Lebzeiten Widerspruch, und bis heute werden Urteile und Autorenauswahl durchaus bemängelt; auch gibt Johnson biographische Details nicht immer akkurat wieder. Indessen verweisen gewichtige Fürsprecher wie Matthew Arnold auf die stilistische Brillanz und Originalität der Struktur. Heute gelten die „Lives" als relevante Pionierarbeiten der Literaturkritik und anteilig auch der Literatursoziologie.

Dazu wird auch Johnsons Beitrag zur englischen Presse in Form seines „Ramblers", der im direkten Anschluss an die von Lesehunger geprägte Augustinische Periode erschien, als bedeutsam eingestuft. Nachdem Johnson sich mit mäßigem Erfolg an der dramatischen und der lyrischen Form versucht hatte, verfiel er auf die Idee, ein Periodikum im Stile des „Spectator" zu machen. Er überredete einige Verleger, ihm Startkapital zu gewähren. Zwar widersprach eine stetige Publikation von Texten der sprunghaften Arbeitsweise Johnsons, aber er verpasste tatsächlich niemals eine Abgabefrist. Allerdings schrieb er einige Essays auf den letzten Drücker und reichte sie ohne Lektorat ein. Zwar fand der „Rambler" nur moderate Verbreitung, erarbeitete sich jedoch in kleinem Rahmen eine treue Leserschaft und wurde weithin für sein sprachliches und inhaltliches Niveau gerühmt. Man vermutet, das Blatt habe geringeren Absatz gefunden als seinerzeit der „Spectator", da Johnsons didaktisch-moralischem Stil Elemente wie Spannung und Leichtigkeit abgingen. Erfolgreicher waren Johnsons Essays, als sie später in Buchform gesammelt erschienen. Was Conan Doyle hier als „ephemer" bezeichnet, erfuhr mehrere Auflagen und erwarb sich noch zu Johnsons Lebzeiten einen Klassikerstatus. In der Beurteilung Johnsons muss man Conan Doyle schlicht eine gewisse Ignoranz attestieren.

fen, dass jede Form des Wissens bloß eine kleine Insel im uns umgebenden Ozean der unendlichen Möglichkeiten sein kann. Schaut euch an, was bei Johnsons Diskussionen herauskam. Hat es je einen Menschen gegeben, und sei es der dumpfste aller Zeitgenossen, den man derart vieler Argumentationsfehler beschuldigen könnte? Ich muss an den Ausspruch Bagehots denken, der sagte, dass jedermann die absurdesten Irrtümer für die Wahrheit halten würde, wäre es möglich, die Sichtweise der Gelehrten jedem Menschen widerspruchslos aufzudrücken.[148] Johnson wurde gefragt, was Schwalben im Winter tun würden. Sich keuchend umherwälzend antwortete das Orakel: *„Schwalben schlafen gewiss im Winter. Einige von ihnen bilden sich gemeinsam zu fliegenden Kugeln, um sich dann als solche in Flüsse zu stürzen und im Flussbett zu überwintern.“* Und Boswell schreibt diesen Ausspruch auch noch ernsthaft auf.[149] Wenn ich mich recht entsinne, hat sogar

148 Walter Bagehot (1826–1877) war ein britischer Volkswirt, der zeitweise die bis heute existierende Fachzeitschrift „The Economist“ herausgab und dort auch selbst politische bzw. wirtschaftliche Analysen veröffentlichte. Daneben verfasste er literarisch-biographische Studien u. a. über Shakespeare, Milton und Scott. Er gilt jedoch ebenso als prominenter Vertreter sozialdarwinistischer Denkmodelle.

149 Man gewinnt angesichts solcher Beschwerden den Eindruck, Conan Doyle habe Boswells Buch vielleicht nicht genau studiert. Obgleich Johnson dort gewiss immer wieder absurde Ansichten vertritt, so wird doch deutlich – Boswell weist sogar mehrfach explizit darauf hin – dass Johnson es liebte, auf einfältige Fragen raubeinige Antworten zu geben, Gesprächspartner durch humorige Schelmereien zu foppen und sich gedanklichen Abseitigkeiten um des Plauderns willen hinzugeben. Alle Äußerungen Johnsons für bare Münze zu nehmen, führt schlicht in die Irre. Einmal darauf angesprochen, entgegnete er: *„Wenn das wirklich meine Meinung gewesen wäre, hätte ich sie doch wohl kaum ausgesprochen.“* Diese Haltung beschränkte sich aber offenbar auf Gespräche außerhalb seines Kreises wirklicher Freunde. Diesen galt er aufgrund seiner Wahrheitsliebe als unbedingt zuverlässige Quelle. Oder aber, seine Freunde durchschauten das falsche Spiel und machten mit – womit wohl eine Form britischer Gesprächskultur beschrieben ist, die mancher Zeitgenosse in unseren Breiten damals schwer vermisste. Durch die Auswahl des Schwalben-Beispiels ignoriert Conan Doyle allerdings gleichsam damalige Debatten, denn gerade hinsichtlich des saisonalen Verhaltens von Vögeln wurde im 18. Jahrhundert mit aus heutiger Sicht oft absurden Behauptungen argumentiert. Die Theorie der unter Wasser Winterschlaf haltenden Schwalbenschwärme geht auf den schwedischen Geistlichen Olaus Magnus zurück, wurde aber später auch von einzelnen Ornithologen vertreten.

ein so fest im Naturalismus verhafteter Mann wie White aus Selborn[150] seine Zweifel hinsichtlich dieser Ansicht gehabt. Noch wunderlicher sind Johnson Fehlurteile über zeitgenössische Autoren. Zumindest auf diesem Feld hätte man ihm doch einen differenzierten Blick zugetraut, seine Verdikte erscheinen dem modernen Geschmack jedoch als schlechterdings ungeheuerlich. „*Shakespeare*", lässt er uns wissen, „*hat nie auch nur sechs gute Zeilen am Stück geschrieben*".[151] In Grays exquisitem Poem „Elegy written in a Country Churchyard"[152] sieht er maximal zwei brauchbare Verse, dabei würde selbst ein besonders scharfer Kritiker kaum zwei schlechte finden. Wenn es nach ihm ginge, gäbe es „Tristram Shandy"[153] nicht. „Hamlet" hält er für bloße Plapperei.[154] Swifts „Gulliver's Travels" ist schwach, und ohnehin hat Swift bis auf „A

150 Hier ist „Naturalismus" nicht im literarischen, sondern im naturgeschichtlichen Sinne gemeint. Gilbert White (1720–1793) war ein Kirchenmann aus Selborn in Hampshire, der als Pionier der englischen Naturforschung gilt. Da er früh für Naturschutz eintrat, wird er oft als erster Ökologe Englands gesehen. Er wird in Deutschland gerade wiederentdeckt.

151 Der zitierte Ausspruch ist mitnichten als allgemeines Abkanzeln Shakespeares durch Johnson zu sehen, sondern als Detailkritik. Johnson traf die Aussage in einem vergleichenden Gespräch über Shakespeare und William Congreve, einem bedeutenden Autor sog. „Restaurationskomödien".

152 Thomas Gray (1716–1771) gilt gemeinhin als poetischer Vorläufer der Romantik. Als Professor in Cambridge stand er seinen eigenen Arbeiten enorm kritisch gegenüber und veröffentlichte ungeachtet seiner enormen Popularität insgesamt bloß 13 Gedichte. Grays in Form einer Ode verfasste Elegie gilt bis heute als eines der beliebtesten Gedichte englischer Sprache. Er schrieb es 1750 und schickte es zunächst seinem Freund Horace Walpole zur Beurteilung, der es nach begeisterter Lektüre sodann bekannt machte. Johnsons Kritik an Gray stammt aus dem „Lives"-Essay über diesen und wurde seither stets als verengt wahrgenommen.

153 Mehrbändiger Roman von Laurence Sterne, der zwischen 1759 und 1766 erschien. Das Werk wurde und wird von Zeitgenossen wie modernen Kritikern mehrheitlich sehr geschätzt. Johnson hielt dagegen tatsächlich nicht viel von dem aus seiner Sicht „*absonderlichen*" Buch. Gegen Sterne als Person schien er dagegen keine Einwände zu erheben.

154 Es ist unklar, wo Conan Doyle dies gelesen haben will. Obgleich Johnson „Hamlet" nicht vorbehaltlos lobte, zeigt er sich in der Detailkritik im Vorwort zu seiner Ausgabe mit Shakespeare-Dramen angetan .

Tale of a Tub" nie etwas Gutes geschrieben.[155] Voltaire[156] konnte laut Johnson einfach nicht schreiben, Rousseau[157] hält er für einen Halunken. Deisten[158] wie Hume[159], Priestley[160] oder Gibbon[161] können laut ihm keine ehrlichen Männer gewesen sein.[162]

Dann seine politischen Ansichten! Sie hören sich für uns heute nach einer Karikatur an. Ich vermute, schon

155 Tatsächlich ließ Johnson keine Gelegenheit aus, um gegen Swift zu polemisieren. Zwei Gründe lagen vor: Zum einen hatte Swift ein statisches Verständnis von Sprache propagiert, was Johnson – der gerade die Fluidität des Gesprochenen und flexible Anwendungsmöglichkeiten einzelner Begriffe schätzte – fremd bleiben musste. Zum anderen war der bürgerliche Moralist und Traditionalist Johnson überwiegend abgestoßen von Swifts harschen Satiren. Auf literarischer Ebene erschienen ihm Swifts Beiträge überwiegend läppisch. Boswell hatte für diese Ansichten kein Verständnis und ergriff in Debatten gegen Johnson Partei für den irischen Geistlichen.

156 Voltaire (1694–1778) war ein französischer Philosoph und Schriftsteller, der als einer der einflussreichsten Köpfe der Aufklärung gilt. In Frankreich wird das 18. Jahrhundert deswegen oft schlicht „Voltaires Jahrhundert" genannt. Boswell besuchte ihn im französischen Ferney und verbrachte dort einige Tage. Johnson griff Voltaire – der eine geringe Meinung vom englischen Dichterfürsten hatte – im Vorwort zu seiner Shakespeare-Ausgabe als *„kleingeistig"* an, worauf der schlagfertige Philosoph in einer Glosse antwortete. Boswell hielt Voltaire für einen großen Kulturkritiker und drängte seinen Freund Johnson dazu, den Fehdehandschuh aufzunehmen – es kam jedoch nie zu einer weiteren Entgegnung des Engländers in dieser Sache. Verschwiegen werden darf hingegen nicht, dass Johnson die Bedeutung von Voltaires Denkleistungen durchaus anerkannte, was in seiner Kritik an David Hume deutlich wird.

157 Jean-Jacques Rousseau (1712–1778) war ebenfalls ein französischer Philosoph der Aufklärung, der maßgeblich auch auf den Feldern der Naturforschung und der Pädagogik wirkte. Tatsächlich hatte Johnson für die egalitären „Zurück zur Natur!"-Forderungen des zivilisationskritischen Franzosen nichts übrig. Boswell hatte nach Voltaire auch Rousseau in dessen Klause im französischen Landesteil der Schweiz besucht und erzählte Johnson davon, was dieser mit abschätzigen Bemerkungen quittierte. Boswell gegenüber forderte er vehement die Ausweisung des Franzosen, der zur Zeit des Gesprächs Zuflucht in England gefunden hatte. Auch meinte er, er sähe es nicht ungern, sollte Rousseau einst wie ein gemeiner Verbrecher abgeurteilt werden. Vergleicht man einmal ihre politischen Argumentationen, zeigt sich allerdings, dass es durchaus Überschneidungen zwischen Rousseaus und Johnsons Ansichten gibt.

158 „Deismus" ist ein Sammelbegriff für Anschauungen, die von der Existenz eines Schöpfergottes ausgehen. In diesem konkreten zeithistorischen Kontext waren „Deisten" vor allem Vertreter einer mechanistischen Gottes- und Schöpfungslehre, die sich göttlichen Offenbarungen und biblischen Dogmen skeptisch gegenüberstellten. Zwar gingen sie vom Universum als göttlicher Schöpfung aus, waren aber der Ansicht, dass sich nach der Schöpfung alles ohne den Eingriff dieses Gottes abspiele. Kritisch waren sie auch gegenüber der Autorität, die man Priestern zumaß. Einem eher konventionellen Christen wie Johnson, der sehr auf religiös gespeiste Moral und Ordnung hielt, muss dies wie eine Vorstufe zum Atheismus erschienen sein.

zu Johnsons Zeiten mussten sie als reaktionär gelten. „*Ein armer Mann hat keine Seele*“, meint er. „*Charles II. war ein guter König*“, teilt er uns mit. „*Alle Gegner der jetzigen Regierung sollten aus dem öffentlichen Dienst entfernt werden*“. „*Handel hat noch keine Nation reicher gemacht*“ (Ich frage mich, ob vielleicht Adam Smith in der Nähe war, als Johnson dies sagte).[163] „*Ein Hausbesitzer sollte alle Mieter vor die Tür setzen, die anders gewählt haben als er selbst*“. „*Es tut einem*

159 David Hume (1711–1776) war als Philosoph und Ökonom einer der bedeutendsten Vertreter der Schottischen Aufklärung. Während Boswell sich mit Hume gerne austauschte, hielt Johnson nichts von dessen Ideen, wobei er einräumte, nichts von Hume wirklich gelesen zu haben.

160 Joseph Priestley (1733–1804) war Theologe und Naturwissenschaftler, der vor allem auf dem Gebiet der Chemie bedeutendes leistete.

161 Gibbon zog 1772 nach London und wurde alsbald in die Reihen des „Club“ aufgenommen. Johnson und er kamen sich allerdings nie wirklich näher, was durchaus auch an Positionen zum Christentum lag, die Gibbon in seinem Geschichtswerk zum römischen Reich vertreten hatte. Tatsächlich entsteht bei Boswell der Eindruck, Gibbon habe im Gegenzug vielleicht sogar eher gering von Johnsons Intellekt und seinem robusten Betragen gedacht. In seinen eigenen Memoiren lässt Gibbon sich diesbezüglich nicht in die Karten schauen. Zwar stellt er dort zunächst die hervorragende Gesellschaft heraus, die man im „Club“ genießen konnte, teilt dann jedoch mit, er könne wohl sicherlich einige Schwänke und Anekdoten aus den Treffen erzählen, habe aber für derlei Plaudereien nicht viel übrig.

162 Conan Doyles Analyse führt in die Irre. Gewiss vertrat Johnson – wie alle Literaturkritiker von Bedeutung – kontroverse Meinungen zu einzelnen Autoren, die rückblickend nicht immer korrekt sein müssen. So wunderte sich Boswell schon damals sehr darüber, wie arg Johnson Swift und Henry Fielding ablehnte. Johnsons Beiträge zur Kritik gelten dennoch bis heute allgemein als belangvoll, gerade seine von Conan Doyle hier gescholtene, verzerrt dargestellte Arbeit zu William Shakespeare ist von hohem Wert für das Verständnis sowohl des Autors als auch der dramatischen Gattung im Allgemeinen. Shakespeares Reputation war über Jahrhunderte in konstantem Wandel begriffen. Als Johnson sein „Preface“ schrieb, war es gerade en vogue, eine unkritisch-positive Grundhaltung zu Shakespeare einzunehmen, was – wie Boswell anmerkt – dem Ansehen der englischen Literatur im Auslande abträglich gewesen sei. Johnson überwand diese Haltung, indem er sich in seiner Einleitung intensiv mit Vorzügen wie Fehlern des „Bard of Avon“ auseinandersetzte und so zu einer begründeten Stellungnahme literaturkritischer Art gelangte. Es kann indes gar nicht bestritten werden, dass Johnson ein großer Verehrer Shakespeares war und maßgeblich zum Bild des Nationaldichters beitrug. Dass er sich trotzdem ein kritisches Verhältnis zu dem großen Dichter und Dramatiker bewahrte, lässt sich an der Tatsache ersehen, dass Johnson den von David Garrick ausgerichteten Feierlichkeiten zum 105. Geburtstag Shakespeares in Stratford-upon-Avon fernblieb.

163 Der Aufklärungsphilosoph Adam Smith (1723–1790) gilt als Begründer der Nationalökonomie. Johnson lieferte sich mit ihm einige sehr ruppige Debatten. Boswell selbst hatte Vorlesungen Smiths zu seiner Zeit an der University of Glasgow besucht.

*Arbeiter nicht gut, wenn sein Lohn erhöht wird*". „*Wenn die Handelsbilanz negativ ausfällt, sollte die Differenz durch das Prägen neuer Münzen ausgeglichen werden*". Um hier nur ein paar seiner Überzeugungen aus diesem Feld zu nennen.[164]

Noch schlimmer sind all seine Vorurteile! Nun, die meisten von uns pflegen die eine oder andere irrationale Aversion. Sind wir ehrlich zu uns selbst, so gestehen wir ein, dass wir darauf keineswegs stolz sind. Aber bedenkt Johnsons Ressentiments! Radierte man sie alle aus, es bliebe ja fast gar nichts von ihm übrig. Er hasste

---

164 Gewiss vertrat Johnson (und auch Boswell) politische und soziale Ansichten, die mit einer auch nur in der Tendenz demokratischen Gesinnung unvereinbar sind. Seine Meinungen zu Geschlechterverhältnissen und gesellschaftlicher Rangordnung gehen heute als lupenreiner Sexismus bzw. Klassismus durch. Allerdings spielt auch auf diesem Felde eine Berücksichtigung von Johnsons widersprüchlicher Wesensart und seiner oft ironischen Debattenkultur eine entscheidende Rolle. Boswell berichtet, wie sie einmal gemeinsam auf Reisen in einem Gasthaus haltmachten, wo eine Diskussion über Katholizismus losbrach: „*Die Mitreisenden waren sehr befremdet, als Johnson plötzlich das Wort zugunsten der Inquisition ergriff. Sie konnten nicht wissen, dass er in der Lage war, sich in einer Streitfrage nach Belieben auf diese oder jene Seite zu schlagen.*" Als Boswell erzählte, er habe bei den Quäkern eine Frau predigen sehen, verlachte Johnson dies: „*Eine Frau, die von der Kanzel predigt, kommt einem Hunde gleich, der sich auf die Hinterbeine stellt. Beide machen es nur leidlich, aber man staunt darüber, dass sie es überhaupt zustande bringen*". In Gesprächen machte er stets einen anthropologisch begründeten Anti-Egalitarismus stark: „*Rangordnung trägt entschieden zum Wohle der Menschheit bei. Wären alle Menschen gleichgestellt, würden wir leben wie die Tiere*". Zudem trat er oft als Verteidiger der Aristokratie auf und wandte sich gegen jedwede Sozialromantik, die der armen Bevölkerung vermeintlich edlere Eigenschaften zumaß.

Andererseits katzbuckelte er aber nicht vor Titeln und Vermögen, sah die Armut an sich als großes Übel an, forderte eine angemessene Armenfürsorge und kritisierte die leidbringende Zwangslage von Prostituierten. Johnson lebte bis zu seiner royalen Pension selbst in äußerst prekären Umständen, was ihn aber nie an persönlicher Mildtätigkeit hinderte. Er hatte immer einen Notgroschen für Bedürftige übrig oder kaufte Hungrigen etwas zu essen. Johnson meinte einmal scherzhaft zu Boswell, dies sei der Grund, warum er bei seinen nächtlichen Streifzügen durch London nie überfallen werde; die Burschen wüssten ja, dass es bei ihm nichts mehr zu holen gebe. Auch als Pensionär war Johnson weiterhin wohltätig, indem er einige gestrandete Seelen in seinem Haus Quartier nehmen ließ. Er war oft darauf bedacht, Freunden eine Stelle zuzuschanzen, einmal protegierte er sogar einen Jungen, um ihm eine Ausbildung als Buchdrucker zu verschaffen. Es ist angesichts dieser Faktenlage nicht ohne Weiteres möglich, den politischen Johnson mit ein paar kontextlosen Satzzitaten zu erfassen. Conan Doyle hebt diese Eigenschaften weiter unten selbst hervor, bringt sie jedoch mit Johnsons politischen Ansichten nicht in Verbindung.

die Whigs.[165] Er konnte Schotten nicht ausstehen.[166] Er fand Nonkonformisten unappetitlich[167] (eine solche Dame bezeichnete er einmal als „abscheuliches Frauenzimmer“[168]). Er fluchte auf Amerikaner.[169] Und so schritt er seinen engen Pfad ab, dabei Blitz und Donner gegen alles und jeden entfesselnd, egal, ob zur linken oder rechten sich befindend. Macaulays posthume Verehrung ist schön und gut, wären sie sich aber zu Lebzeiten einmal begegnet, so hätte er schnell feststellen müssen, dass sich in ihm selbst all das vereinte, was Johnson verabscheute.

165 Die „Whigs“ waren die politischen Gegenspieler der „Tories“ im britischen Parlament. Die beiden Parteien dominierten dieses in der Zeit zwischen 1680 bis 1850. Grob unterteilen lassen sie sich in Parteien fortschrittlicher und konservativer Gesinnung, wobei dieses Schema aufgrund der sowohl sozialen und ideologischen als auch machtpolitischen Entwicklungen nicht immer einer historischen Überprüfung standhält. Johnson war in der Tat ein erbitterter Gegner der Whigs, die sich zu Johnsons Zeit in Fragen der Wirtschaftsordnung und der religiösen Toleranz gegen die Tories stellten – und damit aus Johnsons Sicht auch direkt gegen den König, was ihm bei aller Verachtung für das Haus Hannover ein Unding war.

166 In dieser Frage war Johnson in der Tat das, was man heute einen Nationalisten nennen würde. Zwar zählten mit Boswell sowie dem Buchhändler und Schauspieler Tom Davies zwei Schotten zu seinen engsten Freunden, aber auch ihnen gegenüber hielt er mit seiner Meinung zu dieser Frage nicht hinter dem Berg. So sagte er gegenüber Boswell einmal in einer Unterhaltung über die Schönheit schottischer Natur, das glorreichste, was die Schotten in ihrem Lande zu sehen bekämen, sei die Straße nach England. Gegen Irland und Wales hegte Johnson dagegen bemerkenswerterweise keine solche Abneigung. Trotz seiner Vaterlandsliebe sah Johnson aber durchaus deren machtpolitische Schattenseiten, etwa zur Bemäntelung eigener Interessen. Dazu meinte er in einer Form früher Populismuskritik: *„Patriotismus ist die letzte Zuflucht für Halunken“*.

167 Gemeint ist hier nicht eine allgemein non-konform denkende Person, sondern ein Anhänger des protestantischen Nonkonformismus im religiösen Sinne, was seinerzeit bedeutete, in Widerspruch zu den gelten Doktrinen der Church of England zu treten. Hier ist wahrscheinlich Johnsons Ansicht zur Scheidung und Wiederverheiratung einer Dame des öffentlichen Lebens gemeint, was er – obgleich die Trennung aus Gründen häuslicher Gewalt erfolgte – als strammer Anglikaner nicht guthieß. Zu Boswell bemerkte er schlicht: *„Die Frau ist ein Luder, und damit Punktum“*.

168 Im Original „wench“ – ein veraltetes Wort für „Hure“.

169 Johnson hegte einen geradezu irrationalen Hass gegen Amerika und dessen Bevölkerung, die er als *„ein Volk von Sträflingen“* verunglimpfte. Er war strikt gegen jegliche Lockerungen in der Steuerpolitik und wollte von einer eigenen amerikanischen Regierung nichts wissen. Derartige Forderungen galten ihm aus englischer Sicht als unpatriotisch. *„Ich liebe alle Menschen“*, ließ er wissen, *„bis auf die Amerikaner“*.

Man kann allerdings nicht behaupten, dass Johnsons Vorurteile sich aus bestimmten Prinzipien herleiteten oder dass er sie nicht auch bei geänderter Interessenlage anzupassen verstand. Ein Schwachpunkt seines Charakters, der sich nachweisen lässt. So beschimpft er in seinem Wörterbuch Pensionäre als sich anbiedernde Staatsbüttel beziehungsweise. die Einrichtung der Leibrente an sich als Form der Sklaverei, da der Staat sich so Gefolgschaft erkaufe. Als er dies schrieb, schien es ihm offenbar unmöglich, er selbst könne einmal Pensionär werden. Als ihm dann aber George III. eine Pension anbot – unwichtig, ob aus politischen Gründen oder aus Mildtätigkeit – da zögerte Johnson keinen Moment und nahm das Angebot an. Angesichts des Mangels an Prinzip hätte man zumindest wahrhaft intensive Gefühlslagen als Basis seiner Vorurteile vermutet, aber der geschilderte Vorfall scheint diese Annahme zu widerlegen.[170]

Johnson war ausgezeichnet im Gespräch, wobei er aber eher Monologe hielt als wirklich zu konversieren.

170 Abermals scheint Conan Doyle nicht genau gelesen zu haben, denn Johnson haderte sehr wohl mit dem Angebot. Er holte die Meinungen seiner Freunde ein, bevor er auf das Angebot des Königs einging. Diese rieten ihm sehr zur Annahme, da sie der Überzeugung waren, es handele sich keineswegs um Mundtotmachung, sondern um eine Anerkennung Johnsons literarischer Leistungen. Den Ausschlag für Johnsons positive Bescheidung des Angebots gab eine entsprechende Aussage des Earl of Bute, der als damaliger Premierminister die Auslobung ursprünglich angeregt hatte. Dennoch gab es einzelne Zeitgenossen, die ihm die Annahme der Rente verübelten. Derlei Anwürfen hielt er entgegen, dass er seinen Grundsätzen weiterhin die Treue halte. Zwar habe er nun nicht mehr das Vergnügen, das Haus Hannover verdammen und auf König James (den erste Stuart-König) sein Glas heben zu können, aber der fehlende Spaß werde ihm durch 300 Pfund im Jahr wohl ausreichend vergolten. An dieser Stelle ist ergänzend von Bedeutung, dass Johnson einmal das Privileg erhielt, den König zu treffen. Tatsächlich hatte Johnson dem Bibliothekar des Königs bei der Zusammenstellung der royalen Bibliothek im Buckingham Palace assistiert, weswegen der König wünschte, Johnson einmal kennenzulernen. Als Johnson – der Nutzungsrechte genoss – eines Tages in der Büchersammlung des Königs stöberte, trat George III. hinzu und hielt eine Unterredung mit Johnson, in welcher er ihm Komplimente in Bezug auf seine Fähigkeiten als Autor machte. Johnson war trotz seiner Abneigung gegen das Herrscherhaus hiervon höchlichst erbaut und gab die Anekdote auf Wunsch nur allzu gern ausführlich zum Besten.

Es handelte sich gewissermaßen um gesprochene Essays, vielleicht mit ein paar Anmerkungen seitens des an seinen Lippen hängenden Publikums versehen. Wie kann man auch mit einer Person auf Augenhöhe diskutieren, wenn diese selbst in den komplexesten Lebensfragen keinen Widerspruch duldet? Verteidigte Goldsmith in Johnsons Gegenwart seine Ansichten zur Literatur? Trat Burke ihm gegenüber für die Whigs ein[171] und Gibbon für seinen Deismus? In philosophi-

171 Edmund Burke (1729–1797) war ein irischer Philosoph und Staatsmann, der 1750 nach London übersiedelte und über Jahrzehnte für die Whigs im House of Commons saß. Er war in seinen Zusammenhängen eine zentrale politische Persönlichkeit mit komplexen, teils widersprüchlichen Ansichten. Obgleich sich auch heutige Liberale auf ihn berufen, gilt er als Begründer des modernen Konservatismus, was Burkes aus liberaler Fortschrittlichkeit und traditionalistischem Institutionalismus gespeister Gesinnung entspricht. So stritt der an Aristoteles und Montesqieu geschulte Absolvent des Dubliner Trinity College für eine progressivere Kolonialpolitik in Amerika und Indien und trat für den Abbau der Diskriminierung von Katholiken ein. Obwohl kein grundsätzlicher Gegner revolutionärer Bestrebungen, lehnte er die entsprechenden Vorgänge in Frankreich jedoch – entgegen der Mehrheitsmeinung unter damaligen europäischen Intellektuellen – ab. Sein einflussreichster philosophischer Nachlass ist die ästhetische Studie „A Philosophical Enquiry into the Origin of Our Ideas of the Sublime and Beautiful“, seine relevanteste politische Analyse ist „Reflections on the Revolution in France“. Während Letztere für seinen bereits benannten Einfluss auf die politische Ideengeschichte steht, wirkte sich erstere Schrift auf die künstlerische Strömung der Romantik und auch auf die Entwicklungen des Schauerromans aus.

Burke galt als exzeptionell scharfer Kopf und genoss einen Ruf als ebenso hervorragender wie ausdauernder Redner. Sein Interesse an guter Literatur floss in seine Parlamentsreden ein, bereits mit seiner Antrittsrede im Unterhaus sorgte er für respektvolles Raunen bei arrivierten Veteranen der englischen Politik. Auch als Disputant war Burke gefürchtet. Johnson näherte sich Burke zwar nie wirklich an, hütete sich aber vor Debatten mit dem Iren, wenn er sich nicht in Höchstform wähnte. Burkes Beitrag zur Ästhetik schätzte er über die Maßen. Es kann also kaum die Rede davon sein, Burke habe sich mit seinen Ansichten in Gegenwart Johnsons womöglich zurückgehalten. Im Gegenteil hören wir einmal, wie Johnson seinem Freund Boswell gesteht, sich über die von ihm verachtete Whig-Partei mit Burke lieber nicht unterhalten zu wollen. Burke hingegen gab Johnson gerne mal den Vorrang in Debatten und ließ Freunde, die ihn darauf ansprachen, wissen, es genüge ihm vollauf, Johnson als Stichwortgeber gedient zu haben. Als das Lebensende Johnsons absehbar war, machte Boswell sich Sorgen, ob der schroffe Gesprächsstil diesem gar zu sehr auf dem Gewissen lasten könne. Als Burke dies hörte, winkte er ab: *„Wenn einer am Ende nichts Schlimmeres auf dem Kerbholz hat, als dann und wann jemandem schroff über den Mund gefahren zu sein, so scheint er mir gut dran*“. Dass zwischen den beiden Männern eine gegenseitige Bewunderung herrschte, lässt sich auch daran ersehen, dass Burke einmal meinte, Johnson wäre im Falle eines Parlamentseinzugs gewiss der beste Redner gewesen, den das Unterhaus je gekannt hätte – ein Lob, auf das Johnson höchst erfreut reagierte, als es ihm über Dritte zu Gehör kam. Als Johnson auf dem Sterbebett lag,

scher Hinsicht war Johnson derart intolerant, dass es schwerfällt, dies hinzunehmen. Fanden seine Argumente keinen Anklang, wurde er zum Rüpel, wie Goldsmith einmal berichtete: „*Wenn er mit seiner Pistole daneben schoss, schlug er dich einfach mit dem Kolben zu Boden*“. Mit diesem „*lachenden Rhinozeros*“[172] war ein gediegener Meinungsaustausch einfach nicht möglich. Napoleon sagte voraus, dass alle anderen Regenten nach seinem Tode erleichtert „*Uff!*“ machen würden. Ich kann nicht anders, als diese Vorstellung auch auf die Leute aus Johnsons Umfeld anzuwenden. Ein Seufzen der Erleichterung muss die Runde gemacht haben, als sie endlich einmal frei über ihre Ansichten sprechen konnten, ohne gleich mit einem „*Aber nein, Sir!*“ angeblafft und mit „*Lassen Sie uns davon nicht mehr sprechen!*“ ruhiggestellt zu werden. Wie gerne würde man den Gesprächen lauschen, die bei Boswell zwischen den Zeilen liegen. Dialoge zwischen Männern

---

wachte Burke eine Zeit lang neben dem Sterbenden und sagte ihm vor dem Gehen Dank dafür, dass dieser immer gut zu ihm gewesen sei. Bei Johnsons Begräbnis in Westminster Abbey fungierte Burke als Sekundant. Es herrschte also, wenn auch keine innige Freundschaft, zumindest eine respektvolle und gute Bekanntschaft zwischen den Männern. Conan Doyle ignoriert hier außerdem die Tatsache, dass man zur Gründung des „Club“ übereingekommen war, so wenig wie möglich über Politik zu diskutieren. Dass die Ranggleichheit Burkes und Johnsons bereits zu früherer Zeit erkannt wurde, lässt sich übrigens an einer Zeichnung aus dem mittleren 19. Jahrhundert erkennen, die von Conan Doyles Onkel James stammt. Darauf diskutieren Burke und Johnsons miteinander, während andere Anwesende wie Boswell, Reynolds und Garrick gebannt lauschen.

172 Ein Ausspruch, den der eng mit Johnson befreundete, schottische Buchhändler Tom Davies (1713–1785) prägte. Es war Davies, der Boswell und Johnson einander vorstellte. Boswell hatte bereits vorab von Johnsons Abneigung gegen Schotten gehört und Davies dringend gebeten, seine Herkunft bei der Vorstellung zu verschweigen – woran sich der zu groben Späßen aufgelegte Davies freilich nicht hielt. Später verspielte sich der Buchkrämer einmal fast das Wohlwollen Johnsons, als er ungefragt einen Sammelband mit dessen Texten drucken ließ, der zudem auch noch Aufsätze enthielt, die gar nicht aus Johnsons Feder stammten. Johnson, der zunächst rechtschaffen erbost über diese Frechheit war, nahm es seinem Freund angesichts dessen miserabler Finanzen später aber nicht mehr übel.

wie Burke und Reynolds[173], ohne Einschränkung durch andere Anwesende geführt.[174]

Nun ist aber keine Einschätzung von Johnsons Charakter angemessen durchgeführt, wenn nicht die schrecklichen Erfahrungen seiner Jugend und frühen Erwachsenenjahre berücksichtigt werden. Seele und Gesicht trugen Narben davon. Er war 53 Jahre alt, als ihm die angesprochene Leibrente gewährt wurde, und bis dahin bestand sein Leben aus einem ständigen Kampf um Existenzsicherung, aus einem Kampf um grundlegende Dinge des Lebens wie das tägliche Mittagessen und das Nachtlager. Er hat Autorenkollegen in Armut sterben sehen. Sein Leben war freudlos von frühester Kindheit an. Der halb erblindete, vertrottelte

173 Joshua Reynolds (1723–1792) war ein auf Portraits spezialisierter Kunstmaler. Er gründete die Royal Academy of Arts und gilt als einflussreichster Maler seines Jahrhunderts. Er verkehrte in intellektuellen Kreisen und kam so mit Johnson in Kontakt, woraus sich eine Freundschaft entwickelte. Er war maßgeblich an der Gründung des „Literary Club" beteiligt. Viele der heute geläufigen Portraits Johnsons stammen von ihm.

174 Erneut ist Conan Doyles Analyse ungenau. Zwar ist Goldsmiths Ausspruch korrekt zitiert und gerade der Autor des „Vicar of Wakefield" – übrigens durch Johnsons Hilfe überhaupt erst gedruckt – wurde nicht selten Ziel rüpelhafter Spötteleien seitens des patriarchalischen Johnson. Wobei überliefert ist, dass Goldsmith zur Angeberei neigte und sich trotz einer relativ geringen Allgemeinbildung gern als Besserwisser aufspielte. Jedoch ist es mitnichten zutreffend, Johnson habe immer und überall einen freien Meinungsaustausch unterdrückt oder keinen Widerspruch geduldet. Gewiss hatte er herrische Züge und von seinen Freunden auch nicht immer die allerbeste Meinung, aber Boswell stellt in seinen Schilderungen oft genug dar, wie Johnson Gegenwind erhält, sich bei Freunden für sein Verhalten entschuldigt oder sogar, wenn auch meist eher später als früher, Irrtümer eingesteht. War ihm an Leuten wirklich gelegen, ließ er dann und wann deren Ansichten um der Freundschaft willen gelten, obgleich er ihnen eigentlich lieber widersprechen wollte. Es kam sogar vor, dass Johnson sich an Ort und Stelle für zu herbe Einwürfe selbst schalt. Hätte Johnson wirklich mit derart eiserner Faust geherrscht, wie Conan Doyle es hier beschreibt, so hätten sich schwerlich derart viele gebildete und eloquente Leute von Rang um seine Gesellschaft bemüht. Dass er bei bestimmten Themen nicht mit sich reden ließ, ist allerdings korrekt. Boswell selbst bekam dies immer wieder zu spüren und zeigte sich dann stets ratlos über diese Schattenseiten eines großen Geistes. Da er aber seinen Freund Samuel Johnson in dessen Gesamtheit überaus schätzte, ging er mit Großmut und Empathie über diese charakterlichen Schwächen hinweg. Boswell vertrat die Ansicht, Johnson habe zwar bisweilen einen recht derben Ton am Leibe, meine es im Grunde seines Herzens aber nicht bös. Da Boswell auch über Grobheiten, die Johnson im gegenüber dann und wann äußerte, meist in einer solchen Art hinweg ging, bildete dies möglicherweise Futter für ein verfälschtes Bild von Boswell.

Junge war stets – in seinen schmutzigen Kleidern und mit seinen zuckenden Extremitäten – Ziel von Bedauern und Quelle der Erheiterung, von den Straßen Lichfields über Pembrokes Innenhof bis zu den Kaffeehäusern Londons.[175] Seine gleichsam stolze wie empfindsame Seele muss jeden Tag als bittere Erniedrigung empfunden haben. Derartige Erfahrungen brechen einen Mann oder verbittern ihn, weswegen zweifellos hier der Ursprung von Johnsons Grobheit und seiner Rücksichtslosigkeit zu suchen ist; jene Eigenschaften, welche Boswells Vater dazu verleiteten, ihm den Spitznamen „Ursa Major“[176] zu geben. Wenn Johnsons Gemüt also Schaden erlitt, so ist dies erklärlich. Seine guten Seiten waren gewiss angeboren, während die schlechten Aspekte seines Charakters durch fürchterliche Erfahrungen geformt wurden.

Und er hatte selbstverständlich seine guten Seiten. Eine davon war sein hervorragendes Gedächtnis. Er war ein literarischer Vielfraß, der Bücher geradezu verschlang, und er erinnerte sich an alles, was er je gelesen.[177] Nicht in vager, allgemeiner Form, wie wir uns alle an gelesene Bücher erinnern, sondern mit allen Einzelheiten. Poesie konnte er – ob Latein oder Englisch – aufs Wort genau rezitieren. Solch ein Gedächtnis hat enorme Vorteile, aber es bringt auch entscheidende Nachteile mit sich. Wenn ein Kopf derart vollgestopft

175 Die Stadt Lichfield in den West Midlands ist Johnsons Geburtsort. Mit „Pembroke“ ist das College Johnsons in Oxford gemeint, auf dessen viereckigen Innenhof er von seiner über dem Zugangstor gelegenen Kammer aus blicken konnte. Die Londoner Kaffeehäuser, die sich im Zuge der Aufklärung entwickelten und die einen wichtigen Ursprung für Presse- und Gesprächskultur in England bilden, waren Johnsons liebster Tummelplatz.

176 Lateinisch für „Großer Bär“.

177 Tatsächlich las Johnson nach frühen Phasen intensiver Lektüre und der kraftraubenden Arbeit an seinem Wörterbuch später nur noch sporadisch. In Gesprächen gab er oft zu, neue Bücher bloß zu überfliegen oder in Auszügen zu studieren. Vielfach wird man dank Boswell Zeuge, wie Johnson sich in Stichprobenmanier durch Bücherstapel arbeitet.

ist mit den Gedanken anderer Leute, wie kann er dann noch eigene Ideen entwickeln? Ich glaube, dass ein gutes Gedächtnis der individuellen Originalität oft abträglich ist, obwohl es mit Walter Scott und anderen Gegenbeispiele gibt. Die Tafel muss gesäubert sein, bevor man darauf schreiben kann. Wann hat Johnson jemals einen neuen Gedanken ersonnen, wann jemals in die Zukunft geblickt, um neues Licht auf die großen Rätsel zu werfen, mit denen die Menschheit sich konfrontiert sieht? Er war so überladen mit Vergangenheit, dass für die Zukunft kein Platz mehr blieb. Kontemporäre Entwicklungen interessierten ihn wenig. Er reiste durch Frankreich, als die größte bisher bekannte Menschheitskatastrophe sich doch sicherlich bereits in Sturmwarnungen ankündigte - sein Blick jedoch blieb auf Trivialitäten gerichtet.[178] Wir lesen davon, wie ihm Monsieur Santerre seine Brauerei zeigte und ihm seine Verkaufszahlen präsentierte. Es handelte sich um denselben Unhold, der bei der Hinrichtung Louis‘ die Trommeln schlagen ließ, um die letzten Worte des Königs zu übertönen. Dieser Vorfall zeigt, mit welch geringem Realitätsbewusstsein Johnson hier agierte und wie unkritisch er trotz seiner Bildung manchmal war.[179]

178 Was Conan Doyle hier als „Menschheitskatastrophe“ bezeichnet, ist natürlich die Französische Revolution von 1789. Johnson, der bereits 1784 verstarb, reiste wenige Jahre zuvor mit einem befreundeten Ehepaar nach Frankreich, wobei er sich von der französischen Lebensart nicht allzu angetan zeigte. Conan Doyles Beschwerde kann allerdings nur unter Vorbehalt gelten, denn es ist nicht mehr nachweisbar, inwiefern sie zutreffend ist. Johnson nämlich weigerte sich stets, über diese Fahrt einen Bericht zu verfassen, da er nicht einsah, welchen Wert solch ein Text haben sollte, wo er aus seiner Sicht über Land und Leute doch zu wenig wisse. Seine Aufzeichnungen zur Reise sind, wie Boswell berichtet, beinahe gänzlich verbrannt worden. Angesichts der klaren politischen Positionen Johnsons ist es aber eher unwahrscheinlich, dass er nicht auch derartige Umwälzungen kommentiert haben würde, so sie denn bereits erkennbar gewesen wären, wie Conan Doyle hier etwas optimistisch unterstellt.

179 Gemeint ist der Pariser Bierbrauer Antoine Joseph Santerre (1752–1809). Als Befehlshaber der Nationalgarde war er maßgeblich am Sturm auf die Tuilerien und der Hinrichtung Louis XVI. beteiligt. Ob dieser allerdings zur Zeit von Johnsons Besuch schon von revolutionärer Gesinnung war und wie Johnson dies bei einer Brauereiführung hätte erkennen sollen, bleibt fraglich.

Er wäre ein großartiger Anwalt oder Kirchenmann geworden. Nichts hätte ihn aufhalten können auf seinem Weg nach Canterbury oder auf den Woolsack.[180] In beiden Fällen hätten ihm sein Gedächtnis, seine Bildung, seine Würde und sein inhärenter Sinn für Frömmigkeit und Gerechtigkeit den Weg nach oben geebnet. Innerhalb seiner Grenzen verfügte Johnson über einen bemerkenswerten Intellekt. Den besten Beweis lieferte er in Form seiner Betrachtungen des schottischen Rechts, von Boswell später tatsächlich als Argumentationshilfe vor Gericht genutzt. Dass ein Fachfremder ohne spezifische Ausbildung solch gewichtige Kommentare zustande bringt, voller Klarheit und Vernunft, stellt eine Leistung ersten Ranges dar, die in der gesamten Literatur ohne Beispiel sein dürfte. [181]

Johnson war vor allem anderen ein gutherziger Mensch, das muss man einfach gelten lassen. Obgleich seine Börse meist leer war, zeigte er sich stets freigiebig. Sein Haus wurde zeitweise zu einer Art Hafen, in den vom Leben beschädigte Zeitgenossen sich zurückziehen konnten. Wir erinnern uns an den blinden Mr. Levett, die stets säuerliche Mrs. Williams und die farblose Mrs. De Moulins – sie alle waren alt und siech und gaben gewiss eine anstrengende Gesellschaft ab. Er hatte immer eine Guinea für Bedürftige übrig, und kein Dichter galt ihm als zu gering, um dessen Buch nicht

180 Mit „Canterbury“ spielt Conan Doyle auf das Amt des Erzbischofs an. Der „Woolsack“ ist der Sitzplatz des Lordkanzlers beziehungsweise Lord Speakers im House of Lords, dem Oberhaus des britischen Parlaments. Tatsächlich wurde Johnson häufiger im Leben gefragt, warum er keine derartige Karriere gemacht habe. Ihm, der weder Reichtum noch Herkunft noch formale bürgerliche Bildungsabschlüsse vorzuweisen hatte, war dies stets ein unangenehmes Thema. Einmal versuchte ein Freund, Johnson einen Sitz im Unterhaus zu verschaffen, was aber scheiterte.

181 Tatsächlich hatte Johnson sich in London einmal erkundigt, ob es möglich sei, auch ohne abgelegte Prüfung als Anwalt zugelassen zu werden. Er war der Ansicht, dass ein Beruf, der von derart vielen Leuten ausgeübt werde, doch wohl für einen Mann von lediglich durchschnittlichem Intellekt binnen angemessener Frist zu erlernen sein müsse.

mit einem Vorwort zu bedenken. Es ist der allgemein geschätzte, freundliche Johnson, der Johnson, der einen ermüdeten Wanderer auf den Schultern nach Hause trug,[182] der uns den dogmatischen Pedanten des „Club“ zumindest ein wenig vergessen lässt.[183]

Mich interessiert stets, was große Männer vom Altern und vom Tod hielten. Dies sind schließlich die Praxistests für alle Lebensphilosophien. Hume sah sein Ende kommen und blickte dem gelassen entgegen.

182 Johnson fand eines Nachts auf dem Nachhauseweg eine verelendete Frau auf der Straße liegend. Er nahm sie huckepack und trug sie zu sich nach Hause. Er beherbergte sie und kam für nötige Pflegekosten auf, später vermittelte er ihr eine Arbeitsstelle.

183 Die von Boswell aufgezeichneten und von Conan Doyle hier beschriebenen Gespräche und Begegnungen zwischen Johnson und anderen Intellektuellen fanden im Regelfall nicht an irgendwelchen Orten statt, sondern in geplanten Treffen eines erlesenen Zirkels. Der zunächst namenlose Stammtisch erhielt später die Bezeichnung „Literary Club“, im Laufe der Zeit wurde er nur gemeinhin noch „The Club“ genannt. Boswell benennt den Februar 1764 als Gründungsdatum, als man sich zum ersten Treffen in Gasthaus „Turk's Head“ in Soho traf – seinerzeit eine der besten Gegenden der Stadt. Am Ort weist heute eine Plakette auf Joshua Reynolds und Johnson als Gründungsmitglieder hin. Boswell nennt als solche aber neben anderen noch Edmund Burke, Oliver Goldsmith, Burkes Schwiegervater Dr. Christopher Nugent und Johnsons guten Freund Topham Beauclerk, einen wohlhabenden Adligen, der in der Stadt für seinen sprühenden Unterhaltungswitz und seine zwanglose Geselligkeit bekannt war. Zu einer Zeit, in welcher das Klubleben als allgemeine Einrichtung florierte, kam man hier wöchentlich zum ausgiebigen Tafeln und Debattieren zusammen.

Der Stammtisch war nicht frei zugänglich, neue Mitglieder mussten vom bestehenden Mitgliederstamm dazu ernannt werden. Boswell selbst wurde gar erst 1773 als Teilnehmer zugelassen. „The Club“ hatte mehrere Jahrzehnte bestand und nahm im Laufe der Zeit viele weitere illustre Mitglieder in seine Reihen auf. Dazu zählten u. a. der große Bühnenschauspieler David Garrick, der Oxford-Professor für Jura Robert Chambers, der für die irische Unabhängigkeit eintretende Staatsmann Lord Charlemont, der bedeutende Historiker Edward Gibbon, der Volkswirtschaftspionier Adam Smith, der Stückeschreiber Richard Brinsley Sheridan sowie der Botaniker Sir Joseph Banks, der mit Captain Cook gesegelt war. Welche Kompetenz sich zeitweilig im „Club“ versammelte, lässt sich an einer Anekdote aus Boswells Bericht über die Schottlandreise ablesen, zu der er Johnson überredete. Auf einem Fußmarsch zum Steinkreis von Strichen – den Johnson aufgrund einer Vorliebe für „Druidenbauwerke“ gerne sehen wollte – überlegten die Freunde scherzhaft, wie man aus den Mitgliedern des „Club“ eine Universität zusammenstellen könnte. Gut gelaunt verteilten sie die Lehrstühle und stellten am Ende fest, dass sie einen recht vorzeigbaren Lehrkörper vorweisen könnten. So sollte Burke über Staatskunde lesen, Boswell über schottisches und bürgerliches und Chambers über englisches Recht, David Garrick über Rhetorik, Dr. Nugent über Physik, Beauclerk über Philosophie, Oliver Goldsmith über Literatur und Alte Geschichte und Johnson selbst über Logik, Metaphysik und Scholastik. Lediglich bei der Suche nach einem Mathematikprofessor scheiterten sie.

Johnsons Geist hingegen geriet in Aufregung. Briefe und Gespräche aus seinen letzten Lebensjahren scheinen aus einem einzigen langen Angstschrei zu bestehen. Gewiss kann man ihm keine Feigheit unterstellen, zählte er doch ein Leben lang zu den unerschütterlichen Männern. Sein Mut kannte keine Grenzen. Die Ursache ist in einer spirituellen Zaghaftigkeit zu suchen, resultierend aus einer eher liberalen Religiosität, die sich dann mit einem entsprechend gering ausgeprägten Glauben an ein Leben nach dem Tode mischte. Wie seltsam ist es, wenn sich jemand derart verzweifelt an seine fleischliche Hülle klammert, zumal an einen Körper, der unter Gicht, Asthma und Veitstanz litt und darüber hinaus zur Wassersucht neigte! Was reizt an einer Existenz, die aus acht jammervollen Stunden im Stuhl und sechzehn Stunden Gekeuche im Bett besteht? „*Ich würde eines meiner Beine geben*“, meinte Johnson, „*für ein zusätzliches Lebensjahr*“. Nichtsdestotrotz ist kein Mensch jemals seiner Todesstunde mit mehr Würde und Mut begegnet.[184] Man sage und denke über Johnson, was man will – man kann keinen dieser vier grau gebundenen Bände aufschlagen, ohne nicht zumindest ein wenig geistige Stimulation daraus zu ziehen. Man bekommt Lust auf Literatur und Einblicke in das Wesen des Menschen. Man wird gar selbst zu einem besseren und weiseren Menschen.

---

184 Johnson starb im Dezember des Jahres 1784 nach längerer Leidensgeschichte. Er hatte neben seinen Langzeitkrankheiten mindestens einen Schlaganfall erlitten, was ihn zeitweise der Sprache beraubte. Er war an Arthritis erkrankt und laborierte an Wassersucht. Im Frühling seines Todesjahres war es ihm vorübergehend besser gegangen, weswegen er eine letzte Reise mit Boswell gen Oxford unternahm. Er merkte jedoch schon auf dieser Fahrt, dass sein Zustand wieder schlechter wurde und reiste zurück nach London, da er den Wunsch hatte, dort aus dem Leben zu scheiden. Seine letzten Wochen waren von Ängsten und Wahnvorstellungen geprägt. Kurz vor seinem Tod wurde er innerlich ruhiger und äußerte sich gefasst über sein Ende. Er fiel sodann in ein Koma und verstarb einige Stunden später.

# IV

Direkt neben meinen „Johnsoniana“ steht mein Gibbon – in doppelter Ausführung, versteht sich, da meine ursprüngliche Gesamtausgabe schon etwas verblichen war und ich angesichts der neuen, durch Bury besorgten sechsbändigen Ausgabe der „History“ nicht widerstehen konnte.[185] Dieses Werk will man einfach ohne Einschränkung genießen können. Klares Schriftbild, helles Papier und ein leichter Einband sind zu begrüßen. Natürlich hat man inhaltlich keine leichte Lektüre vor sich. Gibbon nähert man sich idealerweise mit einem gewissen Ernst und mit Wissbe-

185 Gemeint ist “The History of the Decline and Fall of the Roman Empire” von Edward Gibbon. Conan Doyles Ausgabe wurde herausgegeben von John Bagnell Bury (1861–1927), einem Historiker und Philologen mit Arbeitsschwerpunkten auf Alter Geschichte und Byzantinistik. Dieser setzte sich maßgeblich für die Verwissenschaftlichung historischer Forschung ein, was ihn folgerichtig zur Befassung mit Gibbon führen musste, gilt dieser doch als Pionier einer Geschichtsschreibung, die sich von Maßstäben reiner geisteswissenschaftlicher Literatur zu Kriterien der natur- und sozialwissenschaftlichen Forschung hin orientiert. Eine beispielhafte Leistung Gibbons besteht in seiner minutiös quellengestützten Arbeitsweise, die das Werk bis heute zu einer relevanten Lektüre machen.

Gibbon hatte sich nach einer Italienreise, die auch einen rauschhaften Aufenthalt in Rom beinhaltete, dazu entschlossen, die Geschichte des römischen Reiches neu zu erforschen. Er mietete sich eine Wohnung in London und richtete seine gesamte Existenz darauf aus, in völliger Ruhe arbeiten zu können. Im Februar 1773 begann er mit der monumentalen Arbeit, die mehr oder weniger sein gesamtes restliches Leben bestimmen und ihn oft an den Rand der Verzweiflung bringen sollte. Gibbon war im Quellenstudium gründlich wie in Stil und Form anspruchsvoll und ging mit akribischem Perfektionismus an die Sache heran . Rund drei Jahre nach Arbeitsbeginn erschien der erste von insgesamt sechs Bänden und wurde aus dem Stand zum „Bestseller“. In seiner Autobiographie notiert der fassungslose Gibbon ironisch: „*Mein Buch lag auf jedem Nachttisch - und auf beinahe jeder Toilette*.“

gier. Man legt sich einen historischen Atlas und ein Notizbuch bereit, um sich Schritt für Schritt vorarbeiten und jede neue Stufe durch Rückgriff auf das bereits Erarbeitete absichern zu können. Es wird keine Spannung geboten. Gibbon raubt euch weder den Schlaf, noch werdet ihr über der Lektüre euren Alltag vergessen, aber ihr werdet ein zufriedenstellendes Maß an Genuss erlangen, eine spezifische Form des Behagens nach getaner Arbeit, und wenn ihr die Bände durchgegangen seid, werdet ihr etwas Unverbrüchliches erworben haben – etwas Solides und Definitives. Eine Eigenschaft, die es euch ermöglicht, neue Aspekte der geistigen Offenheit und Tiefe in euch herauszubilden.

Wäre ich zu einem Jahr auf einer einsamen Insel verurteilt und hätte nur ein Buch zur Auswahl, so würde ich dieses mitnehmen.[186] Bedenkt bloß den weiten Blick des Autors und die schiere Masse des enthaltenen Materials, das die Gedanken anzuregen vermag. Es behandelt 1000 Jahre Weltgeschichte, ist gut geschrieben und akkurat recherchiert, philosophisch breit gefasst und würdevoll im Ausdruck. Angesichts unserer flexibleren Ausdrucksformen heutzutage mögen wir Gibbon für etwas zu pompös halten, aber er war schließlich ein Kind jener Periode, die durch Johnsons Schule des

186 Conan Doyle hegte in der Tat eine besondere Vorliebe für Gibbon, die vergleichbar ist mit jener für Macaulay, wenn auch mit weniger Nostalgie versehen. Seine Gibbon-Expertise nutzte Conan Doyle als Mitglied der Portsmouth Literary and Scientific Society, der er nach seiner Niederlassung als Arzt an der südenglischen Küste im Jahr 1882 beigetreten war. Wie er in seiner Autobiographie verrät, stellte die PLSS, die sich immer Dienstag an unterschiedlichen Orten traf, einen wichtigen sozialen Bezugspunkt für ihn dar. Er besuchte ihre Treffen regelmäßig und hielt selbst mehrere Vorträge, später wurde er in den Vorstand gewählt. Neben einem Bericht über seine Reise ins Polarmeer, einer kritischen Würdigung Thomas Carlyles, einem Vortrag über George Meredith und weiteren Referaten über eine Vielzahl unterschiedlichster Themen sprach er auch über Edward Gibbon. Seine Verbundenheit zu dem Historiker und dessen Zeit hielt bis in spätere Jahre an: 1904 hielt Doyle einen Vortrag im Hawick Theatre unter dem Titel „The Life and Times of Gibbon“, 1908 erschien ein Artikel über „Conan Doyle and Gibbon“ im „Crowborough Weekly“.

geschwollenen Stils korrumpiert war. Ich selbst kann nichts Nachteiliges an Gibbons Schwülstigkeit finden. Wenn das Vordringen einer römischen Legion oder eine griechische Senatsdebatte geschildert werden, möchte man dies in handwerklich fein gearbeiteter und klangvoller Weise lesen, sodass man geistige Erhebung erfahre durch lehrreiche Klarsichtigkeit in der Beschreibung des Geschehens. Was Gibbon vor uns ausbreitet, sind prächtige Bilder kämpfender Nationen und des Aufeinanderprallens unterschiedlicher Völker. Er zeichnet den Aufstieg und den Fall ganzer Dynastien und den Kampf einander entgegenstehender Glaubensvorstellungen nach. Während wir in aller Ruhe über dieses historische Panorama hinweggleiten, wispert uns Gibbons gewichtig-sachliche Stimme die wahre Bedeutung all dieser Szenen zu.

Hier wird eine wahrhaft mächtige Geschichte erzählt. Es beginnt mit der Beschreibung des römischen Reiches zur Frühzeit der Cäsaren, mit jener Epoche also, in welcher ihre Herrschaft noch unangefochten galt. Wir werden an einer ganzen Reihe verschiedener Herrscher vorbeigeführt, die sich bemerkenswert unterscheiden in ihren jeweiligen charakterlichen Ausprägungen; über wahre Größe hinab zur Lasterhaftigkeit bis hin zu Wahnsinn kriminellen Ausmaßes. Die Degeneration des Reiches begann an der Spitze, und es waren Jahrhunderte nötig, bis auch der einfache Speerkämpfer von ihr befallen wurde. Auch die Übernahme einer friedlicheren Staatsreligion vermochte den Niedergang nicht aufzuhalten, denn die Geschichte des Reiches blieb weiterhin – trotz der Etablierung des Christentums – ungebrochen eine in Blut geschriebene Chronik. Stattdessen lieferte der neue Glauben schlicht neue Begründungen für gewalttätige Kämpfe innerhalb

der römischen Machteliten, die oft heftiger geführt wurden, als es bei Schlagabtäuschen wütender Nationen der Fall ist.
Letztlich kam ein mächtiger Sturmwind auf, der über die alte Ordnung der Welt hinwegfegte, zerstörend und durcheinanderwirbelnd, schlussendlich aber jenes reinigend und erneuernd, was faulig und korrupt geworden war. Ein Auge dieses Sturms kam aus dem Norden Chinas über Europa, blies die Herrscher der Länder von ihren Sitzen und kam in Form einer zerstörerischen Lawine über den Kontinent – ein Vorgang übrigens, der sich wiederholen könnte.[187] Absurderweise fiel das römische Reich jedoch gar nicht durch den Ansturm der Invasoren, sondern durch Wellen verängstigter Flüchtlinge, die wie eine Herde panischer Rinder über alles hinwegtrampelte, was ihnen auf ihrer Flucht vor den feindlichen Horden entgegenstand. Eine wilde und dramatische Zeit, in der sich das Antlitz des modernen Europas zu formen begann. Die Völker des Nordens kamen wie Sandstürme über den Kontinent und vermischten sich allerorten mit ihren Nachbarn, sodass aus

187 Mit dem „Sturm aus Chinas Norden“ meint Conan Doyle den ab dem späten 4. Jahrhundert beobachtbaren Einfall zentralasiatischer Reitervölker in Europa, die unter dem wissenschaftlich unklaren Begriff „Hunnen“ bekannt sind. Der äußere Druck durch Invasoren ist ein Faktor für den Untergang des römischen Reiches, der in der heutigen Forschung unterschiedlich gewichtet wird. Bei Gibbon spielt er eine untergeordnete Rolle.

Conan Doyles Anspielung auf die mögliche Wiederholbarkeit des Vorgangs ist ein recht deutlicher Hinweis auf den Verschwörungsmythos der sogenannten „Yellow Peril“ – der „gelben Gefahr“. Dieses aus rassistischen und kulturalistischen Grundannahmen entwickelte sowie durch Kunst, journalistische Hetze und Pseudowissenschaft transportierte Phänomen bezeichnet eine in den 1890er Jahren wachsende Furcht westlicher Gesellschaften vor der Dominanz der chinesischen Nation. Bekannte populärkulturelle Vertreter dieser Strömung sind M. P. Shiel und Sax Rohmer, für den deutschen Sprachraum ist der Kolonialschriftsteller Stefan von Kotze zu nennen.

Ökonomische und politische Ursachen finden sich in antikolonialen Bestrebungen vor Ort, wie dem sog. „Boxeraufstand“, aber auch Migrationsbewegungen aus China spielten eine große Rolle, da Arbeiterinnen und Arbeiter chinesischer Herkunft in westlichen Ländern – wie es im Kapitalismus bis heute geschieht – Arbeiten für verhältnismäßig niedrige Löhne verrichteten und somit als Bedrohung für den eigenen Lebensstandard wahrgenommen werden konnten.

dem Chaos ein durch neue Bestandteile gestärktes Ganzes hervorging. Der unbeständige Gallier erhielt Festigung durch den Franken, der sturmfeste Sachse wurde durch den Normannen verfeinert, dem Italiener wurden neue Lebensfunken durch den Lombarden und den Ostgoten eingehaucht, und der degenerierte Grieche musste dem von männlichem Ernst geprägten Mohammedaner weichen. Überall war damals eine Vermischung großartiger Eigenheiten zu beobachten, ebenso wie in unserer Zeit, bloß, dass die Emigration dem Krieg gewichen ist. Man braucht zum Beispiel gewiss kein Prophet zu sein, um zu erkennen, dass sich jenseits des Atlantiks etwas Großes zusammenbraut. Wenn sich Italiener, Deutsche und Skandinavier auf einer anglo-keltischen Kulturbasis vermengen, so kann es der entstehenden Mischung eigentlich an keiner menschlichen Eigenschaft gebrechen.

Aber zurück zu Gibbon, der mit der Verlagerung des Reiches von Rom nach Byzanz fortfährt, wobei man analog dazu heute geneigt ist, das Zentrum anglo-keltischer Macht nicht auf alle Zeit in London zu vermuten; auch Chicago oder Toronto wären vorstellbar. Wir lesen jedenfalls weiter von der mohammedanischen Flutwelle, die sich auf seltsame Weise von Nordafrika aus nach Spanien linkerhand und Indien rechterhand verbreitet, um sich letztendlich auch über die Wälle von Byzanz hinwegzusetzen, damit aus dem Bollwerk der Christenheit das werde, was es bis heute ist: ein muslimischer Brückenkopf auf europäischem Boden. Dergestalt deckt Gibbon in beeindruckender Erzählweise gut die Hälfte der bislang bekannten Weltgeschichte ab. Habt ihr, wie bereits empfohlen, Atlas, Stift und Notizbuch bereitgelegt, so liegt deren Aneignung nun ganz bei euch.

Die Auswahl prägnanter Beispiele ist schwer, wenn eigentlich jedes Vorkommnis von großem Interesse ist. Mir hat sich jedoch stets das Erscheinen eines neuen Volkes auf der Bühne der Weltgeschichte als ein besonders beeindruckendes Ereignis dargestellt, umweht von ähnlichem Glanz wie die frühen Jugendjahre bei einem einzelnen Menschen. Erinnert euch an den ersten Auftritt der Russen, die in zweihundert Booten die großen Flüsse hinab kamen, um am Bosporus die Galeeren des Reiches zu entern. Wie eigentümlich, dass seither 1000 Jahre ins Land gezogen und die Russen auch heute noch darum bemüht sind, jene Aufgabe zu meistern, an welcher schon ihre in Felle gehüllten Ahnen gescheitert sind. Oder nehmen wir die Türken, an deren früh entwickelte Grausamkeit ihr euch gewiss erinnert. Eine Handvoll von ihnen befand sich einst auf einer Mission, als die Stadt, in der sie gerade Halt machten, von Barbaren belagert wurde. Die Asiaten erwogen einen Ausbruch, um den Feind in ein Scharmützel zu verwickeln. Der erste Türke galoppierte den Belagerern entgegen und erschoss einen der Barbaren mit Pfeil und Bogen. Sogleich warf er sich neben der Leiche zu Boden und versuchte, das Blut des toten Feindes zu trinken. Die Barbaren wurden dadurch so verängstigt, dass sie die Lust verloren, gegen solch unheimliche Gegner ins Feld zu ziehen. Dergestalt trafen also zwei große Völker an den Mauern jener Stadt aufeinander, welche bis heute den einen als Festung und den anderen als Objekt der Begierde dient.[188]

Noch interessanter sind Völker, die gänzlich von der Erde verschwinden. Dieser Vorgang regt die Phantasie

188 Gibbon gilt als erster Historiker, der sich maßgeblich mit den spätantiken Vorgängen in Ostrom . (Byzanz) auseinandersetzte, wenngleich gerade auch dieser Teil des Werkes von der heutigen Geschichtswissenschaft aufgrund verzerrter Darstellungen kritisch betrachtet wird.

auf eine spezifische Art an. Nehmen wir die Vandalen als Beispiel, die einst Nordafrika eroberten. Es handelte sich um einen deutschen Stamm, blauäugig und mit flachsblondem Haar, beheimatet irgendwo entlang der Elbe. Auch sie wurden von dieser seltsamen Wanderlust gepackt, die damals in Europa umging. So wählten sie den Weg des geringsten Widerstandes, was immer bedeutet, dass man von Norden nach Süden oder von Osten nach Westen wandert. Die Vandalen wandten sich nach Südwesten, wobei sie von besonderer Abenteuerlust durchdrungen gewesen sein müssen, da sie Tausende von Meilen zurücklegten und dabei etliche geeignete Siedlungspunkte ungenutzt ließen.

Sie durchmaßen Südfrankreich, machten Eroberungen in Spanien und die Abenteuerlustigsten unter ihnen setzten von dort nach Afrika über, wo sie die alte römische Provinz für sich beanspruchten. Sie hielten diese über zwei oder drei Generationen, so wie die Engländer Indien besetzt hielten, und ihre Anzahl wuchs zu jener Zeit in die Hunderte, wenn nicht gar in die Tausende. Sogleich flackerte aber im römischen Reich eine kleine Flamme zwischen all der Asche auf. Es war Belisar[189], der auf die Eroberer reagierte und ihnen die Provinz wieder abjagte. Die Vandalen waren vom Seeweg abgeschnitten und flüchteten ins Landesinnere. Wohin trugen sie ihre blauen Augen und ihr blondes Haar? Wurden ihre Spuren durch die schwarze Bevölkerung verwischt oder amalgamierten sie sich mit dieser? Rei-

189 Flavius Belisarius (500/505–565) war ein Feldherr des römischen Kaisers Justinian, der aus den Reihen der persönlichen Leibgarde des Regenten aufgestiegen war. Tatsächlich rechnete man nicht mit einem Erfolg gegen das Vandalenreich – dennoch gelang es Belisar, die Provinz in zwei großen Schlachten zurück zu erobern, was auch daran lag, dass der Gegner den Hauptteil seiner Truppen zum Zeitpunkt der Angriffe nicht zur Verfügung hatte. Mit dem Sieg Belisars war das Reich der Vandalen am Ende.

sende haben Kunde von den Mondbergen[190] gebracht, wonach dort schwarze Menschen mit hellen Augen und hellem Haar leben. Könnte es sein, dass wir hier noch Spuren des von der Weltbühne verschwunden deutschen Stammes finden?

Dies ruft uns einen ähnlichen Fall aus Grönland ins Gedächtnis, der mir stets als außerordentlich romantisch erschien – wahrscheinlich, da ich Gelegenheit hatte, meinen Blick über die Eisschollen an Grönlands Küste schweifen zu lassen, bis hin zu der Stelle, wo möglicherweise die alte Eyrbyggia gestanden haben muss. Das war eine skandinavische Stadt, einst von Kolonisten aus Island gegründet, die zu derart beeindruckender Größe anwuchs, dass sie sogar irgendwann in Dänemark um einen Bischof ersuchen mussten. Das muss wohl im 14. Jahrhundert gewesen sein. Der Bischof hat sein Ziel jedoch niemals erreichen können, da ein rascher Klimawechsel den Weg zwischen Island und Grönland vereisen ließ. Seit jenen Tagen blieb ungeklärt, was aus diesen alten Skandinaviern wurde, die man für das damals am weitesten entwickelte Volk Europas hält.[191] Vielleicht wurden sie von den Esquimaux oder den verachteten Skrälingern überrannt – oder sie vermischten sich mit ihnen. Vielleicht blieben sie auch einfach für sich. Nur wenig ist über diesen Küstenabschnitt bekannt. Es wäre gewiss eine seltsame Erfahrung für einen Nansen oder Peary[192], wenn er in

190 Das Ruwenzori-Gebirge ist die dritthöchste Erhebung Afrikas und liegt heute anteilig in Uganda und im Kongo. Der Name „Mondberge“ geht auf griechische Quellen zurück, was wahrscheinlich damit zusammenhängt, dass hier die einzigen Gletscher Afrikas zu finden sind.

191 Bei der „Eyrbbyggja“ handelt es sich um keinen realen Ort, sondern um eine isländische Sage, die zudem hauptsächlich an der Westküste Islands spielt; einem Abschnitt der Insel also, den Conan Doyle auf seiner Reise durchs Polarmeer gar nicht gesehen hat.

192 Fridtjof Nansen (1861-1930) und Robert Peary (1856-1920) waren bekannte Polarforscher. Während Nansen teils als Leitfigur der Disziplin galt und auf diversen Gebieten relevante Leistungen vollbrachte, ist Pearys Rolle als angeblicher Entde-

der antiseptischen Atmosphäre des Eises plötzlich über die mumifizierten Überreste einer untergegangenen Zivilisation stolpern würde.[193]

Aber kehren wir ein weiteres Mal zu Gibbon zurück. Was für ein großer Kopf er gewesen sein muss! Er, der dieses enorme Werk zunächst geistig vorplante und es dann in zwanzig Jahren unaufhörlicher Arbeit zu Papier brachte. Kein klassischer Autor zu obskur, kein byzantinischer Geschichtsschreiber von zu geringer Verbreitung, keine Mönchschronik zu verdrießlich verfasst, als dass er all diese Quellen nicht in sein Monumentalwerk hätte einarbeiten können. Was Gibbon an Einsatz, Ausdauer und Detailtreue aufbrachte, wie er individuelle Bedürfnisse zurückstellte, um sich der Arbeit zu widmen, macht ihn vergleichbar mit einem Korallenpolypen, der als Einzelwesen hinter die herrliche Gesamtheit des Riffs zurücktritt. Auf 1000 begeisterte Leser seines Werkes kommt einer, der sich auch für den Menschen Gibbon interessiert.

Ein Faktum, das erfahrungsgemäß durchaus gerechtfertigt ist. Manche Männer überragen ihr Werk, das in solchem Fall lediglich eine Facette des Charakters repräsentiert, der sich wiederum aus Dutzenden weiteren Aspekten zu einer komplexen Person fügt. Bei Gib-

cker des Nordpols heute umstritten.

193 Dass derartige Überlegungen für viele Menschen reizvoll sind und die Phantasie beflügeln, lässt sich am Motiv der „Lost World“ bzw. „Lost Race“ belegen, welches seine Hochzeit in den literarischen Genres des Abenteuerromans und der Fantasy- beziehungsweise Science-Fiction-Erzählung zwischen spätviktorianischer Epoche und 1940er Jahren hatte, gewiss aber auch heute noch Popularität genießt. Conan Doyle selbst trug mit seinem programmatisch betitelten Roman „The Lost World“ von 1912 maßgeblich zur Entwicklung des Motivs bei, dabei rückgreifend auf große Vorläufer wie Henry Rider Haggard, Jules Verne oder Edward Bulwer-Lytton. Zu massiver Beliebtheit brachten das Motiv Autoren wie Edgar Rice Burroughs und Abraham Merritt. Auch der heute popkulturell omnipräsente H. P. Lovecraft ist zu nennen. Als Bezugspunkte aus Kontexten der damaligen Wissenschaft dienten z. B. die Theorie der hohlen Erde und Überlegungen um den antarktischen Kontinent, der erst mit der fortschreitenden Entwicklung der Luftfahrttechnik komplett erschlossen werden konnte.

bon war dies nicht der Fall. Er war ein kaltblütiger Mensch, der seinen herausragenden Intellekt womöglich mit mangelnder Herzenswärme bezahlte. Ich kann in seinem Leben neben seiner Leidenschaft für das Klassische Altertum keine impulsive Regung ausmachen, keine Begeisterung und keinen Enthusiasmus.[194] Sein scharfes Urteil wurde nie durch Emotionen getrübt, oder aber er hatte seine Gefühle eisern im Griff. Gibt es eine rühmlichere Eigenschaft – und gleichsam eine weniger liebenswürdige? Er verlässt seine Freundin auf Geheiß seines Vaters und fasst dieses Ereignis in dem schlichten Ausspruch zusammen, er habe *„als Liebender geseufzt aber als Sohn gehorcht*“.[195] Als der Vater stirbt, bemerkt er, dass *„eines Sohnes Trauer selten von Bestand“* sei. Das fürchterliche Spektakel der Französischen Revolution

194 Gibbon zeigte in der Tat eine überschaubare Begeisterung für das gesellschaftliche Leben und mochte sich auf sozialer Ebene lediglich mit ausgesuchten Leuten umgeben. Gesellig wie Boswell oder Johnson war er nicht, was aber im Falle Gibbons keinesfalls mit einer einsiedlerischen Existenz gleichgesetzt werden darf, war der Bücherwurm doch durchaus auch für sein dandyhaftes Auftreten und seinen lockeren Gesprächsstil vor allem im Umgang mit den Damen seines Umfeldes bekannt. Was Conan Doyle als Gefühlskälte bewertet, ist in Wahrheit eine tiefempfundene Langeweile. Gibbon brannte für das Selbststudium im stillen Kämmerlein und war an ausufernden Sozialkontakten schlicht nicht interessiert. Er betrieb dies soweit es nötig war, um ihm den bürgerlichen Brotberuf in Verwaltung und Politik zu sichern.

Darüber hinaus zog er es selbst inmitten der Londoner Kaffeehäuser und Festivitäten vor, sich als Solitär der Lektüre und dem Nachdenken hinzugeben. Wenn man liest, mit welcher Inbrunst Gibbon die so verbrachten Stunden schildert, oder mitverfolgt, mit welcher Begeisterung er den Aufbau seiner Privatbibliothek beschreibt, fällt es schwer, Conan Doyles Gesamtdiagnose zu folgen. Ganz zu schweigen von der Tatsache, dass Gibbon ein reiselustiger Geselle war, der in fremden Städten auf Bücherjagd ging, fremde Landschaften und Sprachen genoss und sich von der Grandezza der italienischen Hauptstadtarchitektur in den Bann schlagen ließ. Als Gibbon seinen Lebensabend in Lausanne verbrachte, zeigte er sich stets erfreut, neben seinen Büchern auch gute Gesellschaft zu haben. Melancholisch gar merkte Gibbon einmal in Bezug auf sein eher einzelgängerisches Dasein an, dass er zum Ende seines Lebens immer mehr realisiert habe, dass er „*im Paradies allein*“ sein werde.

195 Tatsächlich handelt es sich bei dieser berühmten Sentenz um eine nachträglich eingefügte Änderung des Nachlassverwalters Lord Sheffield . Ursprünglich war an jener Stelle ein deutlich emotionalerer Kommentar zum Vorfall zu finden, denn Gibbon rang durchaus schwer mit der vom Vater verfügten Trennung.

ruft in ihm lediglich Selbstmitleid hervor, als er hört, sein Urlaubsort in der Schweiz sei von Flüchtlingen überflutet worden – die Reaktion eines grummeligen englischen Landedelmannes, der sich an Touristenhorden stört. Man spürt immer eine gewisse Abneigung bei Boswell, wenn er auf Gibbon zu sprechen kommt. Sogar dann, wenn es nur am Rande um ihn geht. Dies nachzuvollziehen fällt nicht schwer, befasst man sich mit dem Leben des großen Historikers.[196]

Ich kann mir keinen Mann neben Edward Gibbon vorstellen, der mit seinen Anlagen zufriedener hätte sein können. Er hatte alle Gaben, die man benötigt, um ein großer Gelehrter zu werden: Unstillbarer Wissensdurst auf allen Gebieten, immense Arbeitskraft, untrügliches Gedächtnis und jene philosophische Wesensart, die es ermöglicht, sich über Voreingenommenheit hinwegzusetzen und ein umfassender Kenner des menschlichen Lebens zu werden. Es stimmt gewiss, dass er zu seiner Zeit dem religiösen Denken gegenüber als befangen galt, heute jedoch sind seine Ansichten gängiger Bestandteil der Philosophie, die in liberaleren (und tugendhafteren) Tagen wie den unseren kaum jemanden noch zu reizen vermögen. Schauen wir zur weiteren Beurteilung in ein aktuelles Lexikon. Dort teilt uns Gibbons Biograph mit:

> *Kein Verteidiger des christlichen Glaubens würde sich heute mehr trauen, die substanzielle Wahrheit zumindest in den wichtigeren Behauptungen, die Gibbon in den Kapiteln 15 und 16 seines Buches aufstellt, nicht anzuerkennen. Christen mögen auf unzulässige Auslassungen hinweisen, die das Ergebnis der Überlegungen negativ beeinflussen könnten, und sie sollten*

196 Alle von Conan Doyle gebrachten Gibbon-Zitate entstammen der Autobiographie des Historikers, die unter dem Titel „Memoirs of My Life“ erhältlich ist

*natürlich gegen derlei Fehldeutungen Protest einlegen dürfen. Dennoch können Sie die von Gibbon erschlossene Beweislage hinsichtlich bestimmter Phänomene nicht mehr ignorieren. So zeigt sich z. B., dass die Christenverfolgung in Rom doch deutlich weniger rigoros war als früher allgemein angenommen, und Christen haben heute gelernt, dass sie die Relevanz von derlei Nebenursachen durchaus anerkennen können. Nicht zuletzt Gibbon selbst hat ja immer und immer wieder betont, dass die Frage nach den Ursachen und Auswirkungen der Etablierung des Christentums in Rom Debatten um dezidierte Glaubensfragen gar nicht berührt.*[197]

Alles schön und gut, ich aber frage mich, ob nicht eine posthume Entschuldigung angebracht wäre bei Gibbon, der über ein Jahrhundert lang für seine Ansichten mit Dreck beworfen wurde.

Körperlich war Gibbon klein wie Johnson groß war, dennoch kann man aber eine kuriose Übereinstimmung ihrer körperlichen Gebrechen beobachten. Johnson wurde seit früher Kindheit von Skrofulose geplagt, die auch die königliche Hand nicht zu heilen vermochte.[198]

---

197 Gemeint sind zwei Kapitel aus Gibbons Geschichte des römischen Reiches. Der einem mechanistischen Deismus zugeneigte Skeptiker Gibbon vertritt in seinem Buch Ansichten zur Rolle des Christentums beim Untergang des römischen Reiches, die zu seinen Lebzeiten und darüber hinaus kontrovers aufgenommen wurden. Dass er der Kirche explizit eine Mitschuld am Niedergang des Reiches gab, schockierte viele seiner Zeitgenossen und rief auch später noch teils aggressiven Widerspruch hervor. Tatsächlich hatte der späte Gibbon – ganz Wissenschaftler – seine entsprechende These unter dem Eindruck der Französischen Revolution bereits selbst verworfen. Bei allem Skeptizismus hatte der Wissenschaftler Gibbon es sich mit der Ausarbeitung der kontroversen Kapitel allerdings nicht leicht gemacht, wie sich in seiner Autobiographie anhand einer intensiven Diskussion von Quellen und Fachkorrespondenzen nachempfinden lässt. Dem systematischen Denker war es keineswegs um eine Polemik zu tun. Dass dies von Seiten des Klerus anders empfunden wurde, lässt sich gleichfalls in Gibbons Autobiographie nachlesen.

198 Man ging damals in England und Frankreich davon aus, die Berührung einer regierenden Person könne Heilkraft entfalten. Auf Anraten des Doktors pilgerte Johnsons Mutter mit ihrem leidgeplagten Sohn vor den Thron Charles II., auf das der junge Samuel den „Royal Touch“ empfangen könne. Zwar wurde Johnson vom König berührt, von der Skrofulose geheilt wurde er jedoch nicht.

Gibbon gibt uns einen Bericht aus seiner Kindheit, mit Exaktheit ausgeführt, aber von schrecklichem Gehalt:

> *Ich wurde immer wieder von Lethargie und verschiedenen Fiebern geplagt, die mich auszehrten und einen Hang zur Wassersucht nicht besserten. Meine Nerven waren stets angespannt, ich litt unter Gerstenkörnern und wurde einmal von einem Hund gebissen, den man der Tollwut verdächtigte. Jeder greifbare Fachmann wurde an mein Krankenlager gerufen, die Rechnungen der Apotheker und Chirurgen wurden immer höher. Es gab Zeiten, da ich mehr Medizin als Nahrung zu mir nahm und mein Körper ist bis heute gezeichnet von all den Lanzetten, den Aderlässen und den ätzenden Mitteln.*

So klingt Gibbons trauriger Report. Das England jener Tage scheint in starker Form von einer chronischen Erbkrankheit geplagt worden zu sein, die wir heute Struma nennen.[199] Inwieweit die massive Trinkerei des vorangegangenen Jahrhunderts dafür verantwortlich ist, kann ich nicht sagen, auch fällt mir keine Verbindung zwischen der Verbreitung von Struma und dem Bildungsstand auf. Besieht man sich jedoch vergleichend die Leiden Gibbons mit Johnsons nervösen Zuckungen, seinem Narbengesicht und seinem Veitstanz, so wird deutlich, wie arg selbst diese beiden Männer, die stabilsten englischen Schriftsteller ihrer Generation, von grauenhaften Erbanlagen heimgesucht wurden.

Ich frage mich, ob ein Bild aus Gibbons Militärzeit in South Hampshire überliefert ist.[200] Mit seinem

199 Es handelt sich um eine krankhafte Vergrößerung des Schilddrüsengewebes, auch „Kropf" genannt.

200 Es scheint aus jener Zeit kein Bild von Gibbon zu geben, was aber nicht verwundert, da ihm in England der Durchbruch noch nicht gelungen war. Es existiert lediglich eine Karikatur unbekannter Provenienz, die einen arg korpulenten Gibbon in zu eng wirkender Uniform zeigt.

schmalen Körperbau, seinem riesigen Kopf und seinem Mondgesicht muss er recht bemerkenswert in der protzigen Uniform ausgesehen haben.[201] Niemals hat ein kantiger Stöpsel weniger in ein rundes Loch gepasst![202] Sein Vater, der vom Ertrag eines ererbten Vermögens lebte, war von einem gänzlich anderen Schlag. Gibbon wurde auf Geheiß seines Vaters Soldat, obgleich er dies selbst gar nicht wollte. Als Krieg ausbrach, wurde Gibbons Regiment zu seiner Bestürzung in Marsch gesetzt und verblieb bewaffnet und kampfbereit bis zum Ende des Konflikts.[203] Für drei Jahre war er von seinen Büchern getrennt, was er bitterlich bereute. Die Einheit aus South Hampshire hatte jedoch keinen Feindkontakt, und das war vielleicht auch besser für sie. Sogar Gibbon selbst machte sich über seine Einheit lustig, wobei ich mir denken kann, dass seine Männer – nach drei Jahren mit diesem Bücherwurm von Captain im Feldlager – wohl mehr Grund hatten, über ihn zu grinsen als andersherum. Auch zu jener Zeit sah man ihn eher mit einem Stift in der Hand als mit einem Säbel in der Faust. Zurecht klagte Gibbon aber über seinen Colonel, der die Männer zu exzessiven Trinkgelagen anstachelte, wodurch er eine Gicht entwickelte. *„Der Verlust derart vieler Stunden, die man der Arbeit und der Muße hätte widmen können, wird kaum aufgewogen durch die eit-*

201 Gibbon tendierte zu Fettleibigkeit. Er galt zwar als mäßiger Trinker, war aber dem guten und reichlichen Essen besonders zugetan. Im Laufe seines Lebens legte er immer mehr Gewicht zu und laborierte unter einigen Folgeerkrankungen. Es existiert allerdings eine kurze Anmerkung Lord Sheffields, die besagt, Gibbon sei bei aller Korpulenz von schmalem Knochenbau gewesen.

202 Im Original „Square peg in a round hole", ein gängiges englisches Sprichwort, das auf einen Individualisten deutet, der sich nicht in gesellschaftliche Vorgaben einfügen kann.

203 Gibbon war von 1759–1770 Angehöriger der South Hampton Militia, die meiste Zeit davon jedoch als Reservist außer Dienst. In Gibbons aktive Dienstzeit fiel der global geführte Siebenjährige Krieg, in welchem Großbritannien mit Preußen gegen Frankreich und Habsburg um die Vorherrschaft in Europa kämpfte. Gibbon hatte das Glück, niemals in die Schlacht ziehen zu müssen. Er schob allerdings mit seinen Männern zeitweise Wachdienst für französische Kriegsgefangene.

*len Vergnügungen, mit denen man sie zubrachte*", sagte er später. „*Außerdem wurde ich angesichts der groben Offiziere stets säuerlich, da es ihnen sowohl an Wissen als auch am Verhalten eines Gentlemans gebrach*".[204] Was für ein Anblick das gewesen sein muss: Ein rotgesichtiger Gibbon mit Weinhumpen am Offizierstisch, umgeben von volltrunkenen Junkern. Er hat allerdings auch eingeräumt, dass sein Militärdienst nicht nur schlechte Seiten gehabt hat. Er machte aus ihm wieder einen echten Engländer, besserte seine Gesundheit und nahm Einfluss auf sein gesamtes Denken. Auch in seiner Eigenschaft als Historiker war der Dienst ihm von Nutzen. Er fasste dies einmal in einem charakteristischen und oft gefeierten Satz zusammen: „*Die Disziplin eines herangebildeten modernen Bataillons selbst zu erleben, vermittelte mir einen guten Eindruck vom Gefühl des Soldaten, der in der Hopliten-Phalanx stand oder in einer römischen Legion diente, sodass der Captain der Hamsphire-Grenadiere dem Historiker des römischen Reiches gewiss behilflich war*".

Sollte jemand schlecht über Gibbon informiert sein, so kann man dies nicht Gibbon selbst anlasten, der nicht weniger als sechs Darstellungen von Leben und Laufbahn vorlegte. Alle unterscheiden sich voneinander und alle sind gleich schlecht.[205] Es braucht einen besseren

---

204 Tatsächlich war Gibbon unendlich froh, als er nach seiner Dienstzeit endlich wieder regelmäßig zur ungestörten Lektüre greifen konnte. Besonders gern las er morgens in aller Stille, weswegen er es sich zur Gewohnheit machte, sehr früh aufzustehen. Auf dem Familiensitz im Dorf Buriton störte ihn dabei denn meist nur sein Vater, der den Sohn beim nachmittäglichen Tee nicht missen wollte.

205 Gibbon hinterließ sechs fragmentarische Darstellungen unterschiedlicher Abschnitte seines Lebens, die von seinem guten Freund und Nachlassverwalter Lord Sheffield geordnet und ediert wurden, damit sie unter dem Titel „Memoirs of My Life and Writings" veröffentlicht werden konnten. Neuere Ausgaben sind als „The Autobiographies of Edward Gibbon" oder schlicht „Memors of My Life" erschienen. Obgleich Gibbons Memoiren Conan Doyles Geschmack offenbar nicht trafen, sind sie in gewohnt hoher Qualität abgefasst, war Gibbon doch ein brillanter Stilist und scharfer Beobachter, geschult an den herausragenden Vertretern aus Dichtkunst und Dramatik. Fachleute wie Dero A. Saunders, Betty Radice und

Mann als Gibbon, um eine gute Autobiographie zu schreiben. Es handelt sich dabei um eine hochkomplexe Komposition, die einer Mischung aus Feingefühl, Diskretion und Offenheit bedarf – einer beinah unmöglich erreichbaren Perfektion also. Gibbon war trotz seiner fremdländischen Bildung[206] in vielerlei Hinsicht ein typischer Engländer; zurückhaltend, voller Selbstachtung und durch Abkunft gespeistem Selbstbewusstsein. Keine Autobiographie aus britischer Feder wurde jemals mit wirklicher Offenheit verfasst, es findet sich auch deswegen bisher noch kein wirklich gutes Werk aus dieser Sparte.[207]

---

Jeremy Gregory haben von jeher auf die besondere Bedeutung der Gibbon'schen Schreibweise verwiesen. Wie schon in der „History" ist auch Gibbons autobiographische Prosa geprägt von kühlem Understatement und subtiler Ironie, die hier einen vergnüglichen Einblick in die Lebens- und Gedankenwelt des Historikers offenbart. Möglicherweise zielt Conan Doyles Kritik auf Gibbons mangelnden Hang zur Plauderei. Gibbons Beziehung zu Literatur und Sprache sind als durchaus komplex zu betrachten. Er entwickelte durch seine belesene Mutter früh eine Passion für die Klassiker, jedoch brach sich beinahe ebenso früh ein Interesse für die Geschichte der Menschheit bahn. Später dann kam ein ausgeprägter Hang zu spezifisch geisteswissenschaftlichen Themen hinzu. Er schätzte gute Stilisten wie Swift und Addison und gedachte, es ihnen gleich zu tun, weniger aber aus einer Vorliebe für schöne Sprache als vielmehr zum Zwecke des konzisen Ausdrucks von Gedanken und der pointierten Darstellung von Sachverhalten. Es kommt nicht von ungefähr, dass Gibbon sich nie an Versen oder fiktionaler Prosa versucht hat. Dass sein Schreibstil dennoch von seiner guten literarischen Kenntnis profitierte, wurde schon zu Gibbons Lebzeiten anerkannt. Seine Grabinschrift enthält die die Zeile: „His Literary Style was Copious and Brilliant".

Kontrovers an Gibbons Selbstbeschreibungen sind die Änderungen Lord Sheffields, die vor allem delikate Äußerungen betreffen und durch aktuelle Ausgaben glücklicherweise nachvollziehbar gemacht werden. D. M. Low, Autor der Standard-Biographie Edward Gibbons, geißelte Sheffield für dessen Kürzungen als „*ruchlos*". Gleichwohl ist die herausragende Leistung des Herausgebers anzuerkennen, da ohne dessen Engagement die Memoiren Edward Gibbons wohl verloren gegangen wären.

206 Gibbon verbrachte in seiner Jugend mehrere Jahre im schweizerischen Lausanne, nachdem er einige Zeit in Oxford studiert hatte. Er sprach und schrieb Französisch fließend und eignete sich darüber hinaus auch etwas Italienisch und Deutsch an. Voltaire – den Gibbon zuhause besuchte – machte dem jungen Engländer die Finessen des französischen Theaters schmackhaft.

207 Lord Sheffield, der Gibbon persönlich gut gekannt hatte, war allerdings der Ansicht, die Persönlichkeit seines Freundes spiegele sich in dessen autobiographischen Schriften in singulärer Offenheit und Vollständigkeit wider. Gibbon – stets selbst sein härtester Kritiker – war mit der Arbeit durchaus nicht zufrieden. 1793 teilte er Lord Sheffield mit, er sei sich keineswegs sicher, mit der Niederschrift rechtzeitig fertig zu werden. Nicht lang danach verstarb er.

Trollopes Selbstbeschreibung[208] gehört vermutlich zu den Besseren, aber unter allen Literaturgattungen hat die Autobiographie schlicht den geringsten Eingang in unseren Nationalcharakter gefunden. Man kann sich keinen britischen Rousseau vorstellen, noch weniger einen britischen Benvenuto Cellini.[209] Eine Tatsache, die man jedoch auch positiv auslegen kann. Sollten wir derart viele Schandtaten begehen, wie unsere Nachbarn es tun, so haben wir offenbar zumindest den Anstand, ihre Verbreitung schamvoll zu unterbinden.

Zur Linken Gibbons steht meine schöne Braybrooke-Ausgabe von „Pepys' Diary".[210] Hier haben wir wahrlich die hervorragendste Autobiographie eng-

208 Anthony Trollope (1815–1882) war ein englischer Schriftsteller. Er legte mit einer ungeheuren Produktivität Werke der unterschiedlichsten Gattungen vor und zählt zu den meistgelesenen Romanciers der Viktorianischen Ära. Die Autobiographie des hauptberuflichen Postbeamten erschien posthum.

209 Benvenuto Cellini (1500–1571) war ein italienischer bildender Künstler der Hochrenaissance und in dieser Eigenschaft ein herausragender Vertreter des Manierismus. Seine Autobiographie erregte das Interesse Goethes, der eine deutsche Übertragung anfertigte.

210 Samuel Pepys (1633 – 1703) war ein Londoner Bürger zur Zeit der Stuart-Restauration. Er arbeitete als Angestellter des Marineamtes, später zog er ins House of Commons ein und stand der Royal Society vor. Als typischer Vertreter einer sich damals herausbildenden bürgerlichen Gesellschaftsschicht war Pepys umfassend gebildet und an Wissenschaft interessiert. Er sprach mehrere Sprachen, musizierte und nahm rege am gesellschaftlich-kulturellen Leben teil.

Pepys ist heute aufgrund seiner Aufzeichnungen bekannt, die er im Geheimen führte. Sie wurden im frühen 19. Jahrhundert in seinem privaten Buchbestand entdeckt. Durch sie ging Samuel Pepys als ein die Form des „Tagebuchs" maßgeblich prägender Autor in die Geschichte ein, denn neben der durchaus üblichen Chronik offizieller Ereignisse enthalten seine Aufzeichnungen auch eine Vielzahl persönlicher Details. Die Journale – geführt zwischen 1660 und 1669 mittels einer damals üblichen Stenographie – geben so einen Einblick in Alltag und Gedankenwelt eines Londoner Bürgers des ausgehenden 17. Jahrhunderts.

Die Geheimhaltung ist gewiss den diversen von Pepys notierten verfänglichen Inhalten geschuldet. Vor allem politisch und gesellschaftlich kontroverse Ansichten veranlassten ihn wohl dazu, allerdings schrieb sich Pepys auch Begebenheiten erotischer Natur auf. Diese formulierte er zwar äußerst explizit, hielt sie aber unter Rückgriff auf seine Fremdsprachenkenntnisse verschlüsselt fest. Hier fürchtete er offenbar vor allem, seine Ehefrau Elizabeth könne die Tagebücher finden und so von seinen diversen Seitensprüngen erfahren. Dass Pepys aber trotz der Geheimhaltung den Wunsch verspürte, seine Aufzeichnungen der Nachwelt zugänglich zu machen, wird ersichtlich, wenn man bedenkt, dass er die Tagebücher weder versteckte noch vernichtete, sondern sie offen zugänglich in seiner Bibliothek einer späteren Zufallsentdeckung überließ.

lischer Sprache, obgleich dies gar nicht bewusst intendiert war. Mr. Pepys wäre gewiss überrascht gewesen, hätte man ihn damals, als er tagtäglich kuriose oder gemeine Gedanken von seinem Kopf direkt aufs Papier warf, darüber aufgeklärt, welch einzigartigen Rang er in der englischen Literatur einmal einnehmen würde. Und doch schuf er eine Art unfreiwillige Autobiographie, als er seine Tagebucheinträge ordnete und zusammenstellte. Sicherlich dachte er nicht an eine Publikation, was nichts daran ändert, dass seine Tagebücher heute genauso ein Meilenstein ihrer Art sind, wie Boswells Biographie oder Gibbons Geschichtsbuch auf ihrem jeweiligen Gebiet.

Unser Volk ist aber insgesamt zu zurückhaltend mit den eigenen Empfindungen, um jemals eine gute Autobiographie hervorzubringen. Wir ärgern uns zwar, wirft man uns Heuchelei auf nationaler Ebene vor, und dennoch übertreffen wir alle anderen Völker hinsichtlich der Verschlossenheit. Einige Emotionen sind davon besonders betroffen. Welchen Platz nehmen zum Beispiel Liebesdinge in britischen Autobiographien ein? Einen geringen Teil bloß, obgleich dieser Aspekt doch viel über den Charakter eines Mannes aussagt.

Im Fall von Gibbon macht das wahrscheinlich wenig, da sein Herz ihm ohnehin in dieser Hinsicht keine Beschwerden bereitete, von der wohltemperierten Leidenschaft für Madame Necker einmal abgesehen.[211]

211 Während seines Schweizer Aufenthalts lernte Gibbon die Pastorentochter Suzanne Curchod kennen, für die er sich sehr erwärmte. Eine Heirat kam aus unterschiedlichen Gründen jedoch nicht in Frage (Conan Doyle erwähnt die ablehnende Haltung von Gibbons Vater weiter oben). Suzanne Curchod heiratete später den französischen Finanzminister Jacques Necker. Die auch schriftstellerisch tätige Madame Necker erhielt so die Gelegenheit, zu einer bedeutenden Pariser Salonnière zu werden. Zudem ging aus der Ehe mit Necker die heute als Pionierin der Literatursoziologie geltende Autorin Germaine de Staël hervor. Anders, als allgemein angenommen, schwärmte Gibbon sehr für seine Angebetete. Liest man von seinem späteren Besuch beim Ehepaar Necker, so kommt man nicht umhin, den noch immer vorhandenen Schmerz über die Zwangstrennung bei dem angeblich so kühlen Historiker zu bemerken.

Man merkt, wie Gibbon sich in seinen autobiographischen Texten zum respektablen Mann zu stilisieren gedenkt, und je respektabler einer ist, desto uninteressanter wird er. Rousseau mag zu einer weinerlichen Kreatur entartet sein. Cellini mag als erotischen Eskapaden frönender Wüstling bekannt sein. In ihren wenig respektablen Verhaltensweisen werden sie als Menschen greifbar, und dies macht sie so interessant.

An Mr. Pepys ist wundervoll, dass er sich selbst in seinen Aufzeichnungen als recht unbedeutenden Zeitgenossen erscheinen lässt, während er in Wahrheit doch ein gebildeter, allgemein bemerkenswerter Mann gewesen sein muss. Man vermutet dies jedoch zunächst nicht angesichts all der trivialen Aussagen des Chronisten, eingedenk der endlosen Speisenfolgen und der vielen nichtig erscheinenden häuslichen Vertraulichkeiten – dabei macht gerade ihre scheinbare Irrelevanz diese Dinge so spannend! Pepys erscheint uns in seinen Tagebüchern wie ein grotesker Charakter von der Theaterbühne: penibel, selbstbewusst, stürmisch im Umgang mit den Damen und schüchtern mit Männern, als eitler Stutzer seinen Reichtum zur Schau tragend, in Politik und in Glaubensfragen Vorbildhaftigkeit vorgaukelnd, sich unfassbar geschwätzig zeigend, dabei aufgehend in Klatsch und Tratsch über allerlei Kleinkram. Und doch machen sich Unterschiede bemerkbar zwischen dem Pepys des täglichen Lebens und dem Pepys des großen Maßstabs, der sich insgesamt gesehen als hingebungsvoller Diener der Öffentlichkeit erweist, als eloquenter Kanzelredner und ausgezeichneter Autor, als fähiger Hausmusiker und eifriger Privatgelehrter, der mit Akribie eine – vor allem für die damalige Zeit – beeindruckende Bibliothek von über 3.000 Bänden zusammentrug, um sie dank seines Sinns für die Allgemeinheit nach seinem Tod öffentlich zugänglich zu machen. Man kann Pepys seine ständige Schürzenjägerei zu einem Gutteil vergeben, wenn man sieht, dass er der einzige Bedienstete des Marineamtes war, der auch zur Hochzeit der Pest auf seinem Posten blieb.[212] Er mag ein Feigling gewesen sein – natürlich war er das –, aber ein Feigling, der seine Feigheit durch Pflichtbewusstsein überwindet, zählt zu den tapfersten Menschen überhaupt.

Aber das erstaunlichste an Pepys ist, dass wohl niemals geklärt werden wird, warum er sich die unglaubliche Arbeit aufbürdete, nicht nur all die Nichtigkeiten seines täglichen Lebens peinlich genau zu notieren, sondern auch seine gesamten Untaten und Fehltritte, die ein Mann doch eigentlich nur zu gerne vergessen würde.[213] Das Tagebuch wurde etwa zehn Jahre geführt, bevor Pepys Augenprobleme bekam, denen seine in winziger Schrift angefertigten Notizen nicht eben zuträglich gewesen sein dürften.[214] Ich vermute, er war mit seiner Kurzschrift irgendwann so vertraut, dass sie

212 Gemeint ist die vermutlich von niederländischen Handelsschiffen eingeschleppte Große Pest, die in den Jahren 1665 und 1666 in London und dem restlichen Süden Englands grassierte. In London starben etwa 70.000 Menschen an der Krankheit – seinerzeit ein Fünftel der Stadtbevölkerung. Anhand des Tagebuchs lässt sich der Verlauf der Pest in London nachverfolgen. Pepys notiert regelmäßig die Anzahl der Opfer, die auf sogenannten „Sterbetafeln“ bekannt gemacht werden. Er äußert eigene Sorgen, bringt schließlich Ehefrau und Mutter aus der City und versucht, zwischen Gerüchten und Spekulationen verlässliche Informationen über die Epidemie zu bekommen. Er ist irritiert ob der inkonsistenten Schutzmaßnahmen und der offenbar fehlerhaften Statistik sowie des trotz allem fortgesetzten Handelslebens. Schließlich bekommt er es arg mit der Angst zu tun, als mehrere Leute aus seinem direkten Umfeld an der Pest versterben. Doch der Pragmatiker Pepys zieht auch direkte Vorteile aus der desolaten Lage. Als er zu einem Umtrunk geladen wird, nimmt der allgemein um Mäßigung bemühte Pepys unumwunden an. Seinem Tagebuch vertraut er an: „*[...] was ich mir in Zeiten der Pest durchaus gestatte, da einem allgemein dazu geraten wird und es somit nicht gegen mein Gelübde verstößt. Außerdem ist mein Arzt tot und kann mir keine Vorschriften mehr machen.*“

213 Tatsächlich ist diese Frage bis heute ungeklärt. Da es für Beamte durchaus üblich war, ein gedächtnisstützendes Journal zu führen, geht man davon aus, dass Pepys durch die turbulenten Zeiten, in denen er lebte, dazu angeregt wurde, ausführlichere Aufzeichnungen zu erstellen.

214 Pepys selbst gibt zum Abschluss seiner Tagebücher die Angst vor Erblindung als Grund an, die Aufzeichnung einzustellen, wobei er abseits der belastenden Schreibarbeit allgemein an einem Augenleiden laboriert haben muss.

ihm wie ein gewöhnlicher Text erschien. Aber selbst in dieser seltsamen Form handelte es sich bei der Erstellung um eine enorme Arbeitsleistung. Sehen wir hier einen Versuch, sich den Menschen auf ewig ins Gedächtnis zu rufen und aus der Masse herauszustechen? In solchem Fall hätte Pepys gewiss Anweisungen zur Publikation hinterlassen. Er hätte so seine Tagebücher zu jedem beliebigen Zeitpunkt nach seinem Tod öffentlich machen können. Eine solche Anweisung aber gab es nicht und wir verdanken es lediglich Scharfsinn und Beharrlichkeit eines einzelnen Wissenschaftlers, dass die Bände mit Pepys' Journalen nicht bis heute auf dem obersten Regalbrett zwischen anderen Büchern aus seiner privaten Bibliothek verstauben.[215] Öffentliche Bekanntheit war also seine Sache nicht. Was trieb ihn stattdessen an? Die einzige Alternative ist die Anlage eines privaten Nachschlagewerkes. Ihr werdet an Pepys eine kuriose Vorliebe für methodisches Vorgehen und Ordnung finden, weswegen er es liebte, ständig seine Finanzen zu bilanzieren, seine Bücher zu katalogisieren und Listen mit all seinen Habseligkeiten zu führen. Angesichts dessen ist die Annahme gerechtfertigt, in der systematischen Niederlegung seiner Taten – und sogar seiner Missetaten – eine Verbindung zu diesen Eigenschaften zu sehen, die vermutlich einer Art morbidem Sauberkeitsdrang entsprangen. Es mag nur eine schwache Erklärung sein, aber man wird sich schwer tun damit, eine andere zu finden.

Es mag als unbedeutend erscheinen, aber als Leser von Pepys Tagebuch muss einem doch auffallen, wie

215 Obgleich Pepys Tagebücher besonderen Wert haben, sollte man über den Rest seiner Bibliothek indes nicht gering denken. Der Kulturmensch Pepys war ein fanatischer Bibliophiler, der seine Sammlung hegte und sorgfältig katalogisierte. Sie enthält unter anderem eine Vielzahl an mittelalterlichen Manuskripten und Inkunabeln sowie eine der hervorragendsten Balladen-Kollektionen. Sie gilt als eine der wichtigsten noch erhaltenen Privatbibliotheken des 17. Jahrhunderts und befindet sich bis heute im zum Magdalene College in Cambridge gehörigen „Pepys Building" – einem vom Namensgeber testamentarisch gestifteten Bibliotheksgebäude.

musikalisch die damalige englische Nation offenbar gewesen ist. Jeder scheint mindestens ein Instrument gespielt zu haben, viele beherrschten sogar gleich mehrere. Mehrstimmiges Singen war absolut geläufig. Obgleich die Zeit Charles II. ansonsten wenig Neid hervorruft, so waren uns die Menschen seiner Zeit auf diesem Gebiet offenbar überlegen. Und wir sprechen von richtiger Musik – Musik, durchdrungen von Erhabenheit und Zärtlichkeit und mit Texten, die solch einer instrumentalen Begleitung würdig waren. Hier war vielleicht noch der Einfluss der mittelalterlichen englischen Kirchenchöre zu spüren, die meinen Informationen nach vor der Reformation die berühmtesten ihrer Art in ganz Europa darstellten. Seltsam, wenn man bedenkt, dass unser Land im vergangenen Jahrhundert keinen einzigen Meister ersten Ranges hervorbrachte.

Welcher Wandel fand statt, dass Musik heute so wenig bei uns gilt? Ist das Leben zu ernst geworden für Gesang? In südlicheren Gefilden hört man gerade die Armen mit hüpfenden Herzen singen. Leider bedeutet Gesang aus der Kehle eines armen Mannes bei uns meist, dass der Sänger betrunken ist. Und doch ist es beruhigend, den Keim der alten Kraft noch in uns zu wissen. Er kann erneut aufgehen, wird er nur gepflegt und kultiviert. Wenn unsere Kirchenchöre in den alten, katholischen Tagen tatsächlich die besten waren, so muss aus meiner Sicht gleichsam gelten, dass heute unsere Orchester die besten in Europa sind. So schrieb jedenfalls eine deutsche Zeitung nach einem Konzertbesuch im Norden Englands. Jedoch kann man Pepys nicht lesen, ohne zu bemerken, dass unser allgemeiner Umgang mit Musik heutzutage von weniger Wertschätzung geprägt ist als damals.

# V

Es ist ein weiter Sprung von Samuel Pepys zu George Borrow[216] – von einem charakterlichen Extrem zum gegenüber liegenden – und doch stehen sie Rücken an Rücken im Regal mit meinen Lieblingsautoren. Die Landschaft von Cornwall umgibt etwas Wunderbares, wie ich finde. Diese längliche Halbinsel, weit in den Ozean hineinragend, hat alle möglichen Seltsamkeiten aus dem Wasser gefischt und sie in Abgeschiedenheit gehalten, bis sich aus ihnen die Bewohner von Cornwall entwickelten.[217] Was ist das für ein seltsames Völkchen, das dort unten lauert, um dann und wann einen großen Mann von ganz und gar unenglischem Betragen auf die staunende Welt loszulassen? Sie stammen nicht von den Kelten ab und auch nicht von den alten Iberern, die Wurzeln reichen tiefer. Finden wir hier etwa semitische Einflüsse, Spuren der Phönizier nämlich, dieser fahrenden Leute von Tyros mit ihren noblen südländischen Gesichtszügen und der Vor-

216 George Henry Borrow (1803–1881) war ein englischer Autor von Romanen und Reiseberichten. Anerkennung fand er mit der Beschreibung seiner Spanienreisen als Bibelverkäufer, veröffentlicht unter dem Titel „The Bible in Spain". Borrow war ein leidenschaftlicher Reisender und Herumtreiber. Er entwickelte so eine Nähe zu Roma-Gruppen, denen er sich zeitweise anschloss und deren Sprache er beherrschte. Seine Romane „Lavengro" und die Fortsetzung „The Romany Rye" zeugen von seiner Bekanntschaft mit den „Romanichal Travellers" – einer mobilen ethnischen Roma-Gruppe, die man in Großbritannien abschätzig „Gypsies" und im deutschen Sprachraum abwertend „Zigeuner" genannt hat.

217 Tatsächlich sind die „Cornish" in England eine anerkannte ethnische Minderheit. Die Grafschaft Cornwall bildet den südwestlichsten Landesteil Englands.

stellungskraft des Orients? Gaben einige von ihnen einst das blaue Mittelmeer auf, um sich auf den Granitfelsen einer nördlicheren Küste anzusiedeln?[218]

Wie kam Henry Irving zu seiner wundervollen Erscheinung und seiner großartigen Persönlichkeit? Wie stark, wie schön, wie wenig vom Angelsächsischen beeinflusst er doch war! Ich weiß nur, dass seine Mutter eine Frau aus Cornwall gewesen ist.[219] Woher stammte die intensive, sprühende Phantasie der Brontës, die sich so sehr von der der ruhigen Miss Austen und anderen Vorläuferinnen unterschied? Auch hier weiß ich bloß, dass sie eine kornische Mutter hatten.[220] Woher kam der riesige, elfenhaft gebaute George Borrow mit seinem Adlerkopf auf felsengleichen Schultern, dem braunen Gesicht und dem weißen Haar, seiner mithin majestätischen Erscheinung? Wie kam er zu seinem bemerkenswerten Gesicht und seinem absonderlichen Geist? Eigenschaften, die seine Person für sich als nachgerade literarisch erscheinen lässt. Auch hier finden wir die kornische Herkunft, diesmal auf Seiten des Vaters.[221]

218 Die Cornish gelten als „Celtic Ethnic Group“, da sie ihre Wurzeln bis zu keltischen Stämmen aus der vor-römischen Zeit zurückverfolgen können. Ihre traditionelle Sprache – das Cornish – gilt als Teil der keltischen Sprachfamilie mit Verwandtschaft zum Walisischen und Bretonischen. Die Annahme, phönizische Händler hätten im wirtschaftlichen Austausch mit Leuten aus Cornwall gestanden, ist wissenschaftlich nicht nachgewiesen.

219 Sir Henry Irving (1838–1905) war ein englischer Schauspieler. Er gilt als wichtigster Theatermacher der Viktorianischen Zeit. Er wird als ein anerkanntes Vorbild für die Figur des „Graf Dracula“ gesehen, da der Autor Bram Stoker Geschäftsführer des Lyceum Theatre in London war, während Irving dort für den Spielplan verantwortlich zeichnete. Irvings Mutter Mary stammte aus Cornwall, die Familie lebte jedoch in der Grafschaft Somerset, wo Irving auch geboren wurde. Allerdings verbrachte er seine Kindheit bei einer Tante im kornischen Halsetown.

220 Die Brontë-Schwestern – Charlotte (1816–1855), Emily (1818–1848) und Anne (1820–1849) – erlangten Bekanntheit durch bis heute als relevant geltende Gedichte und Romane. Sie hatten zwar eine aus Cornwall stammende Mutter, lebten aber in der Grafschaft Yorkshire. Jane Austen (1775–1817) wurde ebenso durch ihre Romane berühmt, die heute weithin Klassikerstatus genießen.

221 Borrow wurde in Norfolk als Sohn eines Lieutenants geboren, der stetig von Posten zu Posten versetzt wurde und seine Familie dabei mitnahm. Der Erzähler in Borrows „Lavengro“ – recht eindeutig ein alter ego des Autors – hält sich dort einiges auf seine aus Cornwall stammende väterliche Blutlinie zugute. Andererseits haben

Also ja: Da ist etwas Merkwürdiges, etwas gleichsam Fremd- wie Großartiges am Werk auf dieser abseits gelegenen, in die See vorstoßenden Halbinsel. Borrow mag sich selbst als Mann aus East Anglia betrachtet haben – einen „englischen Engländer", wie er es gern nannte – aber kann es Zufall sein, dass ausgerechnet ein Mann aus East Anglia, der eigentlich kornischer Herkunft ist, die benannten Eigenheiten aufweist?[222] Der Geburtsort war zufällig, Borrows Eigenschaften jedoch weisen zurück bis in frühe, zwielichtige Zeiten.

Es gibt Autoren, angesichts deren umfassender Werke ich etwas eingeschüchtert bin. Sie geben mir das Gefühl, trotz aller Bemühungen niemals zum wirklichen Kenner ihrer Arbeit werden zu können. Daher gestatte ich mir hier eine Schwäche und meide ihre Bücher gänzlich. Da wäre Balzac mit seinen Hunderten von skurrilen Werken.[223] Mir wurde gesagt, einige seien

Biographen später durchaus spekuliert, Borrow sei evtl. ein Kind der „Traveller" gewesen und nur zufällig in einer englischen Familie aufgewachsen. Auch wurde gemutmaßt, Borrows Mutter, die offiziell als Hugenottin galt, könnte von ungarischen „Travellers" abgestammt haben. In „Lavengro" gibt es einen Dialog zwischen Mutter und Vater, der entsprechende Vermutungen kolportiert. Es ist in jedem Fall bekannt, dass die „Travellers" Borrow als einen der ihren akzeptierten und er sich unter ihnen deutlich lieber bewegte als in Kreisen des englischen Bürgertums.

222 East Anglia ist nach dem dort ursprünglich siedelnden Volksstamm der „Angeln" benannt und bezeichnet ein mehrere Grafschaften umfassendes Gebiet in England. Dazu zählt auch Borrows Geburtsgrafschaft Norfolk. Die ländlich geprägte Region wird in der Literatur derart oft als Schauplatz verwendet, dass sie das allgemeine Bild von England maßgeblich mitgeprägt hat.

223 Honoré de Balzac (1799–1850) war ein französischer Autor von Romanen und Dramen. Gemeinsam mit Stendhal und Gustave Flaubert gilt er als herausragender Vertreter des Realismus. In seinem unvollendeten, als Zyklus angelegten Hauptwerk „Die menschliche Komödie" versucht er, in Form von Romanen und Erzählungen ein möglichst umfassendes Bild der zeitgenössischen französischen Gesellschaft zu geben. Es umfasst 88 Titel. Die Darstellung der damaligen Lebensrealität wurde als derart dicht und tatsachengesättigt wahrgenommen, dass vor allem Balzac und Flaubert die sich entwickelnde soziologische Wissenschaft beeinflusst haben. Die britische Sozialreformerin und Mitbegründerin der „London School of Economics", Beatrice Webb, sprach in diesem Kontext lobend vom „soziologischen Roman"; eine Gattung, die in England vor allem mit Dickens und Thackeray ihre eigenen Exponenten hatte.

Meisterwerke und die anderen Potboiler[224], aber es scheint stets Uneinigkeit darüber zu herrschen, welches seiner Bücher nun in welche Kategorie gehört. Ein solcher Autor erwirkt kaum das Recht auf den Abtritt wertvoller Lebenszeit. Da er zu viel verlangt, ist man geneigt, ihm gar nichts zu geben. Dies gilt auch für Dumas! Ich stehe vor seinem reichhaltigen Ertrag und begnüge mich von meiner Randposition aus mit einer Kostprobe dann und wann.[225] Niemand könnte Derartiges von Borrow behaupten. Innerhalb eines Monats hat man sein Werk gemeistert – selbst, wenn man ein langsamer Leser ist. Da stehen „Lavengro", „The Bible in Spain", „Romany Rye" und am Ende der Reihe, für ernsthaft Interessierte, „Wild Wales".[226] Vier Bücher lediglich – nicht viel, sollte man meinen, um sich einen herausragenden Ruf zu erwerben – aber bald erkennt man, dass diese vier Bücher in der englischen Sprache nicht ihresgleichen haben.

Borrow war wirklich ein seltsamer Mann. Bigott, vorurteilsbeladen, starrsinnig und von mürrischer Neigung, ein launischer Mensch also, wie man ihn nur sel-

224 Als „Potboiler" werden Kunstprodukte bezeichnet, deren vorrangiger Erschaffungsgrund im Verdienen von Geld besteht. Es handelt sich um die umgangssprachliche Abbildung einer allgemeinen Vorstellung jenes Künstlers, welcher seinen Lebensunterhalt mit Kunst verdienen muss, um den Kochtopf auf dem Herd anheizen zu können.

225 Alexandre Dumas der Ältere (1802–1870) war ein französischer Autor, dem wir einige der packendsten Roman der Weltliteratur verdanken" (Denis Scheck). Dazu zählen „Die drei Musketiere" und „Der Graf von Monte Christo" ebenso wie „Der Mann mit der eisernen Maske" und „Das Halsband der Königin" verdanken. Es verwundert ein wenig, dass Dumas hier recht grob übergangen wird, hätte man ob Conan Doyles Vorliebe für Abenteuergeschichten und Ritterromanzen sowie seiner Betonung des Ritterlichen und des Ehrenhaften doch zumindest ein Lob für den Musketier-Roman erwartet, in dem die legendären Charaktere Athos, Porthos und Aramis gemeinsam mit ihrem jungen Kameraden d'Artagnan den Gardedegen zur Rettung des Königs ziehen. Tatsächlich hatte Conan Doyle den Roman zum Ende der 1880er Jahre mit Genuss gelesen, bevor er „The White Company" schrieb.

226 Obgleich Borrow mit seinem spanischen Reisebericht berühmt wurde, nach einer Verkaufsreise für die Britische Bibelgesellschaft verfasst, sind die eng miteinander verschränkten, stark autobiographisch eingefärbten Romane „Lavengro" und „The Romany Rye" als sein Hauptwerk zu sehen.

ten trifft. Es scheint, seine Eigenschaften würden ihn nicht gerade als Siegertypen auszeichnen. Er verfügte jedoch über eine herausragende und sehr seltene Gabe. Er bewahrte sich sein gesamtes Leben hindurch einen Sinn für die großen Wunder unserer Existenz und blieb ein Staunender angesichts ihrer Geheimnisse – die Gabe des Kindes, die bei den meisten Menschen so schnell abstumpft. Er bewahrte sich diese Gabe nicht bloß, sondern er vermochte es als Meister des Wortes, der er war, anderen Menschen den Rückgriff auf diese vergessene Fähigkeit zu ermöglichen. Er nimmt seine Leser gänzlich für die eigene Perspektive ein, und der Blick durch seine Augen ist niemals langweilig oder auch nur gewöhnlich. Für ihn barg die Welt stets Kurioses und Mystisches; immer war er bestrebt, unter der Oberfläche verborgene Bedeutungen herauszuarbeiten. Wenn er ein Gespräch mit einer Wäscherin wiedergab, so entfalteten seine Worte eine fesselnde Wirkung und die Antworten der Frau erschienen als geradezu außerordentlich. Liest man davon, wie er einen Mann im Pub traf, so wollte man am Ende noch viel mehr über diesen an sich gewöhnlichen Menschen erfahren. Wenn er in eine Stadt kam, schaute er genau hin und ließ seine Leser daran teilhaben – da stehen dann nicht einfach ein paar normale Wohnhäuser beisammen und man geht nicht bloß durch irgendwelche schmutzigen Straßen, sondern es öffnet sich der Blick auf etwas Eigentümliches und Wundervolles. Man schaut auf einen sich voranschlängelnden Fluss, auf eine darüber führende, feudal anmutende Brücke und noch höher hinan auf ein altes Schloss. Es sind die Schatten der Verblichenen, die Borrow zum Leben erweckt, da für ihn jedes Ding nicht einfach nur für sich stand, sondern vielmehr ein Symbol vergangener Zeiten darstellte. Er blickte durch den jeweiligen Menschen hindurch auf das, was dieser repräsentierte. Trifft er auf einen Waliser, so ist das konkrete Individuum innerhalb eines Augenblicks vergessen und Borrow nimmt uns stattdessen mit auf eine Reise ins alte Britannien der zudringlichen Sachsen und der unbekannten Barden, zu Owen Glendower[227], Bergräubern und tausend weiteren faszinierenden Dingen. Trifft Borrow einen Mann dänischen Namens, so flieht er die modernen Zeiten und führt uns zu gigantischen Schädeln in Hythe (wobei ich hier einfügen muss, dass ich die Schädel selbst einmal untersuchte und zu dem Schluss kam, dass sie hinsichtlich ihres Umfangs eher unterhalb des Durchschnitts anzusiedeln sind[228]), zu Wikingern, Berserkern[229] und Warägern, stellt uns Harald Hardråde[230] vor und macht uns mit der angeborenen Bosheit des Papstes bekannt. Für Borrow führen alle Wege nach Rom.

Aber auf mein Wort, was für ein Englisch der Bursche schreiben konnte! Was für einen Dampf er in seine Sätze zu bringen vermochte! Wie kräftig lebendig und plastisch alles bei ihm ist!

227 Owain Glyndŵr (circa 1350–1416) ist ein walisischer Nationalheld, da er um 1400 einen Aufstand gegen die englische Herrschaft in Wales anführte, der als „Die Rebellion von Owain Glyndŵr" in die Geschichte einging. Es war der letzte größere Versuch der Waliser, die englische Herrschaft abzuschütteln – er endete in einer vollständigen Niederlage der Aufständischen.

228 Gemeint ist die Kleinstadt Hythe in der englischen Grafschaft Kent. In der dortigen Kirche St. Leonard aus dem 11. Jahrhundert befindet sich – sonst in England kaum anzutreffen – ein Beinhaus mit darin gelagerten Schädeln und Knochen. Conan Doyle spielt auf eine Szene aus Borrows Roman „Lavengro" an, in welcher das Ossuarium beschrieben wird. Im Buch werden die Schädel als „dänisch" qualifiziert, was aber nur eine unter vielen Theorien über ihre Herkunft benennt. Diese erscheinen dort dem noch kindlichen Protagonisten (Borrows alter ego) als überdurchschnittlich groß, was sie in Wirklichkeit aber nicht sind, wie Conan Doyle hier korrekt anmerkt.

229 Der Begriff „Berserker" bezeichnet in skandinavischen Quellen aus dem Mittelalter einen Krieger, der im Kampf in eine Art Rauschzustand gerät und dann weder Angst noch Schmerz kennt.

230 Harald III., genannt „der Harte" (1015–1066), war ein norwegischer König. Er wurde beim Versuch, den Thron von England zu erobern, getötet.

In jeder einzelnen Zeile steckt Musik, sofern ihr damit gesegnet seid, ein melodisch geschultes Ohr für klangvolle Prosa zu besitzen. Nehmt als Beispiel jenes Kapitel in „Lavengro“, in welchem Borrow sein Lager in einer von Bäumen umwachsenden Senke im Wald aufschlägt und ihn dort das fürchterlichste Grauen befällt. Der Mann, der das schrieb, hat wahrlich den Klang der Prosa Bunyans und Defoes zu seiner Verfügung. Achtet auf die Kunstfertigkeit, die sich hinter der Schlichtheit der Prosa verbirgt – nehmt diesen bemerkenswert gruseligen Effekt als Beispiel, den Borrow kreiert, indem er die Worte „*Senke*“ und „*Waldgrund*“ mehrfach wiederholt, immer und immer wieder, wie ein wiederkehrendes Klangmotiv in einem Glockenspiel.[231] Oder schaut euch den Abschnitt über Britannien am Schluss von „The Bible in Spain“ an. Ich mag es eigentlich nicht, aus diesen Meisterwerken zu zitieren, wenngleich aus dem sehr selbstsüchtigen Grund, dass ich es mir kaum erlauben kann, mein ärmliches Geschreibsel durch derartige Brillanz noch ärger abzuwerten. Und dennoch will ich euch hier – koste es, was es wolle – dieses prachtvolle Stück leidenschaftlicher Prosa nicht vorenthalten:

> *Oh, England! Möge die Sonne deiner Glorie noch lang nicht hinab ins Wellenmeer der Finsternis sinken! Obgleich sich nun düstere und unheilschwangere Wolkengebilde geschwind um dich zusammenbrauen, so hoffen wir noch immer, dass es dem Allmächtigen*

231 Der Erzähler wird hier auf seinen Fahrten als Kesselflicker von einem befreundeten „Traveller“ auf einen Ort verwiesen, an dem er in Einsamkeit ausruhen und nachdenken könne. Es handelt sich um eine Senke in einem Waldgrund, die von Bäumen umwachsen ist. Obgleich der „Traveller“ sie als „*trostlos*“ und „*sonderbar*“ beschreibt, schlägt der Erzähler dort sein Lager auf. Als die Nacht hereinbricht und die Senke lediglich von einem kleinen Feuer notdürftig erhellt wird, beginnt den Erzähler seine momentane Lage zu plagen. Regen Anteil daran hat allerdings auch die Bibellektüre, zu welcher der Erzähler sich flüchtet. Trotz allem kampiert er nach jener Nacht noch eine ganze Weile in der Senke.

*gefallen möge, sie zu zerstreuen und dir eine Zukunft zu gewähren, die deine Vergangenheit an Umfang und Ruhm noch übertrifft. Sollte aber dein Untergang bevorstehen, so möge es ein vornehmer sein, angemessen dir, die man einst die Königin der Meere nannte. Sei dein Niedergang unausweichlich, so möge er von einem Sturm aus Blut und Flammen und mächtigem Getöse begleitet sein, der andere Nationen mit sich hinabreißt. Von allen Schicksalswegen möge der Herr einen langsamen und entehrenden Verfall verhüten; er bewahre dich davor, noch vor der Auslöschung Anlass für Hohn und Spott zu geben für jene Feinde, die sich nun in die Brust werfen, die dich beneiden und hassen, obgleich sie dich noch immer fürchten und – sogar gegen ihren Willen – weiterhin ehren wie respektieren ... Jage die falschen Propheten davon, die dich der Eitelkeit ziehen und Lügen weissagten; die deine Mauern mit schwächlicher Substanz neu zu erbauen gedachten, auf dass sie fallen sollten; die Visionen des Friedens verkündeten, wo es keinen Frieden geben kann; die den Griff der Böswilligen stärkten und die Herzen der Rechtschaffenen verdunkelten. Oh, tue wohl, und fürchte nicht was kommt, denn dein Ende soll entweder ein majestätisches und neiderweckendes sein; oder Gott möge deine Herrschaft über die See erneuern, du altehrwürdige Königin!*

Oder denkt an den Kampf mit dem „*feurigen Blechner*“. Die Szene ist zu lang, um sie hier zu zitieren – aber lest sie, lest jedes einzelne Wort. Wo in unserer Sprache findet man einen kräftigeren, einen sich gekonnter zurückhaltenden wie gleichsam dichten Erzählstil?[232]

232 Gemeint ist abermals eine Szene aus „Lavengro“. Der Erzähler trifft dort auf seinen Reisen durch England auf einen fahrenden Kesselflicker, der von einem Kollegen – dem „*feurigen Blechner*“, wie er ob seiner Wildheit genannt wird – in Revierstreitigkeiten verwickelt und nach mehreren heftigen Faustkämpfen auf der Landstraße schließlich vertrieben wird. Der Erzähler hat Mitleid mit dem Kesselflicker und dessen Frau und kauft dem Paar zuletzt Wagen und Material ab, um sich selbst als Blechner zu versuchen. Später hat der Erzähler dann selbst eine gewalttätige

Ich wohnte selbst vielen prachtvollen Kämpfen bei. Viele waren international, wo also die Besten großer Nationen sich gegenübertraten. Und doch sind sie mir erheblich weniger lebhaft im Gedächtnis geblieben als Borrows Beschreibung aus zweiter Hand. Ein handfestes Beispiel für die Zauberkraft des geschrieben Wortes.

Borrow übrigens war selbst ein guter Kämpfer. Er hat manch nachhaltigen Eindruck in weniger literarischen Kreisen hinterlassen – Kreise, die sicher überrascht wären zu erfahren, dass er auch Bücher schrieb. Mit seinen naturgegebenen Vorteilen, einer Größe von 6,3 Fuß[233] und der Agilität eines Hirsches, konnte er auf diesem Gebiet nichts anderes als hervorragend sein. Allerdings war er auch technisch sehr geschult, obgleich ihm kuriose Bewegungsmerkmale eigneten, wie mir erzählt wurde.[234] Und wie sein Herz an alldem hing – wie er die kämpfenden Männer liebte! Ihr erinnert euch sicherlich an die kleinen Skizzen, die er von seinen Heroen entwarf. Falls nicht, muss ich eine von ihnen hier wiedergeben, und falls doch, so werdet ihr euch glücklich schätzen, sie erneut lesen zu können:

> *Da ist Cribb, Englands Champion und vielleicht der beste Mann des Landes; dort steht er, mit seinem massiven Körper und dem wundervoll löwengleichen Gesicht. Dort ist Belcher, der Jüngere, nicht der bereits im Ruhestand weilende Mächtige, sondern Teucer Belcher, der wohl beste Techniker, der jemals in einen Ring stieg und dem es zur Erlangung seiner Ziele vielleicht bloß an Kraft fehlt. Er scheint nun wie*

Begegnung mit diesem schurkischen Kollegen.

233 Etwa 192 cm.

234 Unter den „Travellern" hat das „Bare-Knuckle-Boxing" – also das Boxen ohne Handschuhe – in Teilen bis heute Tradition. Dies gilt besonders für die „Irish Travellers". Vor allem in „Lavengro" lässt sich erkennen, wie Borrow über seine einschlägigen Verbindungen mit dieser rauen Art des Faustkampfs höchstselbst in Kontakt kam.

*damals an mir vorbeizuschreiten, wie an jenem Nachmittag, mit seinem weißen Hut, dem weiten weißen Mantel, elegantem, schlankem Körperbau, mit federndem Schritt und verwegener Entschlossenheit im Blick. Was für einen Gegensatz jener Mann dort bildet, der gerade Belchers Weg kreuzt! Der grimmige, wilde Shelton, der für niemanden ein freundliches Wort übrig und für jedermann einen harten Schlag in petto hat. Hart! Ein ordentlicher Schlag mit seinem durchtrainierten Arm würde einen Riesen auf die Bretter schicken. Der Typ am anderen Ende der Halle, der gerade mit den Händen hinter seinem Rücken umherstreift, die braunen Tressen seines Boxermantels zur Schau tragend, dieser Untersetzte, der nach allem aussieht, aber nicht nach dem, was er wirklich ist: das ist Randall – den man den König der Leichtgewichte nennt! Der fürchterliche Randall, dem irisches Blut in den Adern fließt; was ihn weder besser noch schlechter macht. Nicht weit von ihm sehen wir seinen letzten Gegner, Ned Turner, der trotz seiner Niederlage noch immer viel auf sich hält, und der damit vielleicht richtig liegt, denn die Sache ging nur knapp zu seinen Ungunsten aus. Wie aber könnte ich von ihnen allen berichten? Es gab sie dutzendweise, und sie waren alle auf ihre Art unglaublich. Da waren „Bulldog" Hudson und der furchtlose Scroggins, der den Bezwinger von Sam, „the Jew" niederschlug. Da war „Black" Richmond – nein, eigentlich war er nicht anwesend, aber ich kannte ihn gut; er war der gefährlichste Schwarze, den ich gekannt habe, selbst noch mit gebrochenem Oberschenkel. Da war Purcell, der nie zu Höchstformen auflaufen konnte, bevor er nicht kurz vor der Niederlage stand. Da waren – Wie? Sollte ich sie am Ende doch alle aufzählen? Ach, warum nicht? Ich glaube, dass Du der letzte dieser kampfstarken Familie bist, der noch nicht unter der Erde liegt, und mögest du dem noch lang fernbleiben – Mann von englischem Schrot und Korn – „Tom of*

*Bedford". Heil dir, „Tom of Bedford", oder wie immer du auch genannt werden magst, Sommers wie Winters! Heil dir, du Engländer von sechs Fuß und braunen Augen, der du einen Langbogen bei Flodden hättest meistern können, als Englands Yeomen über Schottlands König triumphierten und seine Clans nebst seiner Ritterschaft niederrangen. Heil dir, du letzter der englischen Raufbolde, mit all den Siegen, die du erstrittest – wahrhaft englische Siege, nicht durch Gold erkauft.*[235]

Diese Worte kommen von Herzen. Mögen wir uns diese Kampfeslust noch lang erhalten, die uns von jeher im Blut liegt. In dieser friedlicheren Welt sollten wir zumindest in der Lage sein, uns unserer Wurzeln zu erinnern. In einer Welt, die bis an die Zähne bewaffnet ist, ist dies unsere letzte und einzige Garantie auf eine Zukunft. Nicht unsere Anzahl, noch unser Wohlstand und auch nicht die Wasser, die uns umgeben, können uns noch retten, wenn einst die eiserne Härte aus unserem Charakter verschwunden ist. Dies mag barbarisch anmuten – aber Verrohung und nicht Verweichlichung ist die Tendenz dieser weiten Welt.

Borrows Ansichten bezüglich der Literatur und einzelner Literaten waren eigentümlich. Sowohl gegen Herausgeber als auch gegen Autorenkollegen hegte er einen subtilen, weitreichenden Hass. Ich kann mich nicht entsinnen, auch nur in einem seiner Bücher jemals ein lobendes Wort in Richtung eines noch lebenden Schriftstellers gehört zu haben, und auch für die Schriftsteller der vergangenen Generation zeigte er kaum Anerkennung. Gewiss empfahl er Southey mit einem Nachdruck, den manche als überzogen empfin-

235 Es handelt sich abermals um eine Szene aus „Lavengro", die allerdings in der nach wie vor maßgeblichen Übersetzung von Fritz Güttinger (Zürich, 1959) nicht enthalten ist.

den werden, aber für Zeitgenossen wie Dickens, Thackeray und Tennyson, die ja damals alle im Zenit ihrer Schaffenskraft standen, hatte er nichts übrig. Er blickte direkt an ihnen vorbei in eine ferne Vergangenheit zu unbekannten Dänen und vergessenen Walisern. Ich vermute, die Ursache hierfür ist in der Verbitterung zu suchen, die sich aufgrund früherer Misserfolge und seiner nur langsam vonstatten gehenden Anerkennung als Autor in seine Seele schlich. Er wusste, dass ihm ein Platz an der Spitze des Clans gebührte, und als der Clan ihm in dieser Ansicht nicht folgen wollte, wandte er sich in stolzer Verachtung von ihm ab.[236] Schaut auf sein stolzes, von tiefer Emotion geprägtes Gesicht, und ihr haltet den Schlüssel zu seinem Leben in Händen.

Kehren wir aber nochmals zum Faustkampf zurück. Ich erinnere mich da an einen Vorfall, der mir Freude bereitete. Ein Freund von mir las einst einem auf dem Sterbebett liegenden Boxer, der in Australien sehr berühmt gewesen war, einen Faustkämpferroman namens „Rodney Stone“ vor. Der sterbende Gladiator hörte mit Interesse zu, kritisierte aber eifrig die

236 Borrow war und blieb stets ein literarischer Außenseiter. Der Literaturhistoriker Ifor Evans beschreibt ihn in seiner klassischen Darstellung englischer Literaturgeschichte als Repräsentanten einer dem Zeitgeist zuzurechnenden, schwer klassifizierbaren „*Buntheit*“, geprägt von scharfer Beobachtungsgabe und Reiselust. Zum Vergleich nennt Evans den Exoten Sir Richard Francis Burton, von Biograph Ilija Trojanow „*Weltensammler*“ getauft. In späteren literarhistorischen Überblicken kommt Borrow zum Teil gar nicht vor. Er scheint in der englischen Literatur keinen nachhaltigen Eindruck hinterlassen zu haben, wenngleich es bis heute immer wieder Kritiker gibt, die ihn ob seines exzentrischen Stils und seines welthaltigen Blickes loben. Zu seinen Lebzeiten erfuhr Borrow – Conan Doyle benennt es hier ganz richtig – überwiegend Ablehnung und Desinteresse.

Conan Doyle verehrte Borrow in hohem Maße, wenngleich er sich über ihn deutlich weniger äußerte als über andere Favoriten wie Scott oder Meredith. Zeugnis seiner Zuneigung legt die gleichsam ulkig wie parodistisch angehauchte Hommage „Borrowed Scenes“ ab, die 1913 im „Pall Mall Magazine“ erschien. Protagonist der kleinen Erzählung ist ein junger Borrow-Liebhaber, der sich nach der Lektüre der Romane vornimmt, ein Leben im Geiste seines „Meisters“ zu leben. Laut Conan-Doyle-Biograph Andrew Lycett soll die Geschichte für das kritisch-biographische Werk „George Borrow and His Circle“ auf Anfrage des Literaturkritikers Clement King Shorter verfasst worden sein – dort ist sie allerdings nicht zu finden.

beschriebenen Kämpfe von seiner professionellen Warte aus. Der Vorleser war bis zu jener Stelle gekommen, an welcher der junge Amateur gegen den brutalen Berks antritt. Berks ist irgendwann konditionell am Ende, hält seinen Kontrahenten aber mit einem starr ausgestreckten linken Arm auf Abstand. Der Sekundant des Amateurs, selbst ein alter Preisboxer, ruft dem jungen Kämpfer Anweisungen zur weiteren Vorgehensweise zu. *„So ist's richtig. Vorbei – jetzt hat er ihn*!", rief der kranke Mann auf seinem Lager. Wen scheren noch irgendwelche Kritiker nach einer solchen Begebenheit?[237]

Ihr könnt meine eigene Vorliebe für den Boxring leicht bemerken, wenn ihr den Blick in Richtung dieser drei braunen Bände dort wendet, die – recht passend – direkt neben den Werken von Borrow stehen. Es handelt sich um eine Gesamtausgabe der „Pugilistica".[238]

237 Conan Doyle kaschiert hier, dass „Rodney Stone" sein eigenes Werk ist. Der Roman spielt in der Regency-Ära und ist im Geiste Walter Scotts verfasst, wobei Conan Doyle die eigene Vorliebe für den Sport und eigene Erfahrungen aus seiner Universitätszeit einfließen ließ. Er erschien zuerst als Serie von Januar bis Dezember 1896 im „Strand Magazine", illustriert von Sidney Paget. Der finanzielle Erfolg sicherte dem Werk eine Magazinverbreitung auch in den USA, und bereits zum Jahresende kamen mehrere Buchausgaben auf den Markt – auch in Deutschland. Im Rahmen seiner „Collection of British Authors" brachte der Leipziger Verlag Bernhard Tauchnitz den Roman in zwei Bänden heraus. Literarische Anerkennung wurde „Rodney Stone" durch einen Artikel von P. G. Wodehouse zuteil, in welchem dieser den Roman in eine Reihe mit George Bernard Shaws „Cashel Byron's Profession" stellt.

238 Die „Pugilistica" ist eine Chronik des englischen Boxsports. Der Name leitet sich vom lateinischen Wort „Pugilismus" her, was so viel wie „Faustkampf" bedeutet. Die Chronik wurde erstellt von dem englischen Sportjournalisten Henry Downes Miles (1806–1899) und erlebte bis ins frühe 20. Jahrhundert mehrere Auflagen. Miles stellt in den Bänden die Geschichte des englischen Faustkampfs beziehungsweise Boxsports von 1719 bis 1863 unter Rückgriff auf zeitgenössische Quellen dar. Vor allem nutzte er Zeitungsartikel und persönliche Erfahrungsberichte von Zeitzeugen.

Mein Freund Robert Barr[239] schenkte sie mir vor einigen Jahren. Sie sind vergleichbar mit einer Mine, in der man keine halbe Stunde arbeiten kann, ohne auf eine Goldader zu treffen. Aber ach! Der furchtbare Slang jener Tage, der flache und geistlose Sprachgebrauch, dieses Kauderwelsch aus „ogles“ und „fogles“, die unlustigen Scherze und die wahnsinnig machende Angewohnheit, jedes zweite Wort zu italienisieren. Selbst Berichte über Kämpfe, in denen ernsthaft und verzweifelt ausgeteilt wurde, werden langweilig und vulgär durch diesen grässlichen Jargon. Man muss sich bis zu Hazlitts Bericht über den Kampf zwischen dem „Gasman“ und dem „Bristol Bull“ durchschlagen, um die wilde Kraft dieses Sports wirklich spüren zu können.[240] Nur die härtesten Leser können sich ein Zucken verkneifen angesichts dieses einen Bildes, auf dem gezeigt wird, wie dieser fürchterliche Rechtsausleger seinen riesigen Gegner fällt und ihn zusammengeschlagen liegen lässt, das Gesicht von der Augenbraue bis zum Kiefer eine blutige Ruine. Aber selbst ohne einen Berichterstatter wie Hazlitt müsste man schon eine ärmliche Phantasie haben, wenn sich diese nicht anregen ließe von den Taten dieser bescheidenen Helden, die einst munter auf Erden wandelten und nun lediglich

239 Robert Barr (1849–1912) war ein schottisch-kanadischer Schriftsteller. Er lebte einige Zeit in London, wo er mit Jerome K. Jerome das illustrierte Monatsmagazin „The Idler“ aus der Taufe hob. In den 1890er Jahren zählte er zu den populärsten Autoren von Kriminalgeschichten und Unterhaltungsromanen und galt darüber hinaus aufgrund von Bildung und Sprachgewandtheit als äußerst angenehmer Gesprächspartner. Neben Conan Doyle war er befreundet mit Kipling, Wells und George Gissing. Er schrieb eine frühe Sherlock-Holmes-Parodie – jedoch nicht die erste überhaupt, wie teilweise fälschlich behauptet wird.

240 William Hazlitt (1778–1830) war ein englischer Autor, dessen Nachruhm sich hauptsächlich auf seine Essays gründet, die er im Auftrag von Zeitungen wie „The Time“ und der „Edinburgh Review“ schrieb. Er gilt als einer der hervorragendsten Essayisten englischer Sprache. Der angesprochene Kampf zwischen Bill Neate und Tom Hickman (Kampfname: „Gaslight Man“) fand im Jahr 1821 statt. Hazlitt wohnte dem (zur Regency-Zeit illegalen) Wettkampf bei und schrieb danach den Essay „The Fight“, auf den Conan Doyle hier hinweist. Der Text zählt zu Hazlitts besten Werken und gilt bis heute als ein wichtiges Werk des Sportjournalismus.

noch gewissenhaften Enthusiasten mittels dieser wenig gelesenen Buchseiten etwas zu sagen haben. Sie waren pittoreske Kreaturen, Männer von großer Kraft, starkem Charakter und eisernem Willen, die an die Grenzen menschlicher Tapferkeit und Ausdauer gingen. Da ist Jackson auf dem Titelbild, goldener Stich auf braunem Grund – „Gentleman Jackson“ – Jackson mit den massigen Waden und dem edlen Haupt, der seinen Namen schreiben konnte, während ein 88-Pfund-Gewicht[241] an seinem kleinen Finger hing.[242]

Hier ist ein literarisches Bildnis von ihm, geschrieben von jemandem, der ihn gut kannte:

> *Ich sehe ihn noch vor mir, wie er im Jahr ’84 den Holborn Hill gen Smithfield hinauf ging. Er trug einen scharlachroten Mantel mit goldumrandeten Knopflöchern, aus Spitze gearbeitete Rüschenkrausen auf schmaler, weißer Halsbinde, keinen Kragen (die gab es damals noch nicht), einen schleifenverzierten Hut mit breiter, schwarzer Krempe, gelbbraune, seidengeschnürte Kniebundhosen, weiß gestreifte Seidenstrümpfe, Pumps mit Strass-Schnallen; seine Weste war aus blassblauer, weiß gesprenkelter Seide. Es war unmöglich, ihn anzuschauen – mit seiner herrlich üppigen Brustmuskulatur, seinen vornehmen Schultern, seiner (vielleicht etwas gar zu schmalen) Taille, seiner wohlproportionierten Hüfte, seinen massiven Waden und seinen schönen, aber nicht zu zarten Fes-*

241 Knapp 40 Kilogramm.

242 John Jackson (1769–1845) war ein erfolgreicher englischer Boxer zur Bare-Knuckle-Ära, also jener Zeit, in der das Boxen noch ohne Handschuhe und mit wenig Regelwerk betrieben wurde. Er absolvierte eine holprige Amateurkarriere, kämpfte sich dann aber nach nur zwei Profi-Kämpfen zum englischen Titel vor, indem er den Champion Daniel Mendoza in seinem erst dritten professionellen Kampf nach 9 Runden besiegte. Danach beendete er seine Karriere und gründete eine eigene Boxschule. Er gilt als Vorreiter einer auf wissenschaftlichen Erkenntnissen fußenden Kampftechnik. In der Tat war Jackson auch – wie Conan Doyle es hier andeutet – für seine ausgeprägte Muskulatur bekannt. Sein Körperbau ließ ihn zu einem beliebten Modell für Maler und Skulpteure werden.

*seln, seinem festen Schritt und seinen eigentümlich kleinen Händen – ohne zu meinen, die Natur habe ihn als Modell auf die Erde gesandt. So zog er hin, gute fünf Meilen innerhalb einer halben Stunde, zum Neid aller Männer und Ziel der Bewunderung aller Damen.*[243]

Das nenne ich mal ein detailliertes Portrait – ein Portrait, dass einem wahrhaft vor Augen führt, was der Autor zu zeigen gedachte. Wenn man es gelesen hat, vermag man durchaus zu verstehen, warum Mr. John Jackson sogar noch in zeitgenössischen Sportreportagen aus der Masse all der Tonis und Bills und Jacks hervorzustechen vermag. Er war Byrons Lehrer, eigentlich nahm jeder zweite Adlige aus der Stadt Stunden bei ihm.[244] Es war Jackson, der den Juden Mendoza im Eifer des Gefechts am Haarschopf packte und so dafür sorgte, dass Faustkämpfe fortan stets im engen Nahkampf geführt werden sollten. Hier seht hier das quadratische Gesicht Broughtons, dem besten Kämpfer des 18. Jahrhunderts. Der Mann hatte ursprünglich recht bescheidene Ambitionen, als er gegen den besten Mann der preußischen Garde anzutreten wünschte, doch dann arbeitete er sich einmal durch das gesamte Regiment.[245] Er hatte einen Chronisten, den guten Captain Godfrey, der ein ziemlich hartgesottenes Englisch schrieb. Was meint ihr zu folgendem Abschnitt?

243 Conan Doyle zitiert hier aus dem ersten Band der „Pugilistica“.

244 Es existiert ein Briefwechsel zwischen Byron und Jackson.

245 Jack Broughton (1704–1789) war ein englischer Preisboxer aus der Bare-Knuckle-Ära. Er gilt Autor des ersten schriftlich kodifizierten Regelwerkes für den Boxsport, das Schläge in die Weichteile und das Angreifen eines am Boden liegenden Gegners verbot. Er führte auch das bis heute gebräuchliche „Auszählen“ eines Niedergeschlagenen ein. Veranlasst wurde Broughton dazu, als er 1741 einen Gegner im Ring tötete. Später verlieh man ihm aufgrund seiner historischen Verdienste den Ehrentitel „Father of the English School of Boxing“ und bettete ihn in Westminster Abbey zur letzten Ruhe. Seinem Einfluss wird auch die spätere Popularität des Boxens in gehobenen Gesellschaftsschichten zugeschrieben.

*Wie ein Schwertkämpfer hält er regelmäßig inne und führt seine Schläge mit Bedacht aus; er ist nicht zaghaft oder misstraut seinen Fähigkeiten, er stoppt keinen seiner Schläge ab, da er sonst seine Deckung gefährden würde, und er führt keine laschen Hiebe, die daher rühren, dass man sich scheut, sein Körpergewicht in den Schlag zu legen. Nein! Broughton stellt sich dem Gefecht tapfer und entschlossen, er heißt die Schläge des Gegners willkommen; er nimmt sie mit seinem Deckungsarm auf; dann, indem er die Kraft seiner Muskeln heraufbeschwört und sein ganzes Körpergewicht in die Technik hineinwirft, hämmert er mit einer Wucht auf den Gegner ein, die Zaunpfähle in den Boden rammen könnte.*

Von diesem galanten Captain würde man doch gerne mehr hören.[246] Armer Broughton! Er hat sich einmal zu oft in den Kampf geworfen. „*Sie sind geschlagen, verdammt noch eins!*“, rief der Royal Duke. „*Nicht geschlagen, Eure Hoheit, ich kann bloß meinen Gegner nicht mehr sehen!*“, schrie der erblindete Held zur Antwort.[247] Ach, die Tragödien des Lebens vollziehen sich auch im Ring! Die Jugend strebt stets vorwärts, einer Welle gleich, und die Welle, die davor kam, brandet seufzend auf den Strand. „*Diesem Jungspund werd' ich's zeigen*“, kündigte der alte Recke an. Nichts aber ist so traurig wie der Niedergang eines alten Champions! Weise war Tom Spring – „Tom of Bedford“, wie Borrow ihn nennt – der den Ring ungeschlagen und an der Spitze des Ruhms hinter sich ließ. Auch Cribb zog sich als Champion zurück. Aber Broughton, Slack, Belcher und all die anderen – ihr Ende ist eine einzige Tragödie.

246 Conan Doyle zitiert hier wohl aus Godfreys „A Treatise on the Useful Art of Self-Defence” von 1740.

247 Vermutlich erneut ein Zitat aus der „Pugilistica“.

Was in die Jahre gekommene Kämpfer mit sich anfangen würden war meist ungewiss, da sie ohnehin selten ein hohes Alter erreichten. Die harten Anforderungen ihres Broterwerbs und die Entbehrungen des Trainings zerrütteten ihre Konstitution. Ihre allgemeine Beliebtheit war nicht selten ihr Verderben, und der König des Rings ging letztlich im Kampf mit dem tödlichsten aller Leichtgewichte zu Boden, dem Tuberkel-Bazillus oder einer vergleichbaren, vielleicht weniger ehrbaren Krankheit. Der heruntergekommenste Zuschauer hatte eine höhere Lebenserwartung als der von ihm bewunderte junge Athlet. Jem Belcher starb mit 30, Hooper mit 31, Pearce, das kampflustige Huhn, mit 32, Turner mit 35, Hudson mit 38, der unvergleichliche Randall mit 34 Jahren. Manchmal, wenn einer von ihnen wirklich ins fortgeschrittene Alter kam, konnte sein Leben die seltsamsten Wendungen nehmen. Gully wurde, wie bekannt ist, ein vermögender Mann und saß später für Pontefract im Reform-Parlament.[248] Humphries eröffnete einen florierenden Kohlehandel. Jack Martin wurde ein überzeugter Abstinenzler und Vegetarier. Jem Ward, der „schwarze Diamant", wurde zu einem bemerkenswerten Künstler.[249] Cribb, Spring, Langan und viele andere konnten sich als Gastwirte behaupten. Broughton war möglicherweise der Seltsamste unter ihnen. Er wurde auf seine alten Tage zum Verkäufer von alten Bildern und allerlei anderem Schnickschnack. Es gibt eine Schilderung von jemandem, der ihn dabei sah. Ein stiller, alter Gentleman,

248 John Gully (1783–1863) zog 1832 ins House of Commons ein und tat sich zum Ende seines Lebens erfolgreich als Besitzer mehrerer Rennpferde hervor.

249 Jem Ward (1800–1884) hielt mehrere Jahre den nationalen Titel im Schwergewicht, bevor er sich zur Ruhe setzte, um in Liverpool ein Hotel zu eröffnen und Boxstunden zu geben. Er wurde in der Tat ein anerkannter Maler und auch Musiker und Gesangskünstler. Er stelle seine Bilder in London und Liverpool aus, sang vor Publikum und gab Violinkonzerte.

recht altväterlich gekleidet, mit seinem Katalog unter dem Arm – Broughton, einst der Schrecken von England und nun ein harmloser, freundlicher Sammler von altem Tand.

Es ist nur natürlich, dass viele von ihnen gewaltsamen Todes starben, manche durch Unfälle und manche durch die eigene Hand. Keiner der wahrhaft guten Kämpfer starb jemals im Ring. Am nächsten kam dem der traurige Einzelfall des Simon Byrne, ein tapferer Ire, der das Pech hatte, seinen Gegner Angus Mackay im Kampf zu töten und der danach selbst im Ring starb, von der Hand des tauben Burke.[250] Allerdings zählten weder Byrne noch Mackay zur ersten Garnitur. Beobachtet man den Boxring über die Jahre, so scheint es, als sei der menschliche Körper nach und nach feiner und anfälliger für den Schock geworden, der durch Schläge und Stöße verursacht wird. In den frühen Tagen des Sports waren Todesfälle extrem selten. Mit der Zeit jedoch wurden derartige Tragödien immer häufiger und sogar heutzutage, da nur noch mit Handschuhen geboxt wird, werden wir regelmäßig schockiert von solchen Vorfällen. Es kommt einem dann der Gedanke, dieser harte Zeitvertreib unserer Ahnen sei vielleicht doch zu rau für die in einer so durchorgansierten Welt wie der heutigen aufgewachsene Generation. Es mag aber wohl der Heuchelei in dieser Frage vorbeugen, wenn wir uns ins Gedächtnis rufen, dass innerhalb von zwei oder drei Jahren mehr Tote auf das Konto der Jagd und des Steeplechase[251] gehen, als auf das des Boxsports in den letzten zwei Jahrhunderten.

250 James Burke (1809–1845) war in der Tat ein tauber Boxchampion. Entsprechend trug er den Kampfnamen „Deaf“.

251 Eine Form des Pferderennens, bei der Hürden und Hindernisse wie Zäune und kleine Gräben überwunden werden müssen.

Viele Boxer haben ihre Stärke und Tapferkeit, durch die sie Ruhm erlangten, in den Dienst ihres Landes gestellt. Cribb war, wenn ich mich recht entsinne, in der Royal Navy. Dort diente auch der schreckliche Zwerg Scroggins, der nur aus Brust- und Schultermuskeln bestand und der mit seinen Sprungschlägen jeden zu Fall brachte, bis ihn schließlich der schlaue Waliser Ned Turner stoppte – nur, um seinerseits von dem brillanten Iren Jack Randall bezwungen zu werden. Shaw, einer der besten Schwergewichtler des Landes, nahm am ersten Angriff bei Waterloo teil und wurde von den französischen Kürassieren in Stücke gerissen. Der brutale Berks starb einen ehrenvollen Tod in der Bresche von Badajoz.[252] Das Leben dieser Männer stand für etwas, und genau diese tiefe Hingabe war es, die benötigt wurde – eine unerschrockene Durchhaltekraft, die sich einer Welt in Waffen entgegenzustemmen vermochte. Schaut euch Jim Belcher an – den wunderschönen, heldenhaften Jem, ein männlicherer Byron! Nun ist dies aber kein Essay über die gute alte Zeit des Boxsports, und was den einen Mann erfreut, mag den anderen langweilen. Lasst uns also diese drei faktengesättigten, verdienstvollen und faszinierenden Bände ins Regal zurückstellen und uns wieder vornehmeren Themen zuwenden.

252 Gemeint ist wohl die blutige Belagerung des spanischen Badajoz während der Napoléonischen Kriege.

# VI

Welche Kurzgeschichten englischer Sprache zählen zu den großartigsten ihrer Gattung? Keine schlechte Ausgangsfrage für eine Debatte! Einer Tatsache bin ich mir gewiss: es gibt deutlich weniger erstklassige Kurzgeschichten als es erstklassige Romane gibt. Die Herstellung einer Kamee bedarf vorzüglicheren Könnens als die Fertigstellung einer Statue.[253] Das seltsamste Faktum ist aber, dass man beide Fertigkeiten nur getrennt voneinander antrifft, oder sie sich sogar gegenseitig auszuschließen scheinen. Ist ein Autor auf einem der Gebiete fähig, so

253 Die Gattung des englischsprachigen Romans hat ihren Ursprung im 18. Jahrhundert. Unter Rückgriff auf frühere Formen der biographisch-allegorischen Erzählung (etwa John Bunyans „Pilgrim's Progress"), der Tagebuchliteratur und des Reiseberichts (Defoes „Robinson Crusoe") schrieben Autoren wie Samuel Richardson, Henry Fielding und Tobias Smollett, Laurence Stern und Oliver Goldsmith ihre jeweiligen Werke und sorgten so zum einen für die Etablierung der Gattung an sich, zum anderen aber durch ihre jeweiligen Eigenheiten auch für eine gattungsinterne Ausdifferenzierung.

Die englischsprachige Kurzgeschichte hingegen gilt in ihrer Aufnahme und Weiterentwicklung klassischer kurzer Erzählformen (Märchen oder Bibelverse) als Gattung des 19. Jahrhunderts. Sie entwickelte sich durch Autoren wie Washington Irving und Edgar Allan Poe – der überwiegend als ihr Erfinder gesehen wird – maßgeblich in den USA. Die wachsende Beliebtheit kürzerer Erzählformen hängt mit der damals steigenden Literalität in westlichen Nationen zusammen. Das nachkommende Publikum kannte vielfach so etwas wie eine Lesetradition nicht und war an den teils sehr langen, mehrbändig publizierten Romanen früherer Tage nicht interessiert. In engem Zusammenhang mit dieser Entwicklung steht auch der Aufstieg der Literaturmagazine mit ihren kurzen Geschichten und Serienromanen. Auch hinsichtlich der inhaltlichen Struktur war Veränderung gefragt: Wo der Historische Roman noch maßgeblich eine Geschichtsvermittlung betreiben wollte – wenn auch nicht selten in romantisierender Form – so rückte nun der Bedarf nach spannenden Geschichten in den Vordergrund.

bedeutet das keinesfalls, dass er es auch auf dem anderen sein muss. Die großen Meister unserer Literatur wie Fielding, Scott, Dickens, Thackeray und Reade haben keine einzige Kurzgeschichte von Rang hinterlassen, vielleicht mit Ausnahme der Geschichte von *Wandering Willie* aus „Red Gauntlet".[254] Andererseits haben profunde Könner der Kurzgeschichte wie Stevenson, Poe[255] und Bret Harte[256] keinen guten Roman geschrieben. Der Sieger im Sprint ist selten auch der beste Langstreckenläufer.

Nun gut, wenn ihr also wählen müsstet, wen würdet ihr auf eure Liste setzen? Die Auswahl ist nicht eben groß. Welche Bewertungskriterien wollt ihr anlegen? Gewiss sucht ihr nach kräftigem Stil, originellen Ideen,

254 „Redgauntlet" ist ein historischer Roman von Walter Scott aus dem Jahr 1824. Er wird als eines der autobiographischsten Werke Scotts betrachtet. Er enthält die Geschichte „Wandering Willie's Tale", die sehr oft als Entkoppelung in Anthologien zu finden ist, da sie nicht direkt zur Romanhandlung gehört. Der titelgebende Protagonist Wandering Willie ist ein blinder Stehgeiger, der die schottischen Grenzlande durchstreift. Die Geschichte wird allgemein als herausragendes Beispiel für den literarischen Umgang mit schottischem Dialekt gepriesen.

255 Edgar Allan Poe (1809–1849) war ein US-amerikanischer Autor von Gedichten, Kurzgeschichten und Kritiken. Aufgrund seiner literarischen Pionierarbeit im Bereich der Kurzgeschichte, mittels derer er – den Schauerroman und die Romantik überwindend – die psychologische Horror-Erzählung aus der Taufe hob, gilt er als einer der wichtigsten englischsprachigen Autoren der Literaturgeschichte. Weitere Faktoren sind, dass er als Erfinder der Detektivgeschichte ebenso gesehen wird wie als früher Science-Fiction-Autor und maßgeblicher Entwickler der Literaturkritik als über reinen Subjektivismus hinausweisende, eigenständige Form. Um den Lebenslauf des von Depressionen, Schulden und Alkoholproblemen geplagten Poe ranken sich viele Mythen. Umstände und genaue Ursache seines Todes sind im Detail bis heute ungeklärt. Zu Lebzeiten blieb Poe die literarische Anerkennung größtenteils verwehrt. Erst als Charles Baudelaire Poe entdeckte und ihn durch Übersetzungen im Europa der frühen Décadence populär machte, erkannte man auch in Poes Heimat seine Bedeutung .

256 Bret Harte (1836–1902) war ein US-amerikanischer Schriftsteller und Magazinherausgeber. Er gilt neben Autoren wie Mark Twain und Sarah Orne Jewett als herausragender Exponent der im späteren 19. Jahrhundert beliebten Lokalliteratur. Im Falle Hartes sind dies vor allem Erzählungen, welche die Goldminen von Kalifornien zum Thema haben. Harte lebte mit seiner Familie an der Westküste der USA, als dort etwa zur Jahrhundertmitte der „Goldrausch" Fahrt aufnahm. Als politisch progressiver Kopf schrieb er auch Artikel für Wochenzeitungen, später wurde er Herausgeber des Literaturmagazins „Overland Monthly" und schrieb Beiträge für den „Atlantic Monthly". Als ab einem bestimmten Punkt seiner Laufbahn weiterer Ruhm ausblieb, kehrte er den USA den Rücken und ging als Konsul nach Deutschland, wo er in Krefeld und Düsseldorf lebte. Er starb an Kehlkopfkrebs.

dichter Sprache, einer Geschichte, die den Leser intensiv in sich hinein zu ziehen vermag und einen einzigartigen, lebendigen Eindruck in dessen Geist hinterlässt. Poe ist ein Autor, der all dies meisterlich in sich vereint. Dieser grüne Poe-Band, der dort die Reihe meiner Lieblingsautoren fortsetzt, hat diesen Gedankengang angestoßen. Wenn es nach mir geht, so handelt es sich bei Poe um den größten Kurzgeschichtenautor aller Zeiten. Sein Geist gleicht einem Topf voller Samen, die sich arglos überall verteilten und denen so gut wie jede moderne Erzählform entwuchs. Bedenkt, was er in seiner beiläufig-verschwenderischen Arbeitsweise zu schaffen vermochte. Er bemühte sich nicht darum, einen bereits erlangten Erfolg zu wiederholen, sondern wandte sich stets neuen Herausforderungen zu. Der riesige Korpus der Kriminalliteratur muss seinem Einfluss zugerechnet werden – „*quorum pars parva fui!*“[257] Jeder Beitrag hierzu mag seinen eigenen Ton entwickeln, aber es bleibt doch eine Linie erkennbar zu den bewundernswerten Geschichten um Monsieur Dupin, die eine so wundervoll meisterliche Kraft erkennen lassen in ihrer genau bemessenen Komposition, die geschwind auf einen dramatischen Höhepunkt zusteuert.[258] Letzt-

257 Lateinisch: „Worin ich eine kleine Rolle spielte“. Conan Doyle weist mittels eines abgewandelten Vergil-Zitats bescheiden auf seinen eigenen Anteil an der Genreentwicklung hin.

258 Poe hat mit dem Essay „The Philosophy of Composition” eine eigene Erzähltheorie vorgelegt. Durch einen Brief von Charles Dickens gedanklich angeregt, will Poe hier anhand der Analyse seines berühmtesten Gedichts „The Raven“ zeigen, welche Kompositionsmethode, Motive und Länge es braucht, um gute Literatur zu machen. Es wird bezweifelt, dass Poe sich wirklich an der im Essay geschilderten Theorie orientierte. Es ist nicht unwahrscheinlich, dass er sie schlicht aus dem bereits bestehenden Gedicht ableitete, da der Essay einige Jahre nach Poes berühmten Gedicht geschrieben wurde. In jedem Fall ist der aus diesem Text stammende Begriff von der „Einheit des Effekts“ bekannt geworden. Poe meint damit, dass sich Stil und Inhalt einer Geschichte bzw. eines Gedichts gänzlich auf einen bestimmten Effekt hin zu orientieren hätten.

Aus seinen letzten Jahren stammt auch ein aus zuvor gehaltenen Vorträgen zusammengesetzter Essay namens „The Poetic Principle“. Hier vertritt Poe generelle Standpunkte in Bezug auf die Dichtkunst, die sich selbst genüge und deren oberstes Ziel der ästhetische Ausdruck sei. Eine belehrende Attitüde lehnt

lich ist gedankliche Klarheit im Verbund mit ausgeprägtem Scharfsinn jene Qualität, welche den idealen Detektiv auszeichnet. War dies einmal in bewundernswertem Maße eingeführt worden, so mussten nachkommende Autoren dem notwendigerweise folgen. Aber Poe ist nicht bloß der Erfinder der Detektivgeschichte[259]; alle literarischen Schatzjagden und Kryptogramm-Entschlüsselungen sind rückführbar auf seinen „Gold-Bug“[260], genauso wie alle pseudo-wissenschaftlichen Verne- oder Wells-Stories ihre prototypischen Vorläufer in „Voyage to the Moon“[261] und „The Case of

Poe in der Dichtung und wohl – wie manche Interpreten meinen – auch in der Prosa ab. Zusammengenommen bilden die Essays einen Grundstock zum literarischen Selbstverständnis Edgar Allan Poes.

259 Obgleich bei der Entwicklung der Detektivgeschichte oft frühe englische Romanautoren wie Dickens oder Wilkie Collins in den Blick genommen werden, so muss Edgar Allan Poe tatsächlich als der Urheber der prototypischen Kurzgeschichte jenes Bereiches (der „Detective Short Story“) gelten. Diese hob er 1841 mit „The Murders in the Rue Morgue“ aus der Taufe und kontinuierte sie mit „The Mystery of Marie Rogêt“ (die gleichsam als erste „True Crime“-Erzählung gilt) sowie „The Purloined Letter“. In allen Geschichten tritt der Privatier C. August Dupin als Ermittler auf, der von einem namenlosen Freund und Assistenten begleitet wird, aus dessen Sicht die jeweilige Geschichte erzählt wird. Hierin ist die Blaupause für das ungleich bekanntere Gespann aus der Londoner Baker Street, Sherlock Holmes und Dr. Watson, zu sehen. Auch die Methode Dupins ist ein deutlicher Vorläufer der Holmes'schen Schlussfolgerungen.

260 „The Gold-Bug“ erschien zuerst 1843. Poe hatte die Geschichte bei einem Wettbewerb eingereicht, für den eine Tageszeitung aus Philadelphia einen Gewinn von 100 Dollar ausgelobt hatte. Poe, der das Geld dringend brauchte, gewann den Preis. Die Geschichte wurde in der Folge mehrfach veröffentlicht. Sie gilt als sein größter Erfolg zu Lebzeiten.

„The Gold-Bug“ ist aufgrund der enthaltenen Überlegungen zur Rätsellösung immer wieder als eine Frühform der Detektivgeschichte bezeichnet worden, was auf ihre Struktur in gewisser Weise zutrifft. Motivisch ist sie allerdings eher der Abenteuerliteratur zuzurechnen. Poe soll sich durch Defoes „Robinson Crusoe“ zu dem Inselszenario inspiriert haben lassen. Später gab Robert Louis Stevenson an, Poes Geschichte sei eine Inspiration zu seinem Abenteuerroman „The Treasure Island“ gewesen. Im anglophonen Sprachraum trifft man im Zusammenhang mit solcherart Geschichten bisweilen auf den Begriff „Buried-Treasure-Genre“, wobei hier eine Verbindung von Abenteuer- und Kriminalliteratur angesprochen wird.

261 Die frühe Science-Fiction-Story „A Voyage to the Moon“ ist heute eher unter dem Titel „The Unparalleled Adventure of One Hans Pfaall" bekannt. Sie wurde 1835 im „Southern Literary Messenger“ gedruckt und war von Poe ursprünglich als wissenschaftlicher Jux verfasst worden, was ihrem satirischen Tonfall durchaus anzumerken ist. Aus heutiger Sicht trifft dies auch für die Handlung selbst zu, denn der Protagonist will hier mit einem Heißluftballon zum Mond fliegen.

Monsieur Valdemar"[262] haben. Würde jeder Autor, der eine Geschichte verkauft, die ihre Struktur der Vorarbeit Poes verdankt, den zehnten Teil seiner Einnahmen dem Bau eines dem Meister gewidmeten Denkmals spenden, so würde dieses bald die Größe der Cheops-Pyramide erreicht haben.

Und doch kann ich ihm nur zwei meiner Listenplätze zubilligen. Auf dem einen findet ihr „The Gold-Bug", auf dem anderen „The Murder in the Rue Morgue". Ich sehe nicht, wie man eine dieser Geschichten je übertreffen könnte. Diese Perfektion kann ich aber keinem seiner sonstigen Werke zumessen. Es mangelt ihnen an der hervorragenden Proportionalität und dem stimmigen Blickwinkel; Eigenschaften, welche sich in den beiden genannten Geschichten finden. Ebenso beispiellos ist das durch Unheimlichkeit auf die Spitze getriebene Grauen, das durch die unterkühlten Erzählstimmen und die Kaltschnäuzigkeit der Hauptprotagonisten – Dupin in der einen, Le Grand in der anderen – noch gesteigert wird. Dasselbe mag für Bret Harte gelten, gleichfalls einer der ganz großen Kurzgeschichtenerzähler, dem längere Formen nicht lagen. Für mich glich er immer einem seiner Goldsucher, der auf eine reiche Ader stößt, ihr dann aber nicht zu folgen vermag. Wobei sich die Ader letztendlich als doch nicht ganz so reichhaltig erwies; aber das vorhandene Gold zumindest war von bester Qualität. „The Luck of Roaring Camp" und „Tennessee's Partner" sind es beide wert, zu meinen ewigen Favoriten zu zählen, wie ich meine. Es stimmt natürlich, dass sie arg von Dickens

262 Die spannende Horrorgeschichte „The Facts in the Case of M. Valdemar" erschien 1845. Sie behandelt den seinerzeit populären „Mesmerismus", der behauptete, im Elektromagnetismus das Geheimnis der menschlichen Lebenskraft gefunden zu haben. Der Skeptiker Poe schrieb auch diese Story als Jux, was daran erkennbar wird, dass er bei der Publikation zunächst angab, es handele sich um einen Tatsachenbericht.

zehren und beinahe wie Parodien auf den Meister wirken, und dennoch sind sie so symmetrisch und befriedigend rund in der Ausführung, wie es Dickens selbst nie gelungen ist. Ich beneide den Mann nicht, der diese beiden Geschichten ohne Kloß im Hals lesen kann.[263]

Und Stevenson? Gewiss soll auch er zwei Listenplätze erhalten, denn wo findet man bessere Beispiele für die Möglichkeiten, die die kurze Erzählform eröffnet? Meiner Meinung nach schrieb er in seinem Leben zwei Meisterwerke, beide im Grunde Kurzgeschichten, obgleich eine von ihnen als eigenständiges Buch erschien. Die Rede ist von „Dr. Jekyll and Mr. Hyde", eine absolut herausragende Arbeit, unabhängig davon, ob man bei der Lektüre die erzählerische Eindringlichkeit genießt oder den Fokus auf die allegorische Tiefe der Darstellung legt.[264] Für den zweiten Listenplatz

263 Bei „The Luck of Roaring Camp" handelt es sich um die populärste und international erfolgreichste Goldgräber-Geschichte von Harte . Die andere von Conan Doyle präferierte Story, „Tennessee's Partner", wurde mehrfach verfilmt und gilt als frühe Darstellung des männlichen, hinsichtlich des Charakters und der Begabung ungleichen Duos, für das sich später der Begriff Buddy-Story (oder auch Buddy-Movie) einbürgerte.

264 Stevensons Novelle erzählt von dem Mediziner Dr. Henry Jekyll, der als gutherziger und pflichtbewusster Bürger Londons bekannt ist. Bei chemischen Experimenten entwickelt er einen Trank, durch den es gelingt, die „bösen" Anteile der menschlichen Seele von den „guten" zu trennen. Nach der Einnahme verwandelt sich der humanistisch gesonnene Arzt in einen anderen Menschen, in dessen Wesen sich ausschließlich die dunklen Seiten Jekylls versammeln: Mr. Hyde.

Stevenson hatte stets die Ansicht vertreten, es sei die vorrangige Aufgabe der Kunst, Illusionen zu erschaffen. Seiner Erzähltheorie nach sei dies besser durch einen Fokus auf Ereignisse zu schaffen denn mit ausgefeilten Charakteren. Mit dieser 1886 publizierten Charakterstudie unternahm Stevenson jedoch maßgeblich auch einen Ausflug in die Untiefen der bürgerlichen Psyche. Die Novelle gilt als ein hervorragendes Beispiel für den Gebrauch des Doppelgänger-Motivs, das Sigmund Freud als eine besonders geeignete Symbolform für allerlei psychologische und kulturelle Aufladungen galt. Gleichsam leistete Stevenson einen wichtigen Beitrag für die Entwicklung der modernen Horror-Storie, im anglophonen Sprachraum „Weird Fiction" genannt, denn obgleich Stevenson sich selbst in der Tradition der „Gothic Novels" sah, taucht in zeitgenössischen Besprechungen des „Dr. Jekyll and Mr. Hyde" die Kategorisierung „weird" (etwa: „seltsam" oder „merkwürdig") sehr häufig auf. Eine Ursache für Stevensons Ausflug in das Gebiet der Unmoral dürfte auch in seiner Faszination für „das Böse" gelegen haben, deren Ursprung wiederum in seiner calvinistischen Erziehung zu suchen ist.

Die Geschichte war derart erfolgreich, dass ihr Titel – worauf Richard Kraushaar hinwies – mindestens in Großbritannien zum geflügelten Wort wurde für Men-

würde ich „The Pavilion on the Links“ wählen – ein modellhaftes Beispiel effektvollen Erzählens. Die Geschichte prägte sich mir, nachdem ich sie im „Cornhill Magazine“ gelesen hatte, derart ein, dass ich, als ich Jahre später in einem Sammelband darüber stolperte, sofort zwei kleine Änderungen bemerkte, die – leider zum Nachteil der Story – vorgenommen worden waren. Es waren nur Kleinigkeiten, aber sie nahmen sich aus wie zwei gesplitterte Stellen auf einer ansonsten perfekten Statue. Gewiss wird ein solch nachhaltiger Eindruck nur von einem hervorragenden Kunstwerk hinterlassen.[265] Natürlich hat Stevenson noch mindestens ein Dutzend weiterer Geschichten geschrieben, deren Qualität jeden durchschnittlichen Schriftsteller auf seinen Platz verweist und die jenen speziellen Glanz ihres Urhebers ausstrahlen, auf welchen ich später noch zu sprechen kommen werde. Aber es sind ausschließlich die zwei genannten Geschichten, in denen ich die nötige Exzellenz erkenne, um ihnen zwei Plätze auf meiner Bestenliste zu sichern.[266]

Wen haben wir noch? Wenn ihr es nicht für allzu vorwitzig haltet, einen noch lebenden Zeitgenossen zu nennen, so würde ich gern ein paar Plätze an Rudyard Kipling vergeben. Seine Kraft, seine Fähigkeit zur Verdichtung, sein Sinn für das Dramatische, seine ganze Art, zunächst zu glühen und dann ganz plötzlich zu

---

schen, die ein vermeintliches Doppelleben führen oder sich in verschiedenen Situationen charakterlich sehr unterschiedlich verhalten. Später trugen hierzu gewiss auch eine Vielzahl von Verfilmungen und Hörspieladaptionen bei.

265 „The Pavilion on the Links” erschien im Herbst des Jahres 1880 im Londoner Monatsblatt „The Cornhill Magazine“, das damals von Leslie Stephen geleitet wurde. Es handelt sich um eine literarisch kunstvoll strukturierte, dem Kitsch gänzlich abholde Liebesgeschichte, in deren Mittelpunkt ein gesellschaftsmüder, durch Schottland vagabundierender Bildungsbürger steht. Die Erzählung gilt weithin als Musterbeispiel ihrer Gattung. Sie erschien später in der Sammlung „New Arabian Nights“.

266 Im Übrigen leistete Stevenson selbst in Form seiner „Familiar Studies of Men & Books“ keinen unbedeutenden Beitrag zur Literaturkritik.

einer kräftigen Flamme zu werden – all dies kennzeichnet ihn als einen großen Meister. Aber welche Arbeiten sollen wir auswählen angesichts seines umfangreichen Werkes, das gewiss viele Höhenflüge bereithält? Wenn ich mich zurückerinnere, dann haben mich „The Drums of the Fore and Aft“ und „The Man who Would be King“[267] sowie „The Man who Was“ und „The Brushwood Boy“ am meisten beeindruckt.[268] Wenn ich es abwäge, sollte ich vermutlich die ersten beiden auf meine Liste der Meisterwerke setzen.

Kipling schrieb Stories, die zur Kritik auffordern und ihr dennoch zu trotzen wissen. Der gewiefte Schlagmann beim Cricket kann ein unorthodoxes Spiel machen, sich im Gegensatz zu schlechteren Spielern jede Freiheit herausnehmen und am Ende dennoch brillieren. So verhält es sich auch hier. Für unerfahrene Autoren liegt eine Gefahr darin, es diesen Stories gleichtun zu wollen. Wir finden in ihnen Abschweifungen, die schlimmste aller Sünden beim Entwerfen von Kurzgeschichten also; wir finden Zusammenhanglosigkeit und einen fehlenden Sinn für maßvolle Komposition, der verantwortlich ist für mehrere Seiten Stillstand, bis er die Handlung dann unerwartet in nur weni-

267 Sowohl bei „The Drums of the Fore and Aft” als auch „The Man who Would be King“ handelt es sich um militärisch grundierte Abenteuergeschichten. Während bei der ersten Geschichte Angehörige eines Infanterieregiments in Afghanistan im Zentrum der Handlung stehen, versuchen in der zweiten zwei britische Desperados von Indien aus in einen abgelegenen Teil Afghanistans zu gelangen, um dort ein eigenes Königreich zu errichten. Sie ist heute vor allem geläufig durch die Verfilmung mit Michael Caine und Sean Connery, in der es wiederum Anspielungen auf die erstgenannte Geschichte gibt.

268 „The Brushwood Boy“ erzählt vom Lebenslauf eines englischen Offiziers, der von seinem kolonialen Dienst in Indien heimkehrt und dabei in sich eine Traumlandschaft ausbreitet, die sich aus einer frühen Liebe zu einem Mädchen speist. Die Geschichte hat die Kritik durchaus gespalten – während sie von manchen für ihre Verbindung von Liebesgeschichte und englischem Idyll gepriesen wurde, erschien sie anderen als zu betulich.

In „The Man who Was” geht es abermals um die Gefühlsgeographie englischer Kolonialherren, diesmal in einer Mischung aus Soldaten und Zivilisten, die sich in Indien der nahenden russischen Bedrohung ausgesetzt sehen.

gen Sätzen voraneilen lässt. Dies alles wird dann jedoch vom Genie des Autors überspielt, so wie der findige Cricket-Spieler den schon fast ins Aus gespielten Ball doch noch abfängt oder den gerade kommenden Ball mit einem gezielten Vertikalschlag erwischt. Da ist Spritzigkeit und Ausgelassenheit, eine vollkommene, dem Meister eignende Selbstsicherheit, die den Leser über all die genannten Schwächen hinwegzutragen im Stande ist. Ja, keine Bestenliste wäre komplett ohne zumindest zwei Beiträge Kiplings.[269]

Wie weiter? Nathaniel Hawthorne ist mir nie als wirklicher Könner erschienen. Das liegt bestimmt an mir, aber ich brauchte scheinbar immer stärkere Kost, als er zu geben imstande war. Sein Stil ist zu subtil und zu flüchtig, um einen Effekt zu erzielen. Ich fand die Kurzgeschichten seines Sohnes Julian immer interessanter, auch wenn ich durchaus einsehe, dass dem Älteren aufgrund seiner filigranen, anmutigen Prosa zu Recht ein hoher Rang eingeräumt wird.[270] Einen

269 Von seiner fraglos vorhandenen literarischen Meisterschaft abgesehen, profitierte Kipling vor allem vom wachsenden Interesse der englischen Bevölkerung an imperialen Hintergründen und – darin eingebettet – am Exotischen. Es ist bezeichnend, dass Autoren wie Kipling, Rider Haggard und ähnliche mehr (nicht zuletzt auch Conan Doyle selbst) enorme Popularität genossen, indem sie entsprechende Bedürfnisse nach fremdländischen, durch die englisch-imperiale Brille geschilderten Themen mit versierter Erzählkunst verbanden, während ein zwischen Realismus und Naturalismus pendelnder Zeitchronist wie George Gissing nur wenig Ansehen genoss.

270 Nathaniel Hawthorne (1804–1864) war ein US-amerikanischer Schriftsteller. Er wird allgemein der Romantik zugerechnet, wobei diese in den USA in Form der „Transzendentalisten" um Thoreau und Emerson ihre spezifische Ausformung fand. Er war einer der ersten Autoren seines Landes, der vom Schreiben leben konnte. Er pflegte Freundschaften zu anderen Literaten wie Herman Melville und dem Dichter Henry Wadsworth Longfellow. Obgleich er Conan Doyles Beifall hier nicht findet, kann Hawthorne als Beispiel gelten für einen Autor, der mit kurzen und langen Erzählformen umzugehen verstand. Sowohl seine Romane (wie „The Scarlet Letter" oder „The House of the Seven Gables") als auch seine Kurzgeschichten (wie „Wakefield", „Rappaccini's Daughter" oder „The Minister's Black Veil") stellen relevante Prosawerke dar.

Julian Hawthorne (1846–1934) war der Sohn des Vorgenannten und ebenfalls Schriftsteller. Er war in Jugendjahren mit der Schwester Louisa May Alcotts liiert, studierte in Harvard und Deutschland und arbeitete später als Ingenieur in New York. Obgleich er mehrere Gesellschaftsromane, Zeitungsartikel und Reportagen

Anspruch auf Befassung hat sicher auch Bulwer-Lytton. „The Haunted and the Haunters“ ist die beste Geistergeschichte, die ich kenne.[271] Als solche nehme ich sie in meine Liste auf. Ich entsinne mich einer weiteren Geschichte, die ich einst in einer alten „Blackwoods“-Nummer las – „Metempsychosis“ hieß sie. Sie hat einen tiefen Eindruck bei mir hinterlassen, sodass ich geneigt bin, sie trotz der Tatsache in meine Bestenliste aufzunehmen, dass die Lektüre schon viele Jahre zurück liegt.[272] Ebenfalls hervorragend ist Grant Allens „John Creedy“. Wer solche eine gute Story auf Basis einer philosophischen Idee zu schreiben vermag, verdient einen Platz unter den Besten.[273] Gewiss finden

und auch Detektivgeschichten veröffentlichte, erlangte er nie Erfolg und Geltung des Vaters. Er war zwischen Jahrhundertwende und erstem Weltkrieg in einen Betrugsfall verwickelt und saß ein Jahr im Gefängnis. Streit gab es mit seiner Schwester über veröffentlichte Memoiren, auch klagte er Herman Melville öffentlich an, Falschinformationen über seinen Vater verbreitet zu haben. Von einer Grippe geschwächt, verstarb er nach zwei schweren Herzattacken.

271 Edward Bulwer-Lytton, 1st Baron Lytton (1803-1873), war ein englischer Schriftsteller und liberalkonservativer Politiker. Er schrieb mit „The Coming Race“ einen frühen Science-Fiction-Roman und mit “The Last Days of Pompeii” einen vielfach verfilmten historischen Roman. Die Geister- bzw. Spukhausgeschichte „The Haunter and the Haunted“ (manchmal auch „The House and the Brain“) erschien 1859 im „Blackwood’s Magazine“. Die Literaturwissenschaftlerin Julia Briggs hat darauf hingewiesen, dass es sich hierbei um eine Vorform der „Scientific Ghost Story“ handelt - was Genrebeiträge meint, in denen versucht wird, dem Paranormalen mit wissenschaftlichen (oder wissenschaftlich anmutenden) Methoden auf die Schliche zu kommen. Diese Herangehensweise sollte spätestens ab den 1890er Jahren als „Occult Detective Fiction“ äußert populär werden, und bekanntlich war auch der Spiritist Arthur Conan Doyle ein großer Anhänger solcher Methoden.

272 Gemeint ist die Kurzgeschichte „The Metempsychosis“ des schottischen Arztes und Autors Robert Macnish (1802–1837). Sie erschien 1826 im bedeutenden Monatsblatt „Blackwood’s Edinburgh Magazine“. Macnish war zu Lebzeiten ein bekannter Mann, und noch Sigmund Freud bezog sich auf seine medizinisch-philosophisch informierten Texte, in denen sich der Schotte unter anderem mit Alkoholismus und dem Schlaf auseinandersetzte.

273 Gemeint ist die Story „The Reverend John Creedy” des gebürtigen Kanadiers Grant Allen (1848-1899). Allen hatte in England und Frankreich studiert und später an verschiedenen Universitäten gelehrt (unter anderem am Queen’s College auf Jamaica), bevor er sich in England ansiedelte, um sich dem Schreiben von wissenschaftlichen Essays und Geschichten zu widmen. Er vertrat atheistische und sozialistische Standpunkte. Seine wissenschaftlichen Texte stießen auf Anerkennung bei Freud und Durkheim, seine der Phantastik und der Kriminalliteratur zuzurechnenden Geschichten veröffentlichte er in populären Blättern wie „The Strand Magazine“, dem „Cornhill Magazine“ und dem „Belgravia Magazine“.

sich auch unter den aktuelleren Arbeiten von Wells[274] und Quiller-Couch[275] erstklassige Geschichten von hohem Standard. Die kleine Skizze „Old Oeson", die sich in „Noughts and Crosses" findet, ist meiner Meinung nach allen ähnlichen mir bekannten Werken ebenbürtig.[276]

So viele lehrreiche Überlegungen, und alle entspringen sie einem Blick auf den grünen Poe-Band. Ich bin mir sicher, dass ich ihn auf einer Liste der paar Bücher, die mich wirklich beeinflusst haben, auf den zweiten Platz setzen müsste, nach Macaulays Essays. Ich stieß in jungen Jahren darauf, als mein Geist formbar war.[277]

---

Conan Doyle war mit Allen befreundet. Sie hatten sich als zwei Erfolgsautoren desselben Magazins („The Strand") in London getroffen, wobei Allen seinerzeit gerade mit dem progressiven Roman „The Woman Who Did" für Furore sorgte. Zeitweise wohnten die beiden Schriftsteller mit ihren Familien in derselben Gegend von Surrey, was Allen laut Daniel Stashower vorgeschlagen hatte, als er von der Lungenerkrankung der ersten Gattin Conan Doyles erfuhr. Allen starb an Leberkrebs, rief Conan Doyle jedoch zuvor noch an sein Sterbebett, um dem Freund das Versprechen abzunehmen, sein aktuelles Romanprojekt zu vollenden, den Kriminalroman „Hilda Wade", der bereits fast vollständig als Serie publiziert worden war. Conan Doyle sagte dem Sterbenden dies zu. Es wird gern kolportiert wird, Allen habe Conan Doyle das letzte Kapitel des Romans vom Sterbebett aus diktiert – tatsächlich aber schrieb Conan Doyle das finale Kapitel auf Basis einer Ideenskizze, die er im letzten Gespräch mit Grant Allen angefertigt hatte.

274 Herbert George Wells (1866–1946) war ein auf verschiedenen literarischen Feldern umtriebiger Autor. Er ist heute vor allem für Romane wie „The Time Machine" oder „The War of the Worlds" in Erinnerung und wird oft als einer der Väter des Science-Fiction-Genres angeführt. Wells und Conan Doyle kannten sich persönlich. Wells war nicht nur ein Bewunderer der Sherlock-Holmes-Geschichten, beide Männer kamen eine Zeitlang auch menschlich gut miteinander zurecht. Sie korrespondierten regelmäßig und trafen sich einmal zum gemeinsamen Urlaub in Italien. Später jedoch überwogen politische und wissenschaftliche Differenzen, sodass es zum Bruch kam. Conan Doyles Wells-Lektüre dürfte, neben Rider Haggard und Jules Verne, sicherlich ihren Teil zu den Geschichten um Professor Challenger beigetragen haben.

275 Arthur Quiller-Couch (1863–1944) war ein zu Lebzeiten vielgelesener und angesehener Autor von fiktionalen Texten und Literaturkritiken. Der stolze Oxford-Absolvent ist heute vornehmlich für die Herausgabe kritisch begleiteter Anthologien wie dem „Oxford Book of English Verse" und dem „Oxford Book of English Prose" in Erinnerung. Conan Doyle kannte Quiller-Couch persönlich, sie hatten sich einmal auf einer gemeinsamen Reise mit James M. Barrie getroffen, als sie einen Dreierbesuch bei George Meredith planten.

276 Gemeint ist „Old Aeson" aus Quiller-Couchs Sammlung „Noughts and Crosses: Stories, Studies and Sketches" von 1898.

277 Poe war für Conan Doyle gewiss bereits als jugendlicher Leser von hoher Bedeutung. Als er Schüler auf dem Jesuitenkolleg von Stonyhurst im englischen Lanca-

Poes Geschichten regten meinen Geist an und gaben mir Beispiele für erhabenes und kraftvolles Erzählen. Vielleicht ist Poe aber alles in allem kein allzu gesunder Einfluss, er leitet die Gedanken doch sehr in Richtung des Morbiden und des Merkwürdigen.

Er war ein düsterer Geselle, humorlos und frei von Herzlichkeit, mit einer Vorliebe für alles Groteske und Schreckliche. Der Leser muss sich gedanklich auf die widerstreitenden Eigenschaften Poes einstellen, sonst kann er ein durchaus gefährlicher Gefährte werden. Wir sind unterrichtet darüber, auf welch gefährliche Pfade und in was für tödlichen Morast ihn sein eigenartig gestimmter Geist führte, bis zu jenem grauen Sonntag im Oktober, als er – der er im besten Mannesalter war und auf dem Zenit seiner Kraft hätte stehen sollen – sterbend auf einem Fußweg in Baltimore gefunden wurde.[278]

Ich sagte bereits, dass ich Poe für den besten Autor von Kurzgeschichten halte, den es gegeben hat. Ich meine, sein ärgster Rivale war Maupassant.[279] Der große Normanne stieg zu denselben Höhen der Kraft und Originalität auf wie sein ein amerikanischer Kollege, aber er verfügte daneben von Natur aus über eine bestimmte Stärke, nämlich einen angeborenen Instinkt

shire war, besaß er eine wohlgehütete Ausgabe der „Tales of Mystery and Imagination", die er mit Genuss verschlang. Folgerichtig steht auch sein erster literarische Gehversuch – „The Mystery of Sasassa Valley" von 1879 – ganz im Zeichen Poes . Auch in späteren Stories sind die Spuren Poes immer wieder zu erkennen.

278 Um den frühen Tod Edgar Allan Poes ranken sich bis heute Mythen und Legenden. Der zwischen leerer Geldbörse und der Trauer über seine verstorbene Ehefrau sich dem Suff und der Depression hingebende Dichter war im Herbst des Jahres 1849 aus unbekannten Gründen in Baltimore gelandet. Theorien meinen zu wissen, er sei dort durch die Hafenkneipen gezogen oder in die gewalttätigen Wirren eines Wahlkampfes geraten. Sicher ist nur, dass Poe an einem frühen Oktobermorgen im Delirium angetroffen und in eine Klinik verbracht wurde, wo er nach einigen Tagen verstarb, ohne das Bewusstsein wiedererlangt zu haben.

279 Guy de Maupassant (1850–1893) war ein französischer Autor des Naturalismus. Von Gustave Flaubert protegiert und durch eine reichhaltige literarische Bildung geprägt, gilt Maupassant in der Tat als ein Meister der französischen Kurzgeschichte.

für effektvollen Stil, was ihn als großen Meister ausweist. Er schrieb Geschichten, weil diese Fertigkeit in ihm steckte, so natürlich und vollkommen, wie ein Apfelbaum seine Früchte gedeihen lässt. Und was für einen feinen, sinnlichen und musischen Ton er traf! Wie leicht und zartfühlend er seine Höhepunkte setzte! Wie klar und rege sein Stil ist, und wie frei von Überflüssigem, das unsere englische Literatur nur allzu oft entstellt! Bei Maupassant liegt die Würze stets in der Kürze.

Ich kann nicht von Maupassant sprechen, ohne mich einer Begebenheit in meinem eigenen Leben zu erinnern, bei der entweder ein spiritistischer Eingriff vorlag oder aber sich ein bemerkenswerter Zufall ereignete. Ich befand mich auf Reisen in der Schweiz und hatte währenddessen auch den Gemmipass besucht, wo eine riesige Klippe die Grenze bildet zwischen einem französisch- und einem deutschsprachigen Kanton. Auf dem Gipfel dieser Klippe stand ein kleiner Gasthof, in den wir einkehrten. Es wurde uns erklärt, der Gasthof sei zwar das gesamte Jahr über in Betrieb, jedoch gäbe es drei Monate im Winter, zu welcher Zeit er vollkommen abgeschnitten läge, da die schmalen Pfade hinauf – die einzige Zugangsmöglichkeit – dann verschneit seien, sodass es unmöglich werde, den Gasthof zu erreichen oder zu verlassen. Zwar könne man vom Gasthof aus dann noch immer die Lichter unten im Tal sehen, man selbst fühle sich dann aber so einsam, als lebe man auf dem Mond. Eine derart sonderbare Situation regt selbstverständlich die Phantasie an und so spann ich mir im Kopf zügig eine Geschichte zusammen. Ich malte mir aus, eine Gruppe aus sehr unterschiedlichen Charakteren sei in dem Gasthof während der geschilderten Gegebenheiten zusammengepfercht, sich gegenseitig verfluchend, aber da niemand der Zwangsgemeinschaft entrinnen kann, bahnt sich von Tag für Tag sukzessive eine Katastrophe an. Ich reiste etwa eine Woche durch die Schweiz und dachte in dieser Zeit über meinen Entwurf nach.

Am Ende meiner Reise kehrte ich nach Frankreich zurück. Da ich nichts zum Lesen bei mir trug, erstand ich einen mir zuvor völlig unbekannten Band mit Erzählungen Maupassants. Die erste Geschichte des Bandes hieß „L'Auberge" (Der Gasthof) – und wie ich so die erste Seite überfliege, stoße ich zu meinem Erstaunen auf die Wörter „Kandersteg" und „Gemmipass". Ich setzte mich sofort und begann mit immer größerer Aufregung zu lesen. Die Szene spielte in genau jenem Gasthof, welchen ich kürzlich besucht hatte. Die Handlung drehte sich um eine Gruppe von Menschen, die im Gasthof aufgrund von heftigem Schneefall festsitzen. Alle Aspekte meiner Idee waren enthalten, bis auf einen wilden Hund, den Maupassant dazu gedichtet hatte.[280]

Der Hergang der Sache ist natürlich vollkommen klar. Er war im Gasthof abgestiegen und von den Umständen ebenso beeindruckt wie ich, sodass er die gleiche Idee bekam. Soweit ist alles recht eindeutig. Wie vollkommen wunderbar ist aber die Tatsache, dass ich wie zufällig über genau dieses Buch stolperte und so davor bewahrt wurde, mich zum Gespött der Leute zu machen? Wer hätte denn, würde ich die Geschichte wirklich später geschrieben haben, nicht an ein Plagiat gedacht? Ich glaube nicht, dass hier lediglich der Zufall am Werke war. Es ist dies nur eines von mehreren Lebensereignissen, die mich von der Existenz spiritistischer Eingriffe in unsere Welt überzeugten – von der

280 Die Kurzgeschichte „L'Auberge" trägt im Deutschen meist den Titel „Das Gasthaus" oder „Das Wirtshaus".

Existenz einer Art Führung durch wohlgesinnte Mächte von außerhalb unserer Realität, die zu helfen versuchen, wo sie es können. Die alte katholische Doktrin vom Schutzengel ist nicht nur eine schöne Idee, sondern fußt, so glaube ich, auf einer wahrhaften Grundlage.

Oder ist es eher so, dass unser Unterbewusstsein – um mich des Jargons der neuen Psychologie zu bedienen – oder unser Astralleib – mit einem Begriff aus der aktuellen Theologie gesprochen – im Stande sind, etwas wahrzunehmen und an unseren Verstand weiterzuleiten, was unsere Sinne nicht erkennen können? Aber hier steigen wir in eine Debatte ein, die für den Moment zu weit führen würde.

Wann fasste Maupassant den Plan, es Poe in dessen ureigener Domäne des Seltsamen und Unheimlichen gleichzutun? Habt ihr seine Geschichte „Der Horla" gelesen? Hier gelang ihm eine Teufelei, wie man sie sich nur wünschen kann. Und natürlich ist der Franzose in seinen Stilmitteln deutlich variabler. Er verfügt über bissigen Humor, der in manchen seiner Erzählungen zwar die Grenzen des Anstands sprengt, dafür seinen Werken aber stets einen angenehmen Beigeschmack verleiht. Dennoch kann letzten Endes kaum jemand daran zweifeln, dass der strenge und grausame Amerikaner Poe der bei weitem größere Geist ist.[281]

Wo wir gerade von unheimlicher Literatur aus Amerika sprechen: Habt ihr jemals etwas von Ambrose Bierce gelesen? Ich habe eines seiner Bücher hier, „In the Midst of Life". Der Mann hatte gewiss einen ganz eigenen Geschmack und war auf seine Art ein großer Künstler. Die Lektüre ist nicht gerade erheiternd, aber

281 Zwar gehören Poe und Maupassant unterschiedlichen Schulen an, jedoch übte der US-Amerikaner via Charles Baudelaire einen Einfluss auf den nachkommenden Naturalisten Maupassant aus. Die in verschiedenen Formen bis heute häufig gedruckte, an Fitz James O'Brien gemahnende Gruselgeschichte „Der Horla" stellt fraglos einen Genre-Beitrag von hohem Rang dar.

sie hinterlässt einen bleibenden Eindruck, und das ist der Nachweis guter Arbeit.[282]

Ich habe mich oft gefragt, von wem Poe stilistisch beeinflusst wurde. Seine besten Werke umgibt eine majestätische Finsternis, wie aus schwarzer Kohle gearbeitet. Eine Eigenschaft, die ihm gänzlich eigentümlich ist. Ich wage zu behaupten, dass ich jede beliebige Stelle aus meinem Band vorlesen könnte, um dies unter Beweis zu stellen. So wie hier:

> *Es finden sich erlesene Geschichten in den Büchern der Magi – in den eisengebundenen, schwermütigen Büchern der Magi. Ich sage, man findet in ihnen glorreiche Geschichten vom Himmel und der Erde und von der mächtigen See – und vom Schöpfergeist, der über See, Erde und den erhabenen Himmel gebietet. Und vielerlei Kunde wurde verbreitet durch die Weissagungen der Sibyllen, und verblichenes Laub wehte um Dodona und ließ heilige Dinge aus alter Zeit vernehmen. Aber bei Allah, die Fabel, die mir der Dämon erzählte, als er bei mir saß im Schatten des Grabes, war mir die schönste.*[283]

Oder nehmt diesen Satz:

> *Und dann sprangen wir, die Sieben, vor Grauen von den Stühlen auf und standen bibbernd und entsetzt,*

282 Ambrose Bierce (1842–1914) war ein US-Autor von Kurzgeschichten und Gedichten, der sich auch als Journalist und Kriegsberichterstatter betätigte. Aufgrund seiner qualitativ hochwertigen Arbeiten auf diesen Gebieten gilt er heute vornehmlich als einflussreicher Vorläufer des Realismus und als wichtiger journalistischer Exponent seiner Zeit. Von hoher Relevanz sind jedoch auch seine der dunklen Phantastik zuzurechnenden Geschichten, für die er oftmals in einem Atemzug mit Edgar Allan Poe und H. P. Lovecraft genannt wird. Er verschwand in den Wirren der Mexikanischen Revolution, sein genauer Verbleib ist bis heute ungeklärt. Das von Conan Doyle genannte Werk „In the Midst of Life“ enthält Stories, in denen Bierce seine Erfahrungen aus dem Sezessionskrieg verarbeite, den er als Angehöriger der Unionsarmee erlebt hatte.

283 Aus der Kurzgeschichte „Silence – A Fable“ von 1838, ursprünglich „Siope“ betitelt.

*denn der Klang der Stimme des Schattens war nicht der Ton eines Wesens, sondern der einer Vielheit von Wesen, und so legte er sich, seine Kadenz von Silbe zu Silbe ändernd, wie Staub auf unsere Ohren und schien uns zu klingen wie die uns noch gut in Erinnerung sich befindenden Stimmen tausender dahingeschiedener Freunde.* [284]

Liegt nicht eine strenge Würde in dieser Prosa? Keiner kreiert einen neuen Stil. Die Art, wie jemand schreibt, ist immer auf irgendeinen Einfluss zurück zu führen, oder – und das ist der Regelfall – auf eine Mischung unterschiedlicher Einflüsse. Poes Inspirationen aber vermag ich nicht zu entdecken. Allerdings würde ich vermuten, dass Hazlitt und De Quincey irgendwann wie Poe geschrieben hätten, wenn sie damit fortgefahren wären, unheimliche Geschichten zu verfassen.[285]

Nun werden wir, wenn ihr erlaubt, mein Regal weiter abschreiten und zum nächsten Band kommen, meiner edlen Edition von „The Cloister and the Hearth“.[286]

Ich bemerke, da ich eben einen Blick auf meine weitschweifigen Ausführungen hier werfe, dass ich „Ivanhoe“ als zweitbesten historischen Roman seines Jahrhunderts klassifiziert habe. Ich behaupte, viele wür-

---

284 Aus „Shadow – A Parable“ von 1835.

285 Thomas De Quincey (1785–1859) war ein englischer Autor von Essays und autobiographischen Schriften. Sein bekanntestes Werk ist „Confessions of an English Opium-Eater“, durch das er heute als ein Pionier der Drogenliteratur gilt. Eine weitere wichtige Arbeit stellt der psychologische Essay „On Murder Considered as One of the Fine Arts“ dar. Weder De Quincey noch Hazlitt haben genuine Gruselgeschichten oder Ähnliches verfasst, übten jedoch sicherlich durch ihre Texte und Kommentare Einfluss auf einschlägige Entwicklungen aus.

286 „The Cloister and the Hearth” ist eine Mischung aus historischem und Schelmenroman. Er spielt in verschiedenen europäischen Ländern zur Zeit des ausgehenden 15. Jahrhunderts und ist von der Kritik häufig als Meisterwerk seines Genres gepriesen worden. Weitere positive Stimmen aus der Kollegenschaft finden sich bei Thomas Wolfe und Oscar Wilde. Geschrieben hat den natürlich von Scott beeinflussten Roman der englische Autor Charles Reade (1814–1884), Onkel Winwood Reades und Verfasser einer Vielzahl literarischer Werke. Zu Lebzeiten sehr populär, kamen seine Bücher später *„aus der Mode“* (George Orwell). Seine Relevanz für die englische Literaturentwicklung gilt als gering.

den den ersten Platz an „Esmond“ vergeben, und ich kann dieses Urteil nachvollziehen, ohne es mir zu Eigen zu machen. Ich erkenne die stilistische Schönheit des Romans ebenso wie die konsistente Charakterzeichnung und die absolut perfekt getroffene Atmosphäre der Zeit Queen Annes. Es ist bisher kein anderer historischer Roman von einem Autor geschrieben worden, der seine Zeit so gut kannte, wie es hier der Fall ist.[287] Aber so hervorragend diese Aspekte auch gelungen sein mögen, stellen sie doch nicht das dar, was einen Roman im Kern ausmacht. Die Essenz des Romans an sich ist es, belangvoll zu sein und Interesse zu wecken, auch wenn Addison sich einmal zu der unfreundlichen Bemerkung hinreißen ließ, die essentielle Bedeutung des Romans sei, die Pastetenbäcker mit einem steten Zulauf von Papier zu versorgen.[288] Nun ist „Esmond“ aus meiner Sicht in einzelnen Abschnitten von großem Interesse, so zum Beispiel, wenn die Feldzüge in die Lowlands beschrieben werden oder wenn unser machiavellistischer Held – der Duke – die Bühne betritt, oder immer dann, wenn Lord Mohun sein von Unheil kündendes Antlitz zeigt; aber zwischen den interessanten Stellen zieht sich die Handlung enorm in die Länge, was den Roman insgesamt zur anstrengenden Lektüre macht. Ein Roman, der von überragender Qualität sein will, muss die Handlung stets vorantreiben und darf den Leser die Zeit, die er mit der Lektüre zubringt, nie spüren lassen. Die Handlung in „Ivanhoe“ steht niemals still, nicht mal für einen Augenblick, und gerade dieser Unterschied lässt ihn in der Bewertung über „Esmond“ stehen, auch wenn Letzterer vom rein literarischen

287 Die Rede ist von Thackerays Stuart-Restaurations-Roman „The History of Henry Esmond“ von 1852, in dessen Mittelpunkt ein gleichnamiger Colonel steht, der im Dienste Queen Annes die großen historischen Umwälzungen seiner Zeit erlebt.

288 Joseph Addison widmete einen erheblichen Teil seiner Arbeit am „Spectator“ der Literaturkritik.

Aspekt her wohl zugegebenermaßen perfekter gelungen ist.

Nein, wenn ich bloß drei Stimmen hätte, ich würde sie alle an „The Cloister and the Hearth" als unseren besten historischen Roman vergeben, eigentlich sogar als unseren besten Roman überhaupt. Ich kann wohl von mir behaupten, die meisten ausländischen Romane der berühmteren Sorte, die das vergangene Jahrhundert hervorbrachte, gelesen zu haben. Reades Buch aber hat mich (nur für mich selbst und in den engen Grenzen meiner literarischen Kenntnisse gesprochen) mehr beeindruckt als Tolstois „Krieg und Frieden"[289] oder irgendein anderer Roman sonst. Die Romane von Tolstoi und Reade scheinen mir die besten Werke ihres Jahrhunderts zu sein. Sie ähneln sich auf gewisse Weise – das Gespür für Länge, die Anzahl der Figuren, die Art und Weise, wie Charaktere eingeführt werden oder die Handlung wieder verlassen. Der Engländer hat einen romantischeren Schwung, der Russe ist realistischer und ernster. Beide aber sind großartig.

Bedenkt, was Reade in diesem einen Buch leistet. Er nimmt den Leser bei der Hand und führt ihn fort aus der heutigen Welt ins Mittelalter, und es ist keineswegs ein am Reißbrett entstandenes Mittelalter, sondern ein prall mit Leben gefülltes und von Leuten wimmelnd, die genauso menschlich erscheinen wie die Passagiere eines Omnibusses, der durch die Oxford Street fährt. Reade führt den Leser durch Holland, zeigt ihm die dortigen Maler, die Deiche und das Leben. Er reist mit ihm das Rückenmark des mittelalterlichen Europas, den Rhein, hinab. Er führt uns die Anfänge der Malerei vor Augen, das Aufkeimen des Freiheitsdrangs, das Getüm-

289 Der Russe Leo Tolstoi (1828–1910) gilt als einer der hervorragendsten Autoren der Weltliteratur. Sein im realistischen Stil verfasstes Historienepos „Krieg und Frieden" wird als eines der bedeutendsten Werke überhaupt eingeschätzt.

mel in den großen Marktstädten des südlichen Deutschlands. Er entführt uns nach Italien und ins römische Künstlerleben, lässt die klösterlichen Einrichtungen an der Schwelle zur Reformation greifbar werden. Und all dies wie selbstverständlich zwischen den Deckeln lediglich eines einzigen Buches, und ebenso lebendig wie geistreich erzählt. Abgesehen von der unfassbar weitläufigen Perspektive machen bereits die Schilderungen des Hauptcharakters „Gerard" das Buch zu einem großartigen Werk. Ich spreche von der tiefgehenden Darstellung seines Naturells, seines Aufstiegs und Falls, davon, ihn wieder auf die Beine kommen und am Ende doch bemitleidenswert scheitern zu sehen. Hier haben wir eine Vermengung von faktischem Wissen und Imaginationskraft, die in der englischen Literatur – so meine ich – einzigartig ist. Sollte es jemanden nach dem Rohmaterial verlangen, welches Reade mit seiner glühenden Geisteskraft zu diesem Roman zu schmieden vermochte, so lasst ihn zunächst die Autobiographie von Benvenuto Cellini lesen, bevor er sich dann Reades Darstellung des mittelalterlichen Treibens in Rom widmen kann. Es ist eine gute Sache, fleißig Fakten zu sammeln. Eine noch bessere und seltener anzutreffende Sache ist es, diese mit Feingefühl einsetzen zu können. Exakt zu sein, ohne der Pedanterie anheim zu fallen, Gründlichkeit an den Tag zu legen, ohne Langeweile aufkommen zu lassen – dies ist das Ideal, nach dem jeder Autor historischer Romane streben sollte.

Reade ist eine der verblüffendsten Figuren unserer Literatur. Kein Autor ist derart schwer zu bewerten. Auf dem Höhepunkt seines Schaffens ist er unerreichbar. In seinen schlechten Arbeiten bleibt er sogar hinter dem Niveau eines Melodramas aus Surrey zurück.[290]

290 Eine Anspielung auf die Relevanz der Grafschaft zur Zeit des englischen Renaissance-Theaters: Als die Aufführung von Theaterstücken in London aufgrund der

Seine besten Arbeiten haben eklatante Schwachstellen, aber auch in seinen schwächsten Werken finden sich gelungene Passagen. Seine Baumwolle weist stets Stellen von Seide auf, und sein Seidentuch ist immer auch anteilig aus Baumwolle gemacht. Aber trotz seiner Fehler muss der Mann, der neben dem bereits besprochenen, bedeutenden Werk noch „It is Never Too Late to Mend", „Hard Cash", „Foul Play" und „Griffith Gaunt" schrieb, immer als einer unserer besten Romanciers gelten.[291]

In seinen Werken finde ich eine tiefe Hingabe wie sonst nirgends. Er liebt seine Helden und Heldinnen derart bedingungslos, während er seine Schurken so aufrichtig verabscheut, dass er uns mit seiner Emotionalität stets mitzureißen vermag. Niemand hat je genug gewürdigt, dass er seine weiblichen Figuren so menschlich und liebenswert schilderte. Bei einem männlichen Autor findet man nur sehr selten die Gabe, ein der Spezies würdiges und entzückendes Mädchen darstellen zu können. Wenn es eine bessere Frau als „Julia Dodd" in der Literatur des 19. Jahrhunderts gibt, so hatten wir bisher nicht das Vergnügen, ihr zu begegnen.[292] Ein Mann, der eine Figur derart filigran und reizvoll zu zeichnen im Stande ist und gleichzeitig eine Szene schreiben kann wie jene mit der von Räubern betriebenen Schankwirtschaft aus „The Cloister and the Hearth" – romantische Abenteuerliteratur in Hochform – ist offenbar mit schriftstellerischen Fähigkeiten gesegnet wie nur wenige andere. Ich bin allzeit bereit, meinen Hut vor Charles Reade zu ziehen.

---

grassierenden Pest untersagt wurde, wichen die Spielhausbetreiber ins ländliche Surrey aus.

291 Weitere Romane Charles Reades, in denen er über den Zustand britischer Gefängnisse und den Umgang mit psychisch Erkrankten schreibt.

292 Eine Figur aus Reades Roman „Hard Cash" aus dem Jahr 1863.

## VII

Es ist eine gute Sache, die verzauberte Tür hinter uns geschlossen zu haben. Jenseits dieser Tür lauert die Welt mit all ihren Problemen, Hoffnungen und Ängsten, Kopfweh und Herzschmerz, Ehrgeiz und Enttäuschung; auf dieser Seite aber findet ihr, sobald ihr euch auf jener grünen Couch dort ausgestreckt und den Blick über die langen Reihen eurer der Linderung des Schmerzes dienenden Kameraden habt schweifen lassen, ausschließlich Frieden und geistige Beruhigung in der Gesellschaft dieser bereits seit langem verschiedenen Großen. Lernt, sie zu lieben und zu ehren; erfahrt, was es heißt, sie zu Gefährten zu haben; denn solange ihr dies nicht gemeistert habt, haben die großen Götter des Trostes und der schmerzstillenden Worte ihren Segen noch nicht über euch gesprochen. Hier hinter der magischen Tür befindet sich das Lager, in dem müde Wanderer des Lebens sich niederlassen können, um die Vergangenheit zu vergessen, die Gegenwart zu genießen und sich für die Zukunft zu wappnen.

Wenn ihr schon eine Weile mit mir auf der grünen Couch sitzt, dann seid ihr bereits mit dem oberen Regal vertraut, wo der zerschlissene Macaulay neben der gepflegten Gibbon-Ausgabe sein Dasein fristet, wo wir den nachgedunkelten Boswell finden und den olivgrünen Scott, den scheckigen Borrow und all die anderen guten Kameraden, die sich dort Schulter an Schulter herumdrücken. Man würde sich natürlich wünschen, dass sich die eigenen lieben Freunde auch untereinander Zuneigung erweisen könnten. Warum nur musste Borrow bloß Scott gegenüber so grimmig die Zähne fletschen? Gern hätte man angenommen, der hochgewachsene Landstreicher wäre von Scotts edlem Geist und seiner romantischen Einbildungskraft durchaus angetan gewesen. Und doch ließ der Jüngere es sich nicht nehmen, manch bitteres Wort gegen den Älteren zu richten.[293] Tatsache ist, dass Borrow einen gefährlichen Virus im Leib trug – ein Gift, welches die Sicht gänzlich verzerrt – nämlich den des bigotten, religiösen Sektierertums. Außerhalb seiner eigenen Interpretation des Welträtsels ließ er nichts gelten. Das Heidentum der Vergangenheit wusste seinen Geist zu stimulieren, vom blutüberströmten Berserker bis zum Singsang der Druiden, aber Zeitgenossen, die seinem Glauben angehörten und auch nur ein wenig von der Befolgung bestimmter Rituale oder der Lehrmeinung über gewisse rätselhafte Texte abwichen, waren bei ihm sofort unten durch, galten ihm als bis ins Mark verdorben und hatten keinerlei Entgegenkommen zu erwarten. Scott erschien ihm, mit all seiner Ehrfurcht vor Althergebrachtem, entsprechend hassenswert. In jedem Fall war er, der große Borrow, ein verbitterter Mann. Ich kann mich nicht entsinnen, jemals ein positives Urteil über andere Autoren von ihm gehört zu haben.[294] Einzig die walisischen Bar-

293 Borrow äußerte sich abschätzig über Walter Scott, allerdings erst posthum. Borrow-Forscher glauben, Borrow habe sich von Scott missachtet gefühlt, als er diesem zur Mitte der 1820er Jahre eine von ihm angefertigte Übersetzung fremdländischer Balladen zukommen ließ und darauf keine Antwort erhielt.

294 Borrow urteilte bisweilen in harten, vorurteilsbeladenen Kategorien. So hegte er Abneigungen gegen „Papisten", obgleich er die katholische Kultur von seiner Spanienreise her aus eigener Anschauung kannte, und auch Schottland war ihm trotz einer Reise quer durchs Land nachhaltig suspekt. Hier vermischen sich möglicher-

den und die Skalden aus den Sagen schienen ihm als verwandte Seelen, obgleich bisweilen unterstellt wurde, er habe dies lediglich betont, um der Welt auf diesem Wege mitzuteilen, dass er Kymrisch und Norse beherrsche.[295] Aber sind wir einmal durch die Zaubertür getreten, dürfen wir nicht allzu ungnädig sein – und doch stellt es gewiss die Krone der Tugendhaftigkeit dar, Milde gegenüber den Unfreundlichen und Lieblosen walten zu lassen.

Soviel zu meiner obersten Regalreihe, über die ich jetzt bereits in sechs Artikeln geplaudert habe. Aber für dich, lieber Leser, gibt es dennoch keine Ruhepause, denn wie du siehst, ist direkt darunter der nächste Regalboden, und dann folgt noch ein dritter. All die Bücher dort liegen mir in gleichem Maße am Herzen, und sie alle lassen mich gleichsam sentimental wie nostalgisch werden. Geduldet euch noch ein wenig, während ich euch von diesen alten Freunden erzähle, meine Liebe zu ihnen begründe und euch berichte, was sie mir in der Vergangenheit bedeutet haben. Seid gewiss, dass ihr einen kleinen Teil meines Geistes in Händen haltet, sobald ihr eines der Bücher aus dem Regal zieht. Zwar nur einen kleinen, aber essenziellen und intimen Teil. Vererbte Antriebe, persönliche Erfahrungen, Bücher – diese drei Faktoren formen den Menschen. Lasst mich nun von den Büchern erzählen.

Die zweite Regalreihe enthält, ihr seht es bereits, die Romanciers des 18. Jahrhunderts, oder zumindest die, die ich für wichtig halte. Hat man einzelne Meilensteine wie Sternes „Tristram Shandy“, Goldsmiths „Vicar of

weise Momente des Neides und der Verbitterung mit eigenen Erfolgs- und Geltungsansprüchen in einer Weise, die die Herausbildung eines differenzierten Urteils erschwerte.

295 Kymrisch ist die Sprache der Waliser, während verschiedene Formen des Norse hauptsächlich in Teilen Skandinaviens verbreitet waren.

Wakefield“ und Miss Burneys „Evelina“ aussortiert[296], so bleiben nur drei Autoren übrig, die von Relevanz sind. Und diese drei wiederum haben nur je drei wirklich hervorragende Bücher vorgelegt, sodass man durch die Lektüre von neun Romanen einen recht brauchbaren Überblick erhält über diesen wichtigen und unverkennbaren Abschnitt der englischen Literaturgeschichte. Ich meine natürlich: Fielding, Richardson und Smollett. Die Bücher sind: Richardsons „Clarissa Harlowe“, „Pamela“ und „Sir Charles Grandison“; Fieldings „Tom Jones“, „Joseph Andrews“ und „Amelia“; Smolletts „Peregrine Pickle“, „Humphrey Clinker“ und „Roderick Random“. Dies sind die großen Werke, die den mittleren Abschnitt des 18. Jahrhunderts erleuchteten – bloß neun Bände alles in allem. Schauen wir sie uns also genauer an. Ob wir, nach gut 150 Jahren, noch Gemeinsamkeiten herausarbeiten können? Versuchen wir zu ergründen, worin ihr dauerhafter Wert besteht. Ein fetter kleiner Buchhändler in der City, ein gewitzter Wüstling von edlem Geblüt und ein rauer schottischer Arzt aus der Navy – diese drei seltsamen Unsterblichen müssen sich nun einem Vergleich stellen. Drei Männer, die die Literatur ihrer Zeit dominierten und denen wir es verdanken, dass das Leben und die Gestalten ihres Jahrhunderts uns noch heute, also fünf Generationen später, geläufig sind.[297]

296 Laurence Sterne nimmt unter den Romanciers des fortgeschrittenen 18. Jahrhunderts eine Sonderstellung ein. Sein vom Korpus her geradezu monströser Roman „The Life and Opinions of Tristram Shandy, Gentleman” hat keine greifbaren Vorbilder und entzieht sich bis heute einer eindeutigen Bewertung.

Fanny Burney (1752–1840) war die Tochter des bedeutenden englischen Musikhistorikers und Komponisten Charles Burney. In ihrer Jugend begegnete sie bei Zusammenkünften mehrmals Dr. Johnson, der sie sehr schätzte. Miss Burney verfasste unter anderem mehrere Romane und Dramen, wobei „Evelina“ bis heute als ihr bedeutendstes Werk gilt.

297 Das 18. Jahrhundert, von dessen Literatur Conan Doyle hier hauptsächlich spricht, gilt durch die Herausbildung eines aufgeklärten bürgerlichen Bewusstseins als wichtige Entwicklungsepoche der englischen Literatur. Es entstanden neue Gesellschaftsschichten, die ein je spezifisches Interesse an Literatur artikulierten und

Es gibt keinen Grund, in dieser Sache dogmatisch zu sein. Ich kann mir wohl denken, dass jeder der drei genannten Schriftsteller auf Leser mit unterschiedlichen Temperamenten einen jeweils anderen Eindruck macht und sich daher immer Argumente für andere Bewertungen finden lassen. Und doch kann ich mir nicht vorstellen, dass man innerhalb eines kritischen Publikums eine

---

nicht zufällig bildete sich so zum ersten Mal in der englischen Geschichte ein vollwertiger Markt heraus, auf dem Händler und Verleger verschiedenste Publikationen anboten. Auch literarische Salons, Clubs und Stammtische hatten Konjunktur, ebenso wie Kaffeehäuser und Schankwirtschaften, in denen sich Journalisten und Dichter trafen. Diese Tendenzen sorgten auch dafür, dass immer mehr Frauen aus bürgerlichen Kreisen Zugang zur Literatur, sowohl als Leserinnen wie auch als Autorinnen, erhielten. Insofern stellt das sogenannte „Zeitalter der Aufklärung" einen wichtigen Schritt zur Demokratisierung der Literatur und des Lesens dar und lässt gleichsam erkennen, wie Literatur in den Dienst politischer und volkspädagogischer Zielsetzungen genommen worden ist. Der hohe moralische Ton jener Zeit, das Belehrende und das Predigende – all dies spiegelt sich in den Romanen wider. Dabei darf nicht vergessen werden, dass bürgerliche Moral und Literatur als ihr Träger bei aller Demokratisierung ein Elitenprojekt blieben, sollte es doch noch einige Zeit dauern, bis von derartigen Entwicklungen auch die Arbeiterschaft und andere niedere Schichten profitieren konnten.

Die von Conan Doyle hier genannte Trias aus Henry Fielding, Samuel Richardson und Tobias Smollett nun ist in der Tat zum Studium dieser Entwicklungen sehr geeignet. Zwar dürfte Fielding heute der geläufigste Name sein, es ist aber der Schreinerssohn und Buchdruckergeselle Richardson, dem die Rolle des Pioniers zukommt. Er reüssierte ab 1740 mit den von Conan Doyle genannten Werken, woran sich auch exemplarisch die strukturelle Entwicklung der Gattung „Roman" in der Nachkommenschaft Defoes zeigen lässt. Richardson war in seinen Kreisen bekannt dafür, ein eloquenter Korrespondent zu sein. Als Buchdruckergeselle erhielt er den Auftrag, einen sogenannten „Briefsteller" zu entwerfen: einen Ratgeber für das korrekte Abfassen von formaler Briefpost. Bei der Arbeit daran verfiel er auf die Idee, sich auch als Autor fiktionaler Stoffe versuchen zu wollen. Er reaktivierte daher kurzerhand das seinerzeit bereits angestaubte Genre des „Briefromans" und legte durch das Einbringen der oben beschriebenen Ideenwelt in die narrative und figürliche Struktur seiner Geschichten den Grundstein für den bürgerlichen Roman des 18. Jahrhunderts. Sein vorrangiges Motiv ist die Gefühlswelt der Protagonisten, weswegen man ihn auch als „Chronisten der bürgerlichen Seele" bezeichnet hat, wobei sein literarhistorischer Verdienst weniger in den Geschichten selbst, sondern in der strukturellen Gattungsentwicklung zu suchen ist. Er beeinflusste damit auch ausländische Größen wie Rousseau und Goethe.

Jedoch blieben Richardsons literarische Bestrebungen schon zu seinen Lebzeiten nicht ohne Kritik, was den blaublütigen Eton-Absolventen Henry Fielding auf den Plan rief. Seine Romane können durchaus als satirische Antwort auf Richardson gelesen werden, in denen er durch geschickte Umkehrung gewisser Strukturen den Blick scharf stellt für die über das Einzelwesen hinausgehenden gesellschaftlichen Verhältnisse. Dazu nutzt er vor allem in „Tom Jones" Anklänge an das Genre des „Schelmenromans", was sich auch in der Tatsache niederschlägt, dass Fielding lebhafter und deutlich weniger prüde erzählt als sein Vorläufer Richardson. Vor

Mehrheit fände für die Behauptung, Smollett läge mit Fielding und Richardson gleichauf. Seine Ethik ist ungeschliffen, wenngleich sie von einem herzhaften Humor begleitet wird, der das Gemüt des Lesers kräftiger aufhellt, als es der glänzende Esprit der anderen beiden vermag. Ich erinnere mich, wie ich einst in Zeiten unreifster Kindheit – puris omnia pura[298] – in „Peregrine Pickle" las, bis ich dröhnend und prustend lachte wie die alten Römer beim Festmahl. Ich las das Buch im Erwachsenenalter erneut und mit demselben Effekt, allerdings auch mit einem feineren Gespür für die ihm innewohnende Bosheit. Im Bereich des Groben und Primitiven gebe ich ihm den Vorzug, aber ansonsten kann er es weder mit Fielding noch mit Richardson aufnehmen. Seine Perspektive auf das Leben ist viel enger und seine Figuren sind weniger vielschichtig. Er schafft es kaum, die Geschehnisse in seinen Romanen markant zu schildern, und geistige Tiefe findet man bei ihm nur selten. Ich für meinen Teil messe Smollett den dritten Platz innerhalb der Trias zu.

Aber was ist mit Richardson und Fielding? Hier haben wir wahrlich einen Wettkampf der Giganten. Lasst sie uns zunächst einzeln anschauen, bevor wir sie vergleichen.

---

allem Fieldings Erstling „Shamela" ist ein mehr oder weniger direkter Angriff auf Richardsons „Pamela", aber auch „Joseph Andrews" nimmt den Vorgänger recht gezielt aufs Korn.

Der letzte im Bunde – der Schotte Tobias Smollett – war studierter Mediziner, der sich durch den Dienst als Schiffsarzt einen Ruf als rauer Bursche erworben hatte. Seine direkt auf Richardson und Fielding rekurrierenden Romane brachten keine strukturellen Neuerungen und galten dem gebildeten Publikum wenig, gefielen einer im Fahrwasser der Aufklärung alphabetisierten Masse jedoch umso mehr.

Diese drei Autoren – Richardson als Analyst der bürgerlichen Gefühlswelt, Fielding als Beobachter gesellschaftlicher Verhältnisse, Smollett als populärer Hansdampf – sorgten für einen „Boom" der literarischen Gattung. Die Produktion stieg derart an, dass bereits zum Ende des 18. Jahrhunderts, wie Ifor Evans anmerkt, *„der Verstand des Einzelnen sie nicht mehr bewältigen kann"*.

298 Lateinisch für „Den Reinen ist alles rein" – ein Ausspruch des Apostels Paulus.

Eine charakteristische Eigenschaft zeichnet sie beide aus, wohl die seltenste und subtilste von allen. Beide waren in der Lage, den wunderbarsten Frauengestalten Leben einzuhauchen. Ich meine, man findet bei ihnen die gelungensten weiblichen Charaktere der gesamten englischen Literatur. Wenn die Frauen im 18. Jahrhundert wirklich so waren, dann wurde den Männern jener Zeit mehr geboten, als sie verdienten. Sie waren von derart anmutiger Würde und solch gutem Verstand und blieben dabei doch von so lieblicher, hübscher und appetitlicher Art – so menschlich und so bezaubernd –, dass sie uns noch heute als Vorbilder dienen. Man kann nicht von ihnen lesen, ohne zwei Empfindungen in seiner Brust zu gewahren: Respektvolle Hingabe den Damen gegenüber und gleichsam Abscheu für die Herde von Schweinen, von der sie stets umgeben waren. Pamela, Harriet Byron, Clarissa, Amelia und Sophia Western waren alle im selben Maße entzückend, und wir sprechen hier nicht von jenem abweisenden Glanz, der die unschuldigen und farblosen Frauen des 19. Jahrhunderts umgibt – diese liebenswerten Puppendamen. Nein, hier haben wir Glanz, der einer natürlichen Schönheit entspringt, die sich speist aus regsamem Geist, klaren und starken Prinzipien, wahrhaft weiblichen Gefühlen und einem vollkommenen, femininen Liebreiz. In dieser Hinsicht kann ich keinem der beiden Autoren den Vorzug geben, denn es gelingt mir nicht, einem dieser perfekten Wesen im Vergleich den höheren Platz beizumessen. Sowohl der plumpe kleine Druckereiarbeiter als auch der ermattete Lebemann hatten jeweils hervorragende Frauen im Sinn.

Dagegen ihre männlichen Protagonisten! Ach, wie tief fallen sie ab! Es ist die schlimmste Form falscher Frömmelei, wenn behauptet wird – und ich habe es schon Leute sagen hören –, wir wären alle zu Tom Jones' Taten fähig. Dies macht uns schlechter, als wir wirklich sind. Zu sagen, jeder eine Frau wirklich liebende Mann sei dieser gegenüber notwendig unaufrichtig, stellt eine üble Verunglimpfung des Menschengeschlechts dar. Eine schlimmere Verleumdung ist es sogar, wenn behauptet wird, dies geschehe stets in jener widerwärtigen Weise, welche beim guten Tom Newcome solche Empörung erregte.[299] Tom Jones war ebenso wenig würdig, den Saum von Sophias Kleid zu berühren, wie Captain Booth es nicht wert war, die Zuneigung Amelias zu gewinnen. Niemals treffen wir bei Fielding auf einen Gentleman, mit Ausnahme von Squire Alworthy vielleicht. Lüsterne Kreaturen, zwar gutherzig, aber von materialistischer Gesinnung; mehr brachte Fielding nicht zustande. Wo finden wir in seinen Helden auch nur einen Hauch Vornehmheit, Vergeistigung oder edlen Idealismus? In dieser Hinsicht hat der plebejische Drucker deutlich mehr geleistet als der Aristokrat. Sir Charles Grandison ist ein äußerst vornehmer Herr – ein wenig verzogen vielleicht durch die Verhätschelung seitens seines Schöpfers, aber nichtsdestotrotz ein vom Guten beseelter und vollendeter Gentleman. Eine Heirat zwischen ihm und Sophia oder Amelia hätte ich gewiss nicht missbilligt. Sogar der beharrliche Mr. B– und der sich ebenfalls auf Freiersfüßen befindende Lovelace waren, von wenigen Fehltritten abgesehen, Männer von sanfter Natur mit den Anlagen zu Größe und Zärtlichkeit in sich. Ja, ich kann nicht daran zweifeln, dass Richardson die besseren

299 Anspielung auf Thackerays Roman „The Newcomes: Memoirs of a Most Respectable Family", ursprünglich illustriert von Conan Doyles Onkel Richard Doyle. Obwohl sich der von Conan Doyle genannte Charakter tatsächlich über Fieldings Figuren empört, war der bissige Gesellschaftschronist Thackeray ein großer Bewunderer Fieldings und dessen satirischer Mehrdeutigkeit. Sherlock Holmes mag sich über Dupin lustig gemacht haben, Conan Doyle jedoch kniete vor Poe.

Männer entwarf – und in Grandison sehen wir sein selten – oder gar niemals – übertroffenes Meisterstück.

Richardson war aus meiner Sicht der allgemein subtilere und tiefsinnigere Schriftsteller. Er nimmt sich Zeit für diffizile und konsistente Charakterzeichnungen und gibt eine gründliche Analyse des menschlichen Herzens, die so leichtfüßig und in so einfachem Englisch daherkommt, dass ihre tiefschürfende Wahrheit sich erst beim Nachdenken über das Gelesene offenbart. Er lässt sich nicht zu den vielen Zwistigkeiten und Flattereien und Pantomimenspielereien herab, die Fieldings Romane zwar beleben, aber gleichsam wie Schundware wirken lassen. Fielding verfügte gewiss über einen geweiteten Blick aufs Leben, dies sei ihm zugestanden. Er pflegte persönliche Kontakte zu Kreisen, die weit über und weit unter ihm standen und die seinem Rivalen Richardson – einem einfachen Wohlstandsbürger – niemals zugänglich gewesen wären, selbst dann nicht, wenn er dies gewollt hätte. Wie er die Londoner Unterschicht darstellt, die Gefängnisszenen in „Amelia", die Diebesküchen in „Jonathan Wild"[300], die schwammig vergammelten Häuser und die Slums, all das ist so lebendig und vollkommen in seiner Darstellung wie bei Fieldings Freund Hogarth – dem Britischsten unter den bildenden Künstlern, so wie Fielding der Britischste unter den Schriftstellern war.[301] Jedoch finden sich die bedeutendsten und historisch permanentesten Tatsachen des Lebens meist in den kleineren Zusammenhängen. Zwei Männer und eine Frau bilden bereits eine Konstel-

300 „The Life and Death of Jonathan Wild, the Great" von 1743 ist ein Roman Henry Fieldings, der sich satirisch mit dem legendären Londoner Verbrecher desselben Namens befasst.

301 William Hogarth (1697–1764) war ein vor allem in der Malerei und der Karikatur erfolgreicher englischer Künstler. Durch sein Aufgreifen aktueller politischer Geschehnisse und der ebenso prägnanten wie satirischen malerischen Abbildung kontemporären Lebens wurde er als erster englischer bildender Künstler europaweit bekannt.

lation, die Komödienschreiber wie Tragödienautoren mit reichhaltigen Themenstellungen versorgen mag. So ergab es sich, dass Richardson bei aller Limitierung seiner Kenntnisse über genau das rechte Maß verfügte, um seine Romane schreiben zu können. Pamela, die perfekte Frau aus einfachen Verhältnissen, Clarissa, die vollkommene Lady und Grandison, der ideale Gentleman – aus lediglich diesen drei Figuren speist sich bei ihm die liebevollste Kunst. So gelungen, dass ich heute, nach über 150 Jahren, nicht wüsste, wer es seitdem besser gemacht haben könnte.

Er schrieb weitschweifig, das muss man eingestehen, aber wer würde ihn unterbrechen wollen? Er liebte es, sich in eine Geschichte zu vertiefen und alles zu erzählen, was ihm dazu in den Sinn kam. Der Einsatz von Briefen als Erzählelement lässt Richardsons klatschhaften Stil noch lockerer wirken. Er – der eine Protagonist – schreibt einen Brief und erzählt, was vorgefallen ist. Sie schreibt zur gleichen Zeit einen Brief an ihre Freundin und teilt so ihre Sicht der Dinge mit. Beide Empfänger antworten auf die Briefe und so kommt der Leser in den Genuss, die Kommentare und Ratschläge der Briefpartner zu lesen. Letztendlich ist man über jeden Aspekt der Sache bestens im Bilde. Die Lektüre mag zunächst etwas anstrengend erscheinen, wenn man einen Romanstil gewohnt ist, der voraneilt und in jedem Kapitel ein Feuerwerk abbrennt. Auf diese Weise wird jedoch Seite für Seite eine Atmosphäre kreiert, die den Leser gänzlich vereinnahmt. Man beginnt regelrecht im Roman zu leben und die Protagonisten mit all ihren Problemen wie Menschen kennen zu lernen, gänzlich unterschiedlich von der gewöhnlichen Nähe zu fiktionalen Figuren. Sicher, solche Bücher sind dreimal so lang wie andere, aber warum sollte es um die Zeit schade sein? Warum die Eile? Es ist doch gewiss besser, ein Meisterwerk zu lesen anstelle dreier Bücher, die keinen nachhaltigen Eindruck hinterlassen.

Diese Art des Romans passt hervorragend zu dem ruhigen Leben von damals, zum letzten stillen Jahrhundert. Im einsamen Landhaus, mit ein paar Briefen und wenigen Abhandlungen zur Lektüre – meint ihr denn, solche Leser hätten sich jemals über die Länge eines Buches beschwert oder zu viel bekommen können von der fröhlichen Pamela oder der unglücklichen Clarissa? Es ist heute nur unter ganz speziellen Umständen möglich, seinen Geist derart aufnahmebereit zu machen, wie es damals normal war. Von Macaulay wissen wir, wie er einmal in Indien ein Exemplar von „Clarissa" an irgendeiner in den Bergen gelegenen Zugstation hinterließ. Mit dem zu erwartenden Effekt. In dieser Umgebung verbreitete sich der Enthusiasmus für Richardson wie eine mildere Form des Fiebers. Dort durchlebte man das Buch, träumte mit ihm – bis diese Episode einging in die Literaturgeschichte, um niemals von denen vergessen zu werden, die sie miterlebten. Richardsons Stil klingt wohl in jedem beliebigen Ohr. Seine wunderschöne Prosa beschreibt akkurat und bleibt dabei verständlich, sodass es keinen Literaturforscher gibt, der ihn nicht loben, und kein Dienstmädchen, welches ihn nicht verstehen würde.

Sicherlich fallen am Briefroman offensichtliche Nachteile auf. Scott griff für „Guy Mannering"[302] gekonnt auf diese Methode zurück und man könnte weitere erfolgreiche Versuche nennen, aber die Nähe zum Leben eines solchen Romans wird stets auf Kosten des Lesers generiert, der sich in seiner wohlmeinenden, leichtgläubigen Grundhaltung zu arg belastet fühlt. Man

302 „Guy Mannering; or, The Astrologer" ist Walter Scotts zweiter Roman, publiziert 1815 mit sofortigem Publikumserfolg.

bekommt angesichts des andauernden Detailreichtums und der langen Konversationen immer mehr das Gefühl, dass die gegebenen brieflichen Aufzeichnungen nicht authentisch sind. Die empörte und zerzauste Heldin hätte sich doch nicht einfach so hingesetzt, um eine Beschreibung ihrer Flucht mit ruhiger Hand und kühler Genauigkeit zu Papier zu bringen. Richardson hat aus dieser Erzähltechnik gewiss alles herausgeholt, aber es bleibt der Eindruck des Unsachgemäßen, des Künstlichen. Fielding brach, indem er die dritte Person benutzte, alle Fesseln seines Rivalen und gab dem Roman als Gattung eine Freiheit sowie dem Romanautor eine individuelle Verfügungsgewalt über sein Werk, die zuvor unbekannt gewesen waren. In dieser Hinsicht zumindest muss er als der Meister gelten.

Und doch tendiere ich trotz allem dazu, Richardson den Vorzug zu geben, obwohl ich damit wohl in der Minderheit bin. Neben allen anderen Argumenten muss man ihm zugutehalten, der erste Romanautor gewesen zu sein. Natürlich muss der Begründer mehr gelten als jeder Imitator, auch wenn die Nachahmung sich verbessert und letztlich vielleicht sogar besser bewährt. Richardson ist nun aber der Vater des englischen Romans und nicht Fielding. Er war es, der sich zuerst romantischer Galanterie und bizarrer Phantasie vollkommen entledigte und entdeckte, dass das gewöhnliche Leben gleichfalls packende Geschichten erzählt, die man in alltäglicher Sprache wiedergeben kann. Darin besteht Richardsons Errungenschaft. Fielding eiferte Richardson derart nach – oder parodierte ihn vielleicht sogar – dass er die Dreistigkeit besaß (manche würden es auch unverschämte Vorwitzigkeit nennen), sich der Figuren des armen Richardson aus „Pamela“ zu bedienen, um diese in seinem eigenen Erstling „Joseph

Andrews“ zu verwenden, offenbar mit dem Ziel, sie dort lächerlich zu machen. Hier liegt klar ein Verstoß gegen die literarische Ethik vor. Es ist, als ob Thackeray einen Roman mit Pickwick und Sam Weller geschrieben hätte, bloß um zu zeigen, was für lausige Charaktere sie seien.[303] Es nimmt nicht Wunder, dass dies selbst den sanften kleinen Druckergesellen erzürnte und er sodann seinen Rivalen als einen gewissenlosen Zeitgenossen brandmarkte.[304]

Dann ist da noch die leidige Frage der Moral. Hier findet sich in gewissen Kritikerkreisen einige falsche Frömmelei. Man findet in ihren Kritiken die Andeutung, es bestünde eine feine Verbindung zwischen Sittenlosigkeit und Kunst, als ob die Verarbeitung von Obszönitäten und die Darstellung von Lüsternheit das Gütesiegel schlechthin für den wahren Künstler wäre. Darin liegt aber keine Schwierigkeit. Im Gegenteil: Solcherlei darzustellen ist so simpel und von so grundlegender Funktion für das dramatische Erzählen, dass es den Künstler stets zum Einsatz verlockt. Es handelt sich um die einfachste und billigste Methode, um einen Scheineffekt zu erzeugen. Die Schwierigkeit liegt nicht im Einsatz, sie liegt vielmehr in der Vermeidung dieser Mittel. Es ist doch so, dass man als Autor diese Dinge zu umgehen sucht, denn es liegt gar kein Grund vor, warum ein Schriftsteller aufhören sollte, ein Gentleman zu sein. Warum sollte er einer Dame Derartiges zu Gesicht bringen, wenn er doch für dasselbe gerechtfertigte Prügel bekäme, hätte er es ihr zu Gehör gebracht. Es heißt, man müsse *„die Welt zeigen, wie sie ist“*. Warum muss man das? Der echte Künstler tritt doch

303 Charaktere von Charles Dickens aus dessen Roman „The Pickwick Papers“.

304 Die Kontroverse zwischen Richardson und Fielding hat die Forschung immer wieder beschäftigt. Neben der Stilkritik wird ein Grund in den Verkaufszahlen gesehen, die Richardson generierte, kann sein „Pamela“-Roman aufgrund der neu entstandenen Marktstruktur doch als erster „Bestseller“ betrachtet werden.

erst durch Auswahl der Mittel und Beschränkung der Darstellung in Erscheinung. Es ist sicher richtig, dass Schriftsteller in ungehobelten Zeiten weniger Einschränkungen unterliegen, wir aber leben heute, in unserem Zeitalter, und müssen uns daran messen lassen.

Müssen diese speziellen Aspekte des Lebens nun also komplett ausgeschlossen werden? Auf keinen Fall. Anstand darf sich nicht in Prüderie aufweichen. Es hängt alles einzig und allein von der Machart ab. Es gibt keine besseren Beispiele für unterschiedliche Herangehensweisen als die Arbeiten der drei hier zu vergleichenden Rivalen Richardson, Fielding und Smollett. Man kann sich bei der Darstellung von Unsittlichkeiten einige Freiheiten nehmen, sofern das Ziel ist, diese zu verdammen. Wer das tut ist ein Moralist, und es gibt keinen besseren als Richardson. Ferner ist es möglich, Unzucht schlicht zu beschreiben, ohne Sympathie oder Abscheu zu zeigen. Solch ein Autor ist ein Realist, und ein solcher war Fielding. Sodann kann man die Grenzen des guten Geschmacks verletzen, um sich daraus einen Spaß zu machen. Solch einen Autor nennt man einen grobschlächtigen Humoristen, und ein solcher war Smollett. Letztens kann man Unsitte porträtieren, um sie als etwas Wünschenswertes zu präsentieren. Solch ein Autor ist schlimm, und es gab ihrer viele zur Zeit der Restauration.[305] Unter all den genannten Arten der Darstellung aber bleibt Richardson der Beste, denn nirgendwo finden wir diese Aspekte des Lebens geschickter abgebildet.

Von seinen Werken abgesehen, scheint Fielding durchaus von nobler Gesinnung gewesen zu sein. Er selbst war heroischer als seine literarischen Helden. Er

305 Die in den Jahren der Stuart-Restauration (1660–1689) entstandene Literatur wird als „Restoration Literature“ bezeichnet.

nahm sich der herausfordernden Aufgabe an, London im Alleingang zu säubern, und das zu einer Zeit, in der London die gefährlichste und gesetzloseste Hauptstadt Europas war. Hogarths Bilder zeugen davon, wie es in den Straßen aussah, bevor Fielding kam. Niedere Rüpel, hochwohlgeborene Tyrannen, Suff und Schurkereien, die Diebesküchen mit ihren Falltüren längs des Flusses, in denen sie ihre Leichen entsorgten. Dieser Augiasstall war auszumisten, und der arme Herkules war in diesem Fall schwach und gebrechlich, körperlich eher für das Krankenbett geeignet als für solch ein Vorhaben. Es hat ihn das Leben gekostet, denn er starb mit 47 Jahren an Überanstrengung. Dabei hätte durchaus ein dramatischerer Tod im Bereich des Möglichen gelegen, war Fielding durch seine Aktivitäten doch auf die Todeslisten der Kriminellen geraten. Immerhin führte er nicht selten höchstpersönlich Suchtrupps an, wenn aufgrund des Hinweises irgendeines betrügerischen Halunken mal wieder eine Räuberhöhle auszunehmen war. Schlussendlich aber war er erfolgreich. In weniger als einem Jahr war die Sache durch und London von einer Stadt des Rowdytums zu dem geworden, was es bis heute ist: eine der gesetzestreuesten Hauptstädte Europas. Welcher Mann hat jemals ein herrlicheres Monument hinterlassen?[306]

Wer den Menschen Fielding sucht, wird ihn in dessen Romanen nicht finden, wo Freundlichkeit zu oft von närrischem Zynismus verschleiert wird. Zu emp-

306 Fielding hatte im holländischen Leiden die Juristerei studiert und brachte seine Expertise in die Verwaltung ein, als er in den 1740ern zum Magistrat ernannt wurde. Er erwarb sich innerhalb einer durch und durch korrupten Struktur den Ruf eines unbestechlichen und unparteiischen Mannes. Gemeinsam mit seinem Bruder Sir John gründete er die „Bow Street Runners“, eine Exekutivtruppe zur Durchsetzung von Recht und Ordnung, die heute als Londons erste professionelle Polizei gesehen wird. Die Fieldings trieben gleichfalls soziale Reformen und Umstrukturierungen der Rechtsprechung voran. Diese Aktivitäten fielen in der Tat mit der Zerrüttung von Henry Fieldings Gesundheit zusammen. Der Autor litt an Asthma und Gicht und starb letztlich an Leberzirrhose.

fehlen ist dann eher sein „Journal of a Voyage to Lisbon“. Fielding wusste, dass seine Gesundheit unwiederbringlich dahin war und seine Tage gezählt. In solchen Zeiten tritt der Mann so in Erscheinung, wie er wirklich ist; Zeiten, wenn es keinen Grund mehr gibt, Affektiertheit an den Tag zu legen oder irgendwelchen Schein zu wahren, da man sich der gewaltigsten aller Lebenstatsachen gegenübergestellt sieht. Im Schatten des nahenden Todes zeigte Fielding stoisch-sanfte Courage und mentale Festigkeit, was beweist, welch glänzender Charakter sich hinter früheren Schwächen verbarg.

Gestattet mir, noch auf einen weiteren Roman des 18. Jahrhunderts zu sprechen zu kommen, bevor ich dieses etwas zu didaktische Geplauder beende. Ihr werdet einräumen, dass ich euch bisher nicht derart gelangweilt habe, aber Periode und Gegenstand scheinen zu einer ausgedehnteren Abhandlung einzuladen. Ich überspringe Sterne, da seine pedantische Methode mir keine Sympathie abnötigt. Ich lasse auch Miss Burneys Romane aus, denn es handelt sich hier um weibliche Reflektionen der großen Meister, die ihr vorangegangen sind. Aber gewiss verdient Goldsmiths „Vicar of Wakefield“ einige Zeilen. Hier haben wir ein Buch, dass, wie eigentlich alle Arbeiten Goldsmiths, von durch und durch schöner Wesensart ist. So kann niemand schreiben, dem nicht ein vornehmes Herz in der Brust schlägt. Gleiches gilt für „The Deserted Village“. Wie seltsam es ist, sich Johnson vorzustellen, wie er den verschüchterten Iren gängelt und brüskiert, während dieser sich doch als der wesentlich bedeutendere Autor von Poesie, Prosa und Dramatik erwies. In Goldsmiths Roman nun haben wir ein exzellentes Lehrstück darüber, wie man alle Tatsachen des Lebens behandeln kann, ohne ausfällig zu werden. Hier wird sich vor nichts gedrückt, alles wird beschaut und beschrieben. Wenn ich einer jungen Dame von sensiblem Geiste ein Buch empfehlen müsste, dass die Entwicklung ihrer zarten Gefühlswelt nicht beeinträchtigt und sie dennoch aufs Leben vorbereitet, so würde ich stets den „Vicar of Wakefield" wählen.[307]

Soviel zu den Romanciers des 18. Jahrhunderts. Sie stehen gemeinsam auf einem Regalbrett und sie tummeln sich gemeinsam in einer Ecke meines Geistes. Man mag einmal jahrelang nicht an sie denken, um dann durch ein aufgeschnapptes Wort oder einen zufälligen Gedanken zu ihnen zurückgeführt zu werden. Dann schaut man auf sie und empfindet Zuneigung. Man ist glücklich, sie zu kennen. Aber lasst uns nun auf ein Thema kommen, welches euch vielleicht mehr interessiert.

Wenn es Statistiken gäbe, die in den vielen Leihbüchereien des Königreichs erhöben, welche Romanschriftsteller dort wie oft gelesen werden, so bin ich mir sehr sicher, dass Mr. George Meredith ziemlich schlecht abschneiden würde. Wenn dann im Gegenzug aber eine Reihe von Autoren gefragt würde, welchen Kollegen sie als besten Autor mit der meiststimulierenden Prosa nennen können, so bin ich zuversichtlich, dass Mr. Meredith eine Menge Stimmen auf sich vereinen würde. Sein einzig denkbarer Rivale wäre tatsächlich Mr. Hardy.[308] Es würde sich eine interessante Stu-

307 Goldsmiths Roman „The Vicar of Wakefield" (1766) ist ein Produkt seiner Zeit, das jedoch bis heute aufgrund einiger eigentümlicher Charakteristika und einem am Drama geschulten Erzählstil beliebt ist. Das von Conan Doyle genannte Gedicht „The Deserted Village" ist ein lyrischer Sozialkommentar: Goldsmith beschreibt hier ein verlassenes irisches Dorf, dessen Einwohner ihre einstige Wohnstätte verwaist zurückließen. Die repressive Irland-Politik der englischen Regierung sorgte bereits ab dem ausgehenden 17. Jahrhundert für einen stetigen Anstieg der Auswanderungszahlen.

308 George Meredith (1828-1909) war ein englischer Autor von Romanen und Gedichten. Seine Werke waren in der Tat keine wirklichen Publikumserfolge und es stimmt sicher, wenn Conan Doyle meint, Meredith habe den besten Ruf wohl nur

die über die unterschiedlichen Bewertungskriterien daraus ergeben. Die Frage wäre, was derart viele Leser an Meredith abstößt, während es offenbar jene anzieht, deren Stimme zweifellos von besonderer Bedeutung in dieser Sache sein muss.

Der offensichtlichste Grund scheint mir sein unkonventioneller Stil zu sein. Die Masse liest zum Amüsement. Der Romancier liest, um einen neuen Aspekt seiner eigenen Kunst kennenzulernen. Meredith liest man nicht zum bloßen Vergnügen; die Lektüre stellt vielmehr eine intellektuelle Turnübung dar, eine Form des geistigen Hanteltrainings zur Ausbildung der Gedankenkraft. Der Geist steht unter stetiger Spannung, wenn man Meredith liest.

Wenn ihr meiner Nasenspitze folgen mögt wie der Jäger der seines Vorstehhundes, so werdet ihr bemerken, dass ich diese Aussagen treffe angesichts meines geliebten „Richard Feverel“, der dort in der Ecke lauert. Was für ein großartiges Buch das ist, wie weise und witzig! Es mag unter den Meistern des Romans solche mit charakteristischerem oder inhaltsschwererem Stil geben, ich für meinen Teil würde Neulingen auf diesem Gebiet aber immer Meredith empfehlen. Unter den von

unter Kollegen genossen. Neben Conan Doyle hat vor allem Oscar Wilde seine Vorliebe für die durchaus schwere Romankost Merediths durchblicken lassen, aber auch Stevenson, Swinburne und Gissing müssen genannt werden, ebenso wie Barrie und Leslie Stephen. Neben dem hier genannten Thomas Hardy – mit dem Meredith im Übrigen persönlich bekannt war – steht wohl noch der bereits genannte Anthony Trollope als Konkurrent zur Debatte.

Conan Doyle war tatsächlich ein großer Bewunderer Merediths. Während seiner Zeit in Portsmouth – der Geburtsstadt Merediths – hielt er Vorträge über den Autor des „Richard Feverel“ und des „Egoist“, wobei er versuchte, seinen Zeitgenossen die komplexe Prosa Merediths schmackhaft zu machen. Später korrespondierte er ein wenig mit Meredith und besuchte diesen sogar. Meredith zeigte durchaus Anerkennung für die literarischen Meriten seines jüngeren Bewunderers und freute sich auch über Conan Doyles Popularisierungsbestrebungen, in denen Conan Doyle denn auch nicht nachließ, wie seine diversen Zeitungsartikel über Meredith belegen. Nichtsdestotrotz ist die Bekanntheit Merediths posthum eher gesunken als gestiegen. Meredith selbst sagte kurz vor seinem Tod: *„Ich werde zwar gepriesen, meine Bücher jedoch liest niemand“*.

mir bewunderten Romanen aus der Viktorianischen Ära würde ich Merediths Buch auf Platz 3 listen, nach „Vanity Fair“ und „The Cloister and the Hearth“. Ich glaube, der Roman ist 1859 erschienen, und es sagt schon einiges über die Urteilsfähigkeit des damaligen Publikums wie auch der Kritiker aus, dass zwanzig Jahre ins Land gehen sollten, bevor er eine zweite Auflage erfuhr.

Aber es gibt keine Wirkung ohne Ursache, wie unzureichend diese auch immer ausfallen mag. Was stand dem Erfolg des Buches im Wege? Unzweifelhaft der Schreibstil. Zwar schreibt Meredith hier gedämpft, geradezu wohltemperiert, sodass die Üppigkeit und Ausgelassenheit späterer Werke noch nicht zu erahnen ist. Aber dies war gewiss eine literarische Neuerung und so ließ der Roman Leser wie Kritiker gleichermaßen ratlos zurück. Sicherlich schätzte man Merediths Art des Schreibens seinerzeit als Gehabe ein, so wie es schon bei Carlyle zwanzig Jahre zuvor geschah, doch dabei wird vergessen, dass Schreibstil bei genialen Originalen immer eine organische Sache ist, genauso ein Teil des Mannes wie die Farbe seiner Augen. In solchem Fall ist Stil nicht, und ich zitiere hier Carlyle, beliebig an- und ablegbar wie ein Hemd, sondern gleicht einer festsitzenden Haut. Wie kann man diesen seltsamen, kraftvollen Stil nun beschreiben? Wahrscheinlich in Merediths eigenen starken Worten, mit denen er über Carlyle sprach, dabei vielleicht mit dem Hintergedanken, dass sie auf ihn selbst genauso zutreffen könnten.

> *„Sein Lieblingsautor“, meinte er über Carlyle, „war einer, der über Helden schrieb in einem Stil, der entweder früher Architektur glich oder sich in freier und rauer Art dem totalen Verfall einer Ruine annäherte.*

*Der Stil musste wie ein heftiger Wind sein, der durch einen Obstgarten fegt und da und dort mit Geheul eine Frucht vom Baum holt, er musste Sätze ohne eindeutigen Anfang enthalten, die zu ihrem Ende hin abrupt in Rauch aufgehen, die waren wie Wellen, die gegen eine Kaimauer schlagen, gelehrige Vokabeln enthaltend, die sich abwechseln mit Straßenslang, mit planlos eingestreuten Dialekten, die in alle Richtungen sich ausbreiteten wie Sonnenstrahlen, die von einer vorbeiziehenden Wolke gebrochen werden; eine Brise musste durch alle Seiten wehen, die das gesamte Buch zu einem elektrisierenden Erlebnis machen sollte, das durch Mark und Bein bis ins Hirn zuckte".*

Was für eine wundervolle Beschreibung eines Schreibstils, und gleichzeitig ein herausragendes Eigenbeispiel. Was für ein lebhafter Eindruck durch Wendungen wie „*eine Brise musste durch alle Seiten wehen*" entsteht. Dieser Absatz steht in Perfektion als Kommentar sowohl zu Carlyle als auch zu Meredith selbst.

Gut, „Richard Feverel" hat letztendlich die verdiente Anerkennung erhalten. Ich gestehe, einen festen Glauben an die Urteilskraft der lesenden Öffentlichkeit zu besitzen. Ich glaube nicht, dass gute Arbeit meist übersehen wird. Literatur ist wie Wasser, sie findet ihren Weg. Meinungen bilden sich langsam, werden ihrem Gegenstand am Ende aber gerecht. Ich bin mir sicher, sollten sich alle Kritiker vereinen, um ein schlechtes Buch in den Himmel zu loben oder ein gutes zu verdammen, dass dies höchstens einen Einfluss über etwa fünf Jahren ausüben würde. Das finale Urteil bliebe aber auf lange Sicht ungetrübt. Sheridan bemerkte einmal, dass die Flöhe in aus seinem Bett werfen könnten, würden sie sich nur einmal vereinen. Ich denke aber nicht, dass Einigkeit unter Kritikern jemals ein gutes Buch aus der Literaturgeschichte geschmissen hat.

Neben den kleineren Vorzügen von „Richard Feverel“ stehen – entschuldigt die Weitschweifigkeit eines Enthusiasten – die im Roman verstreuten Aphorismen, denen ein würdiger Platz im Pantheon der britischen Sprichwörter eingeräumt werden sollte. Welcher Ausspruch könnte vorzüglicher sein als: „*Wer sich als besserer Mann vom Gebet erhebt, dessen Gebet wurde schon erhört*“; oder: „*In Zweckmäßigkeit besteht des Menschen Weisheit, diejenige Gottes darin, das Richtige zu tun*“; oder dies hier: „*Alle großen Ideen gehen vom Herzen aus*“? Wohl gesprochen ist auch: „*Ein Feigling unter den Menschen, wer spöttisch herabsieht auf die Verfehlungen der Menschheit*“. Es schwingt ein gesunder Optimismus mit in folgendem Spruch: „*Der menschliche Geist hat genau eine Möglichkeit, nach dem Glück zu greifen; indem er sich auf den einen Gipfel der Weisheit emporschwingt, von wo aus wir erkennen können, dass die Welt gut eingerichtet ist*“. Hier ist Meredith in spielerischer Laune: „*Das Letzte, was der Mann wird zivilisieren können, ist die Frau*“. Lasst uns besser schnell voraneilen, denn wer sich in Zitaten aus „Richard Feverel“ ergeht, verliert sich darin.

Der Roman hat, wir ihr sehen könnt, eine beachtliche Brüderreihe neben sich stehen. Da sind die Italien-Romane, „Sandra Belloni“ und „Vittoria“; dann folgt „Rhoda Fleming“, der Stevenson von den Socken gehauen hat; „Beauchamp’s Career“, der sich mit Politik befasst, die obsolet geworden ist. Kein großer Autor sollte sich zu sehr für zeitgebundene Themen aufreiben. Da geht es ihm wie der Schönheit, die in irgendeiner vergangenen Mode porträtiert wurde. Sie wird mit der Zeit ebenso überflüssig, wie ihr Rahmen. Hier haben wir die anmutige „Diana“, dann „The Egoist“ mit dem unsterblichen Willoughby Pattern, dem ewigen Prototypen männlicher Selbstsucht, und „Harry Richmond“, dessen erste Kapitel meiner Ansicht nach zum Besten gehören, das je in englischer Prosa geschrieben wurde.[309] Große Geister finden sich in allen Formen zurecht, die ihre Zeit ihnen anträgt. Meredith ist zufällig Romancier geworden. Als Elizabethaner wäre er ein hervorragender Dramatiker geworden, unter Königin Anne hätte er großartige Essays geschrieben. Wann und wie auch immer er gearbeitet hätte, stets würde man den Eindruck eines überlegenen Geistes und einer großen Seele gehabt haben.

309 Meredith hat ein reichhaltiges Romanwerk hinterlassen, in welchem er sehr unterschiedliche Themen auf vielgestaltige Art behandelte, wobei er weniger als Künstler der Erzählung denn als sprachlich erlesener Analyst zu sehen ist. Möglicherweise liegt hierin die Tatsache begründet, dass heute – wenn überhaupt – seine Lyrik weit vor dem Prosawerk geschätzt wird. Seine Romane haben Kritiker durchaus veranlasst, Parallelen zu Henry James zu ziehen, dessen Popularität er jedoch zu keiner Zeit genoss.

## VIII

Mit Fielding, Richardson und Smollett haben wir die Romanschriftsteller des 18. Jahrhunderts nun unter Dach und Fach, unter Berücksichtigung all ihrer Solidität, ihrer Lauterkeit, ihrer Hingabe und der Grobheit ihrer Strukturen. Wie ihr bemerkt, sind wir am Ende des Regals angelangt. Na nu, keine Ermüdung? Ihr wollt noch mehr hören? So lasst uns die nächste Reihe durchgehen, wo einige interessante Dinge uns erwarten. Jedenfalls, insofern ihr mit jener tiefen Liebe zu Büchern im Herzen geboren worden seid, welche zu den erlesensten Gaben der Götter gehört. Ansonsten wird es langweilig werden, fürchte ich, denn fehlt euch diese Liebe, so könnte man ebensogut einem Gehörlosen Musik vorspielen oder mit einem Blinden die Royal Academy besuchen.

Da ist dieser alte braune Band in der Ecke. Wie er dorthin gekommen ist, vermag ich nicht zu sagen. Ich kaufte ihn für Threepence aus einer Grabbelkiste in Edinburgh, und seine durchwalkten Kameraden stehen dort drüben im hinteren Bereich der Bibliothek. Dieser hier hat es aber irgendwie geschafft, sich bis zu den gut erhaltenen Büchern durchzukämpfen. Er ist es wert, dass wir ein oder zwei Worte darüber verlieren. Zieht ihn aus dem Regal! Seht, wie dunkel und gedrungen das Buch erscheint mit seinem undurchdringbaren Einband aus zunderbeständigem Leder. Schlagt es auf und schaut euch das Vorsatzblatt an: „*Ex libris Guilielmi Whyte. 1672*“ in verblasster gelber Tinte. Ich frage mich, wer William Whyte wohl gewesen ist und was er auf Erden trieb unter der Herrschaft des „Merry Monarch“.[310] Wenn ich mir sein hartes, kantiges Schriftbild besehe, würde ich denken, er war bestimmt ein pragmatischer Rechtsanwalt, typisch für das 17. Jahrhundert. Das Publikationsdatum ist 1642, das Buch wurde also just zu jener Zeit gedruckt, als die Pilgerväter sich in ihrem neuen amerikanischen Heim niederließen und Charles I. seinen Kopf noch sicher und fest auf den Schultern trug, obgleich gewiss ein wenig verwirrt ob all der Turbulenzen um ihn herum.[311] Das Buch ist in Latein abgefasst – obwohl Cicero da vielleicht anderer Ansicht wäre – und es handelt von den Regeln der Kriegsführung.

Ich stelle mir einen pedantischen Dugald Dalgetty[312] vor, der das Buch unter dem Mantel verbirgt oder im Pistolenhalfter mit sich führt, um es bei jeder neuen Lage zu konsultieren. „*Hallo! Hier ist ein Brunnen*“, ruft er aus. „*Ich frage mich, ob ich den wohl vergiften kann?*“. Schon nimmt er das Buch hervor und fährt mit seinem schmutzstarrenden Zeigefinger über das Inhaltsverzeichnis. „*Ob fas est aquam hostis venere*“ … – „*Aber, aber! Das ist wohl verboten. Dort jedoch verbergen sich ein paar Feinde in einer Scheune. Was ist damit?*“. „*Ob fas est hostem incendio*“ … – „*Ja, hier dürfen wir ran. Rasch, Ambrose, bring' Stroh und Zunderbox*“. Kriegsführung war kein Kinderspiel seinerzeit, als Tilly Magdeburg plünderte und Cromwell seinen Brei stehen ließ, um das Schwert zu ziehen. Es

310 Gemeint ist der Restaurationskönig Charles II.

311 Charles I. wurde nach der Machtübernahme Oliver Cromwells hingerichtet.

312 Charakter aus Walter Scotts Roman „A Legend of Montrose“.

mag heute aber wohl nicht besser sein als Soldat an langen Feldzügen teilzunehmen, während derer man verhärtet und verbittert. Viele der Kriegsregeln von damals gelten noch heute, was man vor weniger als einem Jahrhundert noch beobachten konnte, als hochdisziplinierte britische Truppen ihr grausames Recht auf Badajoz und Ciudad Rodrigo beanspruchten. Die neuesten europäischen Kriege waren so kurz, dass Disziplin und Humanität keinen Schaden nehmen konnten, aber sollte erneut ein längerer Krieg kommen, so wird er gewiss zeigen, dass der Mensch sich nicht geändert hat und Zivilisation lediglich ein dünner Firnis ist.

Könnt ihr die Bücherreihe dort überschauen? Die, die euren Blick beinahe bis zum Ende des Regals schweifen lässt? Auf diesen Teil meiner Sammlung bin ich recht stolz, denn es handelt sich um verschiedene Memoiren aus der Hochzeit des napoléonischen Heeres. Es wird eine Anekdote über einen literarisch ungebildeten Millionär erzählt, der seinem Buchhändler auftrug, eine Ausgabe jedes Buches aus jeder beliebigen Sprache zu besorgen, das sich auf irgendeine Weise mit der Laufbahn Napoléons beschäftigte. Er dachte bei sich, er würde damit ein Regal seiner Bibliothek füllen können. Er war dann aber erstaunt, als er nach ein paar Wochen eine Mitteilung erhielt, die ihm den Einkauf von 40.000 verschiedenen Bänden vermeldete. Der Händler wollte nun wissen, ob er die bereits gesammelten Bände übersenden oder das Set erst noch vervollständigen solle. Die hier gebrauchten Zahlen sind vielleicht nicht gänzlich korrekt, aber die Geschichte zeigt doch auf, dass man sich diesem Thema quasi unbegrenzt widmen kann. Es besteht sogar die Gefahr, dass man sich über Jahre darin vertieft und sich so in einem Labyrinth aus Lektüren verliert, die trotz ihrer Masse vielleicht kein brauchbares Bild des Geschehenen geben. Aber man wird sich vielleicht einen speziellen Teil dieser Werke vornehmen können, so wie ich mit meinen Lebenserinnerungen aus dem Militär hier, und so wird man gewiss auf einen zumindest im Ansatz geschlossenen Eindruck jener Zeit hoffen können.

An diesem Regalende hier steht Marbot – der Fürst unter den Soldatenbüchern.[313] Ich besitze die komplette französische Ausgabe in drei Bänden, rot-golden eingebunden, im Aussehen ebenso gewitzt und lässig wie ihr Autor. Ein Frontispiz hier zeigt sein Bild, mit seinem angenehm rundlichen, jungenhaften Gesicht, als Captain seiner geliebten Jäger zu Pferde. Hier ist noch ein anderes Bild, das die ergraute alte Bulldogge als General zeigt, mit seinem stets kampfeslustigen Blick. Es traf mich schwer, als Zweifel an der Authentizität seiner Memoiren aufkamen. Man mag Homer herabstufen zu einem in Felle gehüllten Dichter unter vielen. Sogar Shakespeares Thron mag wanken durch plausible Argumente der Anhänger Bacons.[314] Aber der menschliche, der galante, der unnachahmliche Marbot! Seine Bücher geben uns bei weitem das beste Bild des napoléonischen Heeres, das mich sogar mehr interessiert als dessen große Anführer, obgleich es sich bei ihm gewiss um die einzigartigste Figur in der Geschichte handeln muss. Aber schaut auf die Soldaten mit ihren riesigen Tschakos, ihren pelzigen Tornistern und ihren stählernen Herzen – was für Männer sie waren! Und was für eine Kraft der französischen Nation

313 Marcellin Marbot (1782–1854) war ein hochrangiger Offizier unter Napoléon Bonaparte und späterer Divisionsgeneral. Er nahm an Napoléons Russlandfeldzug teil und kämpfe bei Waterloo. Posthumen Ruhm sicherten ihm hauptsächlich die von Conan Doyle hier gepriesenen Memoiren. Ein bekennender Bewunderer der Bücher war der ehemalige US-Präsident Theodore Roosevelt.

314 Es sind im Laufe der Jahrhunderte immer wieder Zweifel an der Autorschaft Shakespeares geäußert worden. Die von Conan Doyle hier genannte Theorie besagt, der eigentliche Urheber des dramatischen Werkes sei Francis Bacon gewesen.

innewohnen musste, dass sie es über gute 23 Jahre hinweg vermochte, immer wieder frische Söhne in den Kampf zu schicken.[315]

Es brauchte diese Jahre, um den Gärstoff abzubauen, der sich in den Männern während der Revolution gebildet hatte. Und sie waren unermüdlich, was sich daran erkennen lässt, dass die letzte Schlacht der Franzosen hier gleichsam auch ihre bestgeführte war. So stolz wir

315 Napoléon und die Napoléonischen Kriege übten auf den geschichtsinteressierten Conan Doyle stets eine besondere Faszination aus. Mancher Experte spricht gar von Obsession – einer Diagnose, der man angesichts der tiefen Belesenheit Conan Doyles auf diesem Gebiet durchaus folgen mag. Nachdem es mit „Sherlock Holmes" zunächst zu Ende gegangen und der in der Zeit Louis' XIV. spielende Roman „The Refugees" kein wirklicher Publikumserfolg geworden war, ließ sich Conan Doyle vom ebenfalls für Napoléon schwärmenden Verleger von „McClure's Magazine" überzeugen, Kurzgeschichten in der Ära Napoléon Bonapartes anzusiedeln. Bereits 1892 hatte er sich mit seinem Roman „The Great Shadow" dem Thema genähert, nun erinnerte er sich an den bereits kreierten Protagonisten Brigadier Gerard – eine fiktionalisierte Version Marcellin Marbots – den er noch in der Schublade hatte. Im Dezember 1894 erschien die erste Geschichte unter dem Titel „The Medal of Brigadier Gerard" im „Strand Magazine", sieben weitere Storys erschienen im Folgejahr. Bis 1910 ließ Conan Doyle den französischen Husarenoffizier in weiteren Kurzgeschichten, einem Roman und einem Theaterstück auftreten. Seiner Vorliebe für jene Zeit ließ er zudem in einen Einakter namens „Waterloo" fließen, der – mit Henry Irving in der Hauptrolle – ein echter Publikumsmagnet wurde.

Schon zu Schulzeiten war Conan Doyle ein eifriger Leser einschlägiger Geschichte, sodass Napoléon in Briefen an die Mutter (etwa aus Feldkirch) immer wieder auftaucht. An den befreundeten Autor James Payn schrieb er 1895, diesen von den neuen „Gerard"-Storys unterrichtend, er wundere sich doch sehr darüber, dass bislang niemand auf die Idee gekommen sei, Napoléon zu einer literarischen Figur zu machen. Dennoch war auch Conan Doyle selbst sich wohl nie recht sicher, wie der große Kaiser und Feldherr abschließend zu bewerten sei. In einem Interview mit Robert Barr gab er Napoléons Größe und Erfolg zu bedenken, sprach aber auch dessen schurkische Qualitäten an. Diese Ambivalenz, die Conan Doyle sicherlich mit vielen seiner Landsleute teilte, spiegelt sich auch in der Sherlock-Holmes-Geschichte „The Adventure of the Six Napoleons" von 1904 wider. Dort ermitteln Holmes, Watson und Inspektor Lestrade in einer Einbruchserie, in deren Mittelpunkt anscheinend der Hass auf den Franzosenkaiser steht.

Heute ist es Conan Doyles napoléonische Literatur, die von allen nicht-holmesianischen Teilen seines Werkes besonders hervorgehoben wird, wenngleich sie ebenso obskur geblieben ist wie das sonstige Werk historischer Fiktion. In der Einleitung zu seiner thematisch einschlägigen Studie schreibt Clifford Goldfarb: „*Conan Doyles beste Kurzgeschichten – jene um Brigadier Gerard, kunstvoll strukturiert und hervorragend geschrieben – sind der breiten Öffentlichkeit und sogar vielen Sherlock Holmes-Liebhabern heute vollkommen unbekannt.*" Doug Elliott, ebenso wie Goldfarb ein Verwalter der „Arthur Conan Doyle Collection" in Toronto, sprach von den Gerard-Story als „*unentdeckte Juwelen*" und der schottische Autor George MacDonald Fraser (1925–2008) war als großer Gerard-Fan bekannt. Michael Dirda mutmaßt in seinem Großessay „On Conan Doyle" im

auch auf die Leistung unserer Infanterie bei Waterloo sind, verdienten sich die französischen Kavalleristen doch die größten Lorbeeren. Sie besiegten unsere eigene Kavallerie, jagten uns immer und immer wieder Kanonen ab, fegten große Heeresteile unserer Verbündeten vom Schlachtfeld und ritten am Schluss in Würde und ungebrochen vom Feld der Ehre, bereit, sich sogleich erneut ins Getümmel zu werfen, wenn nötig. Lest einmal Gronows „Reminiscences and Recollections", dieses geschwätzige kleine Bändchen in Gelb dort drüben. Es führt uns die damaligen Zeiten deutlich lebendiger vor Augen als jedes Gelehrtenbuch, und man findet dort auch die ritterliche Ehrerbietung, die unsere Offiziere der Leistung der französischen Reiterei entgegen brachten.[316]

Blickt man zurück in die Geschichte, so muss eingestanden werden, dass wir Briten nicht allezeit würdige politische Alliierte abgaben, und auch Seit an Seit mit uns in die Schlacht zu ziehen, war nicht immer leicht. Ein Grund ist in unserer fehlerhaften Politik zu suchen, in der sich die eine Partei darüber freut, wenn das in die Binsen geht, was die andere Partei aufgebaut hat. Vertragspartner mögen zunächst ausreichend verlässlich erscheinen, so wie die Tories unter Pitt und Castlereagh oder die Whigs zu Queen Annes Zeiten, aber früher

Anschluss an das Genre der „Club Tales", es müsse wohl der den Geschichten inhärente Humor gewesen sein, der immer wieder zu einer Verkennung ihrer Qualitäten geführt habe. Dieser paart sich hier in der Tat mit einer Erzählperspektive, die durchaus an spätere Genre-Perlen wie Lord Dunsanys „Jorkens" gemahnt. Es erscheint folgerichtig, die Geschichten als *„Prototypen autobiographischer Literatur im Gewand der Münchhausiade"* (Klauspeter Bungert) zu sehen.

316 Rees Howell Gronow (1794-1865) war ein in Wales geborener Offizier der britischen „Grenadier Guards" zu Zeiten der Napoléonischen Kriege und eine schillernde Figur der Londoner Gesellschaft. Als gebildeter Eton-Absolvent und adretter Dandy machte er zwischen Einsätzen in Spanien und bei Waterloo im legendären Club „Almack's" von sich reden. Er galt als Spieler und exzellenter Tänzer. Später musste er vorübergehend ins Schuldgefängnis und versuchte sich erfolglos an einer parlamentarischen Karriere. Das Altenteil verbrachte er in Paris. Seine vierbändigen Memoiren, die Conan Doyle hier lobt, waren ein Publikumserfolg.

oder später werden diese Bestrebungen vom politischen Gegner unterminiert. Am Ende der Marlborough-Kriege improvisierten wir einen Frieden und ließen unsere Verbündeten aus Gründen eines innenpolitischen Kurswechsels hängen.[317] Ebenso verfuhren wir mit Friedrich dem Großen, und wir hätten es gewiss auch in den Tagen Napoléons getan, wenn Fox die Kontrolle über das Land bekommen hätte.[318] Und was unsere Gefechtspartner auf dem Schlachtfeld anbelangt, so war von uns kaum je ein Lob zu vernehmen in Bezug auf die hervorragende Standfestigkeit der Preußen bei Waterloo. Man muss beim Franzosen Houssaye nachlesen, welch wichtige Rolle sie dort einnahmen.[319] Gedenkt des alten Blüchers, 70-jährig gerade am Vortag von einem gegnerischen Kavallerieregiment überrannt und doch erpicht darauf, seinen Schwur zu halten und Wellington zu Hilfe zu kommen, und wenn man ihn auf seinem Ross hätte festschnallen müssen. Er hielt sein Versprechen auf noble Art.

Die Verluste der Preußen bei Waterloo waren beinahe so hoch wie unsere. Unsere Historiker erzählen uns das nicht. Auch übertreiben sie es mit Schmähungen unserer belgischen Verbündeten. In ihren Reihen fanden sich hervorragende Krieger und eine belgische Infanteriebrigade war gar an der Wendung des Schlachtenglücks maßgeblich beteiligt. Auch das lernt man nicht aus britischen Quellen. Vergesst nicht unsere Verbündeten aus Portugal! Sie waren extrem gut ausgebil-

---

317 Gemeint sind die Kabinettskriege um die spanische Erbfolge zwischen 1701 und 1714, in denen der 1st Duke of Marlborough als Feldherr eine Rolle spielte und durch die er überhaupt erst zu seinem Titel gekommen war.

318 Charles James Fox (1749–1806) war ein radikaler Oppositioneller der Whig-Partei, der gegen die Sklaverei und für das Anliegen der Französischen Revolution argumentierte. Dennoch war er eng mit Edmund Burke befreundet.

319 Armand Lebrun de La Houssaye (1768–1848) war ein Kavallerieoffizier unter Napoléon, der später zum General befördert wurde. Seine militärische Laufbahn endete, als er bei der Schlacht bei Borodino schwer verwundet wurde und daraufhin in russische Kriegsgefangenschaft geriet.

det. Wellington war nicht umsonst erpicht darauf, 1000 Portugiesen für den Feldzug bei Waterloo unter seinen Befehl zu bringen. Der erste Soldat, der den Wall von Badajoz überwand, war ein Portugiese. Sie haben nie die verdiente Anerkennung erhalten, ebensowenig wie die Spanier, die zwar oft geschlagen wurden, deren widerständige Beharrlichkeit aber nichtsdestotrotz eine große Rolle in den Kämpfen spielte. Nein, ich halte uns nicht gerade für bewundernswerte Verbündete, aber ich vermute, die Geschichtsschreibung einer jeden Nation ist derart kritikwürdig.

Es muss eingeräumt werden, dass die Details bei Marbot ab und an nur schwer zu glauben sind. Nirgends in den Werken Levers[320] finden sich derart haarsträubende Ausbrüche und ärgeres Draufgängertum als hier. Bestimmt hat er sich da und dort Freiheiten genommen. Vielleicht erinnert ihr euch an sein Abenteuer bei Preußisch Eylau – ich glaube jedenfalls, dass es dort war – als ihn eine Kanonenkugel am Helm traf und er durch die Erschütterung seiner Wirbelsäule gelähmt wurde? Und wie sein Pferd einmal einem russischen Offizier das Gesicht zerbiss, als dieser ihn attackierte? Das war der berühmte Destrier, der alles und jeden angriff, bis Marbot ihn für kleines Geld erstand und zähmte, indem er ihm ein gekochtes Hammelbein ins Maul stopfte, als das Tier seinen neuen Herrn gerade beißen wollte. Man muss gewiss recht gutgläubig sein, um diese Schilderungen für bare Münze zu nehmen. Und doch ist es anmaßend angesichts hunderter Schlachten und Scharmützel, die ein Offizier in den Napoléonischen Kriegen durchzustehen hatte – die ihm das Kämpfen gleichsam zur ununterbrochenen, alltäglichen Routine werden ließen – zu beurteilen, was innerhalb solcher beispiellosen

320 Charles Lever (1806–1872) war ein irischer Schriftsteller, der für seine lebhaft erzählten Humoresken und Grotesken bekannt war.

Karrieren nun wirklich erlebt wurde und was nicht. So oder so, ob Fakt oder Fiktion – meiner Meinung nach handelt es sich um Fakten, veredelt von künstlerischen Wendungen an den jeweiligen Höhepunkten des Geschilderten; jedenfalls gibt es kaum andere Bücher, auf die ich weniger verzichten könnte, als auf die Memoiren des tapferen Marbot.

Ich halte mich mit diesem Buch auf, weil es das beste seiner Art ist; aber wenn ihr die Reihe weiter abschreitet, so findet ihr keines, das nicht von Interesse wäre. Marbots Perspektive ist die des Offiziers. Das ist ebenso der Fall bei De Segur[321] und De Fezensac und Colonel Gonville, die alle in verschiedenen Einheiten dienten. Aber auch niedere Dienstgrade haben Bücher geschrieben, und die sind zum Teil noch anschaulicher verfasst. Hier habe ich zum Beispiel die Aufzeichnungen des guten alten Cogniet, der als Gardegrenadier diente und der vor dem Krieg weder lesen noch schreiben konnte. Ein härterer Soldat ist nie in den Kampf gezogen. Hier haben wir den fürchterlichen Russland-Bericht von Sergeant Bourgogne[322], und dort den edelmütigen Chevillet, Trompeter der Jäger, der uns einen realitätsnahen Bericht von allem gibt, was er auf den Feldzügen erlebte.[323] Er stellt uns dar, wie das Gefecht selbst bloß ein Teil der alltäglichen Verrichtungen wurde, die ansonsten darin bestanden, ein frugales Frühstück zu bekommen und Lebensmittel für das Abendessen zusammen zu klauben. Ihr findet keine

321 Philippe-Paul de Ségur (1870–1873) war ein Offizier unter Napoléon und zeitweise Mitglied in dessen persönlichem Stab.

322 Gemeint ist Adrien Bourgogne (1785–1867). Seine Memoiren waren unter dem Titel "1812 – Kriegserlebnisse: mit Bildern eines Augenzeugen" zu Beginn des 20. Jahrhunderts auch in Deutschland populär.

323 Jacques Chevillet (1786-1837) war noch sehr jung, als er dem Napoléonischen Heer beitrat. Seine Memoiren tragen entsprechend den Titel „A Boy Soldier in Napoléon's Army".

besseren Schriften zum Thema und keine lockerere Lektüre, als die Aufzeichnungen jener Männer der Tat.

Als Brite muss man sich angesichts solcher Männer überlegen, was wohl geschehen wäre, hätten 150.000 Cogniets und Bourgognes in Kent an Land gehen können, unter der Führung Marbots und des größten Feldherrn aller Zeiten auf dem Höhepunkt seiner geistigen Kräfte. Über Monate ging es hin und her. Ein kleiner Fehler der Flotte hätte eine Bresche im Kanal hinterlassen, und schon hätte der Feind sich von Boulogne aus einschiffen können. Aufgrund der hohen Ausbildungsdisziplin der Franzosen wäre die Invasionsflotte binnen zwei Stunden abfahrbereit gewesen. Die gesamte Streitmacht hätte jederzeit an den Ufern Pevenseys anlanden können. Was dann? Wir wissen, was Humbert mit lediglich einer Handvoll Männer in Irland anrichtete, und diese Geschichte macht einem nicht gerade Mut.[324] Eine Eroberung ist aber selbstverständlich ausgeschlossen. Selbst eine Weltarmee würde dies nicht zustande bringen. Aber Napoléon dachte daran ohnehin nicht, das hat er deutlich gesagt. Was er im Sinn hatte, war ein massiver, großformatiger Überfall, der genügend Schaden anrichten sollte, um das rekonvaleszente England auf Jahre hinaus vom Kontinent fern zu halten.

Portsmouth, Plymouth und Sheerness in Flammen, London entweder in Schutt und Asche oder in Geiselhaft genommen – dies hielt er für einen besser durchführbaren Plan. Sodann hätte er – mit den Flotten des eingenommenen Europa nebst einer gigantischen Armee im Rücken, bei Laune gehalten durch unerschöpfliche Schatztruhen und das britische Lösegeld –

324 Jean Joseph Amable Humbert (1767–1823) war ein französischer Soldat. Er hatte an der Französischen Revolution teilgenommen und führte später eine kleine Streitmacht an, die einer irischen Unabhängigkeitsrevolte unter die Arme greifen sollte. Obgleich der Versuch misslang, steht heute ein Denkmal für Humbert in der irischen Stadt Ballina.

gen Amerika aufbrechen können, um die alten französischen Kolonien zurückzugewinnen und so zum Herrn der Welt aufzusteigen. Und falls er doch gescheitert und sein Waterloo in den South Downs erlebt hätte, so wäre er doch genauso verfahren wie in Ägypten und später in Russland: Er wäre mittels eines schnellen Fluchtvehikels nach Frankreich zurückgeeilt, dabei aber noch immer mächtig genug, um seine Besetzung des Kontinents aufrecht zu erhalten. Gewiss wäre der Einsatz groß gewesen – 150.000 seiner besten Männer – aber im Falle einer Niederlage hätte er genug Ressourcen zurück behalten, um später einen neuerlichen Schachzug ausführen zu können. Im Falle eines Sieges hätte er das Spielbrett leergefegt. Ein ausgezeichnetes Spiel – wenn der kleine Nelson es nicht gestoppt und mit einem Schlag die Grenze von Napoléons Einfluss dort festgelegt hätte, wo das Salzwasser beginnt.

Dort oben auf dem Kabinett steht der Abguss einer Medaille, der euch die Sache noch einmal näher bringen wird. Er wurde von der Pressform jener Medaille genommen, welche Napoléon hatte entwerfen lassen für den Tag, an dem er London erreicht haben würde. Die Medaille zeigt uns, dass Napoléon keineswegs bluffte, sondern es todernst meinte mit seinem Plan. Auf der einen Seite sehen wir seinen Kopf. Auf der anderen Seite ist Frankreich dargestellt, dass gerade eine seltsame Fischkreatur, die für das hinterhältige Albion[325] steht, erwürgt und zu Boden ringt. Der einen Seite ist „*Frappe a Londres*“ eingeprägt, der anderen „*La Descente dans Angleterre*“.[326] Als Erinnerung an eine Eroberung hergestellt, dient es heute als Souvenir in

325 „Albion“ ist eine alte Bezeichnung für Großbritannien.
326 „Geprägt in London“ auf der Vorderseite, „Der Niedergang Englands“ auf der Rückseite.

Gedenken an ein Fiasko. Die Entscheidung darüber jedoch fiel um Haaresbreite.

Wo wir gerade von Napoléons Flucht aus Ägypten sprachen: Habt ihr je von einem merkwürdigen kleinen Büchlein namens, wenn ich mich recht entsinne, „Intercepted Letters" gehört? Nein. Ich selbst besitze keine Ausgabe, aber ein Freund von mir hat das Vergnügen. Hierin wird der schier unglaubliche Hass deutlich, der zum Ende des 18. Jahrhunderts zwischen England und Frankreich herrschte und der bis tief in persönliche Beziehungen hineinreichte. Das Buch entstand, als die britische Regierung einen Postsack aus Ägypten abfing, der gefüllt war mit Briefen französischer Offiziere. Entweder veröffentlichte die Regierung das Buch selbst oder gab zumindest die Erlaubnis dazu, gewiss in der Absicht, innenpolitische Querelen auszulösen.[327] Wurde jemals etwas Verabscheuungswürdigeres getan? Wer weiß, was für Vergeltungsschläge hätten folgen können? Ich habe selbst gesehen, wie die Truppen De Wets[328] ein britisches Postgebäude nebst des Inhalts verheerten; bedenkt, was für einen Sturm er hätte entfachen können, wäre er raffiniert genug gewesen, die Post zu veröffentlichen anstatt sie zu verbrennen.

Was die französischen Offiziere angeht, so habe ich ihre Briefe gelesen, obgleich man selbst nach über einem Jahrhundert noch etwas Schuldbewusstsein dabei verspürt. Sie legen durchaus Zeugnis ab über ihre jeweiligen Autoren und hinterlassen den Eindruck von

327 Mehrere dieser Briefbände wurden zwischen 1798 und 1800 veröffentlicht, übersetzt und verlegt durch den Verleger J. Wright. Die empörten Franzosen reagierten mit einer eigenen Edition, die vermeintliche Übersetzungsfehler der englischen Ausgabe korrigieren sollte.

328 Gemeint ist der Burengeneral Christiaan de Wet (1854–1922). Er kämpfte auch im zweiten Burenkrieg, der zwischen 1899 und 1902 zwischen Großbritannien und den Burenrepubliken Südafrika und dem Oranje-Freistaat ausgefochten wurde. Arthur Conan Doyle erlebte diesen Konflikt als Augenzeuge, als er 1900 für einige Monate ein Hospital in Bloemfontein leitete.

Nobilität und Ritterlichkeit. Die Frage ist bloß, ob sie diese den richtigen Leuten angedeihen ließen, und die Antwort darauf bildet den Giftstachel in dieser arg unbritischen Affäre. Wobei sich auch monströse Vorgänge auf Seiten der Franzosen finden lassen: Man denke nur an 1803, als der Krieg erneut ausbrach und kurzerhand alle britischen Touristen und Kaufleute verhaftet wurden, die sich damals zufällig gerade in Frankreich aufhielten. Sie waren vertrauensvoll und guten Mutes hinüber gefahren, um einen Tapetenwechsel zu genießen und sich frischen Wind um die Nase wehen zu lassen. In gewissem Sinne haben sie das auch bekommen, da Napoléons stählerner Griff sie umklammerte. Erst 1814 konnten sie zu ihren Familien zurückkehren. Der Franzosenkaiser muss ein Herz aus Stein und einen Willen aus Eisen besessen haben. Schaut euch an, wie er mit auf See gemachten Gefangenen umsprang. Es wäre normal gewesen, einen Austausch anzustreben. Aus irgendeinem Grund war er aber nicht dieser Ansicht. Alle Angebote der britischen Regierung wurden, bis auf einige höhere Offiziere, ausgeschlagen. So kam es zu der elendigen Situation der Wracks und der schrecklichen Gefängnisbarracken in England. So waren die Unglücklichen in Verdun zum Müßiggang gezwungen. Was für eine Loyalität diese bescheidenen Franzosen an den Tag legten, dass sie sich nie auch nur ein böses Wort gestatteten über den Mann, der sie in Gefangenschaft versauern ließ. Eine lebensnahe Beschreibung von ihrer Lage gibt uns Borrow in „Lavengro“. Ich meine folgenden Abschnitt:

> *Wie kurios diese mächtigen Kasernen wirkten, mit ihren kahlen Mauern ohne Fenster oder Gitter, mit ihren windschiefen Dächern, wo grimmige Gesichter aus Lücken in der Ziegeldeckung lunzten, um ihre vom*

*Knast stumpfen Augen an der sich weit unter ihnen erstreckenden Landschaft zu ergötzen. Ah! Es gab viel Elend in diesen Gefangenenkasernen, und von den Dächern richtete sich gewiss so mancher Blick gen Frankreich. Die armen Insassen hatten viel zu erdulden und viel zu beklagen, was zur Schande Englands hier gesagt werden soll – von England, das im Allgemeinen so freundlich und mildtätig auftritt. Das Fleisch war aasig und vom Brot habe ich selbst die Hunde sich abwenden sehen. Solchen Fraß hätte man nicht seinem ärgsten Feind serviert, selbst dann nicht, wenn man ihn hilf- und schutzlos vorgefunden hätte. Aber ach! Genau so war es um die Verpflegung der Insassen bestellt. Und dann diese Besuche, die man eher skrupellose Übergriffe nennen müsste. In der lokalen Umgangssprache nannte man sie „Strohjagden“, denn es ging um Schleichwaren, die von den Gefangenen aus dem Bedürfnis nach etwas Komfort heraus hergestellt und unter der Hand feilgeboten wurden. Da marschierte dann ein ganzes Bataillon Rotröcke mit aufgepflanztem Bajonett in die Kasernen und richtete heilloses Chaos an, um den Gefangenen den Aufenthalt so ungemütlich wie möglich zu machen. Im Anschluss verbrannte man dann die Strohflechtarbeiten mit großem Hurra vor den Blicken der aus den Kasernen äugenden Insassen, die ihrerseits versuchten, die jubelnden Engländer mit Flüchen und Rufen wie „Vive l'Empereur!“ zu übertönen.*[329]

Da haben wir eine kleine Vignette von Napoléons Männern in englischer Gefangenschaft. Hier haben wir eine weitere, die von der Verwundung auf dem Schlachtfeld berichtet. Sie stammt aus Mercers Erinnerungen an die Schlacht bei Waterloo. Mercer hatte von seiner Stellung aus Kugel um Kugel in die französische Reiterei gefeu-

329 Die zitierte Szene ist in der deutschen Übersetzung von Fritz Güttinger nicht enthalten.

ert, die zwischen 50 und 200 Meter von ihm entfernt war, während er selbst etwa zwei Drittel seiner Geschütztruppen im Laufe des Kampfes verlor. Am späten Nachmittag bekam er Gelegenheit, das Ergebnis seines grausigen Handwerks in Augenschein zu nehmen:

> *Ich hatte mir gerade einen Überblick über die Lage in der Hougoumont-Stellung verschafft und lenkte meine Schritte zurück den Hügel hinauf, als eine Gruppe verwundeter Franzosen meine Aufmerksamkeit erregte, die gerade einer ruhigen und würdevollen Ansprache von einem der ihren lauschten. Ich bin nicht Livy und kann meinem Helden entsprechend keine leidenschaftliche Brandrede in den Mund legen, ebensowenig, wie ich mich an den genauen Wortlaut erinnern kann. Im Wesentlichen ging es dem Redner darum, seine Kameraden zur Tapferkeit zu mahnen; er trichterte ihnen ein, nicht zu murren und zu klagen wie Frauen oder Kinder, da er meinte, jeder Soldat müsse der Gefahren des Krieges gewahr sein. Vor allem anderen aber erinnerte er sich an die Tatsache, dass sie von Engländern umzingelt seien, vor dessen Augen und Ohren sie besonders umsichtig sein sollten, um sich nicht zu entehren durch solch unsoldatisches Gebaren.*
>
> *Der Redner saß schlicht auf dem Boden und hatte seine Lanze neben sich in den Boden gerammt – er war ein alter Veteran mit buschigem Bärenbart und der Haltung eines Löwen – ein Lancier der Alten Garde, der zweifellos auf vielen Schlachtfeldern gekämpft hatte. Eine Hand unterstrich seine Rede mit Gesten, die er in die Luft beschrieb, die andere lag neben ihm auf der Erde, denn sie war am Handgelenk abtrennt worden; er hatte einen Körpertreffer abbekommen, und eines seiner Beine schien gebrochen. So übel hatte ihn der Kampf zugerichtet und sein Leid muss groß gewesen sein; und dennoch ließ er sich*

> *nichts dergleichen anmerken. Er wirkte wie ein Römer oder vielleicht auch wie ein indianischer Krieger, und ich hörte, wie er seine Ansprache in angemessener Form beschloss, indem er den mexikanischen König zitierte: „Und ich? Bin ich denn auf Rosen gebettet?“*[330]

Welches Verantwortungsbewusstsein dieser Mann besaß! Sein Geist blieb unempfindlich gegenüber der moralischen Last, die er in diesem Moment auf sich nahm. Er wäre sonst gewiss daran zerbrochen. Nun, wenn ihr den Charakter Napoléons verstehen wollt – aber ich muss anders anfangen, wenn wir zu einem solch bedeutenden Thema voran schreiten.

Bevor ich die Männer des Militärs hinter mir lasse, muss ich noch in Fürsprache für mein Land treten. Lasst mich eure Aufmerksamkeit also von diesem berüchtigten Vorfall mit den abgefangenen Briefen auf diese zerlesene sechsbändige Ausgabe von Napiers „History“ lenken. Dies ist die Geschichte des großen napoléonischen Krieges auf der iberischen Halbinsel, erzählt von einem, der ihn selbst durchkämpfte, und keine Geschichtsdarstellung hat jemals ein ritterlicheres und männlicheres Bild des Feindes gegeben.[331] Tatsächlich scheint Napier es etwas zu weit zu treiben, wenn sich seine Bewunderung für die tapferen Soldaten des Feindes bis auf ihre Anführer und deren Zielsetzungen ausdehnt. Politisch war er ein Anhänger von Charles James Fox, und sein Herz schien selbst in jenen Momenten beim Feind zu sein, in welchen er seine Truppen zu verzweifelten Attacken führte. Das Urteil

330 Das Zitat stammt aus dem Kriegsjournal des britischen Artillerieoffiziers Cavalié Mercer (1783-1868).

331 William Francis Patrick Napier (1785–1860) war ein hochrangiger britischer Militär und politischer Amtsträger. Durch seine sechsbändige Darstellung „History of the War in the Peninsula and in the South of France from the Year 1807 to the Year 1814” und andere historische Werke trat er auch als Militärliterat hervor.

der Geschichte nennt jemanden einen Narren, wenn er sich aus einem ehrlichen Freiheitseifer heraus und entflammt durch politischen Streit gegen sein eigenes Land wendet und einem Militärdespoten zujubelt, wo doch in Wahrheit sein eigenes Land der Vorkämpfer der Freiheit war.

Napiers politische Einstellung mag seltsam gewesen sein, sein soldatischer Einsatz jedoch ist untadelig und seine Prosa gehört zum Besten, was ich kenne. Seine Bücher enthalten Schilderungen, die sich im Kopf des Lesers festsetzen – wie jene, die von der Bresche von Badajoz berichtet, oder die vom Angriff der Füsiliere bei La Albuera, oder die Stelle, wo die französischen Truppen auf Fuentes de Oñoro vorrücken. Das Buch stellt ein würdiges Nationalepos dar. Es schließt mit einem bedeutungsvollen Satz: *„So endete der große Krieg, und mit ihm alle Erinnerung an den Dienst seiner Veteranen*“. Hat es jemals einen britischen Krieg gegeben, für den dies nicht galt?

Das Mercer-Zitat bringt mich darauf, dass es auch britische Militärerinnerungen aus jener Epoche gibt, wenn auch weniger an der Zahl, weniger abwechslungsreich und von weniger zentralen Gestalten der Geschehnisse verfasst. Dennoch sind sie in ihrer Eigenart von hohem Interesse. Ich habe festgestellt, dass ich, wenn ich in einer Bibliothek freie Auswahl erhalte und dort eine halbe Stunde stöbere, im Regelfall die Memoiren eines Soldaten aussuche. Der Mensch ist am interessantesten, wenn er in ernste Lagen gerät und welche Lage wäre ernster, als die Bedrohung des Lebens? Jedoch ist von allen soldatischen Typen der zu bevorzugen, welcher zwar mit Eifer ans Werk geht, dabei jedoch kultiviert genug ist, seine Tätigkeit in einem Gesamtzusammenhang betrachten zu können und der infolgedessen auch den vornehmeren Bestrebungen der Menschheit zugewandt ist. Mercer ist solch ein Mann, ein eiskalter Krieger mit einem Sinn für Disziplin und Anstand, was ihn von der Flucht abhält, wenn ihm die Schrapnelle um die Ohren fliegen, und doch ist er auch ein Mann von gedankenvollem Temperament und philosophischem Blick mit einer Schwäche für einsames Nachsinnen, für kleine Kinder und für Blumen. Er hat die klassische Kriegsschilderung überhaupt vorgelegt, verfasst aus der Sicht eines Geschütztruppenkommandeurs. Viele von Wellingtons Soldaten schrieben persönliche Reminiszenzen. Ihr könnt sie in zusammengefasster Form in diesem Band hier finden, in „Wellington's Man" (löblich ediert von Dr. Fitchett) – Anton, der Highlander, Schütze Harris und Grenadier Kincaid, die alle im selben Korps dienten. Es scheint eine einzigartige Entwicklung gewesen zu sein, die einen nonkonformistischen Geistlichen aus Australien zu einem derartigen Verehrer dieser alten Helden machte, dass er ihre Schicksale in eloquenter Form zu bewahren verstand; aber dieses Faktum gibt ebenso ein nobles Beispiel von der Einheit des britischen Volkes. Es ist auf fünfzig verschiedene Länder verteilt und dennoch beweint und bejubelt es allerorten dieselben historischen Leistungen.[332]

Bevor ich diese viel zu lange und weitschweifig geratene Plauderei beende, muss ich noch ein Wort zu den beiden roten Bänden sagen, die das Regal dort drüben flankieren. Es handelt sich um Maxwells „History of Wellington", und ich glaube nicht, dass ihr zu diesem Thema eine hochwertigere und besser lesbare Darstellung finden könnt.[333] Der Leser kann hier nachfüh-

332 William Henry Fitchett (1841–1928) war ein methodistischer Journalist aus Australien. Er gab einige Zeit den „Daily Telegraph" in Melbourne heraus und engagierte sich im Bildungswesen. Er schrieb und edierte diverse historische Werke.

333 Sir Herbert Maxwell, 7th Baronet (1845–1937) war ein schottischer Militär und konservativer Politiker, der sich auch einen Ruf als Autor von historischen Sachbü-

len, was diejenigen empfunden haben müssen, die von diesen großen Soldaten in die Schlacht geführt wurden. Zwar spürt man weniger Zuneigung denn Respekt, allerdings war es auch nicht das erklärte Ziel des Autors, eine solch warme Emotion hervorzurufen. „*Seien Sie kein verdammter Narr, Sir!*“, lautete Maxwells Mahnruf an einen Bürgersmann, der ihm ein Kompliment zu machen versuchte. Er war eine seltsam kaltschnäuzige Natur, brüsk und von limitierter Weltsicht. Der härteste Waidmann lernt seinen Hund lieben, er aber entwickelte keinerlei Zuneigung für die Männer aus seinen Schilderungen. „*Sie sind der Abschaum der Erde*“, meinte er. „*Alle Engländer lassen sich bloß anwerben, um saufen zu können. Das ist ein einfacher Fakt – sie treten ins Militär ein für Alkohol*“. Seine Dekrete waren voller ungerechtfertigter Vorwürfe zu einer Zeit, als selbst überschwängliches Lob kaum ausgereicht hätte, um die Verdienste seiner Armee angemessen zu preisen. Wenn gerade Frieden herrschte, gab er sich kaum mit seinen alten Kameraden ab. Und dennoch würden ihn alle, vom Major-General bis zum niedrigsten Trommelburschen, erneut zu ihrem Anführer erkoren haben, sollte erneut ein Krieg auszubrechen drohen. Einer von ihnen sagte: „*Der Anblick seiner langen Nase wog 10.000 Männer auf dem Schlachtfeld auf*“. Die Soldaten waren selbst zäh wie Leder und machten sich keine Gedanken über vornehme Höflichkeiten, solange sie die Franzosen anständig verprügeln konnten.

Maxwells Geist, so umfassend ausgebildet und auf Draht er auch in Kriegszeiten war, taugte überhaupt nicht für die Angelegenheiten des zivilen Lebens. Zwar gab er als Staatsmann ein beständiges Beispiel für

chern, Biographien und Essays sowie einigen Romanen erwarb. Daneben war er bekannt als guter Gartenkenner und herausragender Lachsfischer.

Pflichtbewusstsein, Selbstaufopferung und uneigennützigen Charakter, sodass bereits seine bloße Präsenz der Nation zugute kam. Jedoch stemmte er sich mit Vehemenz gegen die Katholikenemanzipation[334], gegen die Wahlrechtsreform[335] und überhaupt gegen alles, was unser modernes Leben heute ausmacht. Es konnte ihm nie begreiflich gemacht werden, dass eine Pyramide nicht auf der Spitze steht und dass ein großes Bauwerk ein massives Fundament benötigt. Selbst in Militärangelegenheiten verweigerte er sich jeglicher Neuerung, und ich kann mich an keine Verbesserungen erinnern, die unter seiner Ägide entstanden wären. Das Auspeitschen als Strafe, um Geist und Selbstachtung eines Mannes zu brechen, der lederne Kragen, der dem Soldaten die Bewegung erschwerte – all diese althergebrachten Dinge fanden in ihm einen Fürsprecher. Er sprach sich gegen die Einführung von Gewehren mit Zündhütchen aus, da er die alten Musketen mit ihrem Steinschlossmechanismus präferierte. Weder in Kriegsdingen noch in der Politik konnte Maxwell in die Zukunft blicken.

Umso erstaunter ist man, wenn man seine Briefe und Depeschen liest und darin so manches Mal prägnante, energisch ausgedrückte Gedanken findet. Ich denke an eine Stelle, an welcher er beschreibt, wie einige seiner

334 Der Begriff bezeichnet die sukzessive Öffnung von Ämtern und politischen Positionen für Menschen katholischen Glaubens ebenso wie das schrittweise zugestandene Recht auf Bekenntnisfreiheit. Dieser Emanzipationsvorgang vollzog sich in England vom späten 18. bis ins späte 19. Jahrhundert, oft begleitet von politischem oder anderweitigem Widerstand.

335 Das englische Wahlrecht erfuhr im 19. Jahrhundert mehrere Reformen. Hier ist der „Representation of the People Act“ von 1884 gemeint, vorangetrieben vom damaligen Premierminister William E. Gladstone. Die Reform billigte nun auch Landarbeitern das Wahlrecht zu und regelte den Akt der Stimmabgabe an sich in einigen Belangen zu Gunsten kleinerer Vermögen neu. Jedoch war hiermit noch immer kein allgemeines Stimmrecht erreicht, da Frauen sowie etwa 40% der männlichen Bevölkerung weiterhin ausgeschlossen waren.

Soldaten desertierten, um sich in eine Stadt zu schleichen, die sie eigentlich gerade belagerten.

> *„Sie wussten“, schreibt Maxwell, „dass die Stadt genommen werden musste, denn wenn wir verdammt nochmal Hand anlegen, dann fällt der Ort früher oder später an uns; aber sie mochten es, sich kühl zu geben und im Geheimen zu agieren, aus einer kapriziösen Laune heraus, die dem englischen Charakter von jeher zu eigen ist! Unsere Deserteure wurden vom Feind stets sehr schlecht behandelt; die Franzosen sprangen mit ihnen um, als wären sie der Abschaum der Spezies, Sklaven oder Lumpensammler. Nur die englische Abenteuerlust kann solch ein Verhalten erklären; jene Laune, aus der heraus sich unsere Adligen mit Droschkenkutschern abgeben und am Ende selbst auf dem Bock sitzen“.*

Wenn man diese Passage einmal gelesen hat, kann man nicht anders, als an Maxwells *„außergewöhnlich kapriziöse Laune des englischen Charakters“* zu denken, wenn man mal wieder eines neuen Beispiels dieser Eigenschaft ansichtig wird.

Aber mein letztes Wort über den großen Duke an dieser Stelle soll nicht aus Krittelei bestehen. Lasst mich euch lieber mit meinem Abschluss-Satz sein frugales Abstinenzlerdasein ins Gedächtnis rufen, seine schmucklose Behausung und sein Feldbett, seine ausgesuchte Höflichkeit, die keinen Brief unbeantwortet ließ, seine nie geschrumpfte Courage, seine Beharrlichkeit, die niemals ins Wanken geriet, seinen Sinn für Pflichterfüllung, die sein Leben zu einer einzigen selbstlosen Anstrengung für all jenes werden ließ, welches er als Staatsinteresse auszumachen meinte. Lenkt eure Schritte einmal in die Krypta von St. Paul’s und verweilt an dem riesigen Granitsarg, der dort im dimmen

Licht an strengem Orte steht, und richtet eure Gedanken auf die Vergangenheit, als das kleine England standfest den besten Soldaten und den größten Armeen der Welt trotzte. Dann werdet ihr gewiss spüren, für was dieser tote Mann einstand, und ihr werdet beten, dass wir einen wie ihn erneut in unseren Reihen finden, wenn sich am Horizont einmal mehr ein Sturm zusammenbraut.

Wie ihr seht, sind Bücher über Waterloo in meiner kleinen Militärbibliothek reichlich vorhanden. Aus all den Werken, die sich aus einem ganz persönlichen Blickwinkel heraus mit den Vorgängen beschäftigen, halte ich „Siborne's Letters“ für das Interessanteste. Hierbei handelt es sich um eine Sammlung kurzer Erzählungen überlebender Offiziere, von Siborne 1827 herausgegeben.[336] Gronows Bericht ist ebenfalls sehr lebendig und interessant. In Sachen Militärstrategie ist Houssaye mein Favorit. Da es aus Sicht der Franzosen geschrieben wurde, vollzieht es die Handlungen der Alliierten exakter nach, als jede englische oder deutsche Schilderung es vermöchte.[337] Aber diese große Schlacht ist ohnehin von derartiger Faszination, dass alle Berichte und Schilderungen, die sich mit ihr befassen, packend sind.

336 William Siborne (1797–1849) war ein britischer Offizier, der 1815 in Wellingtons Besatzungsarmee diente. Als Militärhistoriker machte er sich einen Namen, indem er britische und alliierte Offiziere anschrieb und sie um eine Schilderung ihres Einsatzes bei Waterloo bat. Er trug so eine der größten Sammlungen von Primärquellen zusammen, sie wird heute in der British Library in London verwahrt. Siborne nutzte das Material, um neben der Herausgabe der Briefe noch eine eigene historische Darstellung zu verfassen. Obgleich es immer wieder Kontroversen um und Kritik an Sibornes Arbeit gegeben hat, war das Projekt von allgemeinem Erfolg gekrönt.

337 Henry Houssaye (1848–1911) war ein französischer Historiker. Er diente selbst im deutsch-französischen Krieg von 1870/71 und veröffentlichte ein vierbändiges Geschichtswerk über Napoléon in den Jahren 1814 und 1815. Es gilt aufgrund der breiten Quellenlage als fundiert und erfreute sich durch seinen zugänglichen Stil auch beim Publikum hoher Beliebtheit.

Wellington bemerkte stets, dass zu viel Gewese um Waterloo gemacht werde. Ihm kam es vor, als habe die britische Armee zuvor noch nie eine Schlacht geschlagen. Gleichwohl seine Ansprache einige bezeichnende Aussagen enthält, so muss doch eingestanden werden, dass die britische Armee zuvor seit Jahrhunderten in keine Schlacht mehr gezogen war, die für den Ausgang eines großen europäischen Krieges von Relevanz gewesen wäre. Dass hier ein sich hinziehendes Drama einen fulminanten Abschluss fand, bei dem bis zuletzt niemand wusste, zu wessen Gunsten der Vorhang fallen würde, macht den anhaltenden Reiz Waterloos aus. „*Das engste Kopf-an-Kopf-Rennen aller Zeiten*“, hieß es damals auf Seiten der Sieger. Es ist schon einzigartig, dass in diesen 25 Jahren der unablässigen Kriegsführung kaum Fortschritte im Bereich der Kampfmittel erzielt wurden. Soweit ich weiß, gab es hinsichtlich Technik und Methoden kaum Entwicklungen in den Jahren zwischen 1789 und 1805. Der Hinterlader, schwere Artillerie, das Panzerschiff – alle großen Errungenschaften der Kriegstechnologie wurden in Friedenszeiten entwickelt. Bei einigen Neuheiten ist der Wert so offenkundig, dass man sich verblüfft fragt, warum sie nicht sogleich militärisch genutzt wurden. Signalgebung zum Beispiel, ob es sich jetzt um Heliographie oder Flaggenschwenken handelt, würde doch einen enormen Vorteil für Napoléons Feldzüge bedeutet haben. Das Prinzip des Flaggensignals war gut bekannt, sodass Belgien mit seinen zahlreichen Windmühlen dafür wie geschaffen zu sein schien.

Jedoch drohte die militärische Strategie beider Parteien im Laufe des Kampfgeschehens mehrmals fehlzuschlagen und so geschah es dann ja auch auf Seiten der Franzosen aufgrund mangelhafter Informationslage.

Dabei wäre Aufklärung über die Lage des Gegners recht einfach zu erlangen gewesen. Am 18. Juni war über den Tag immer wieder die Sonne durchgebrochen – ein Glasspiegel, etwa 4 Inch hoch[338], hätte für Napoléon ausgereicht, um sich mit Grouchy[339] in Verbindung zu setzen – und die Geschichte Europas wäre anders verlaufen. Wellington litt selbst unter schlechter Informationslage, und auch hier hätte das Problem mit einfachen Mitteln behoben werden können. Das unerwartete Auftauchen der französischen Truppen wurde zuerst in der Frühe des 15. Juni vermeldet. Es war von enormer Bedeutung, diese Meldung nun so schnell wie möglich zu Wellington nach Brüssel zu bringen, damit dieser seine versprengten Truppen an jenem Ort sammeln könnte, der sich für den Widerstand gegen die Franzosen am besten eignete – und dennoch schickte man lediglich einen einzigen Boten los, sodass der 30 Meilen entfernt sich aufhaltende Wellington diese kriegsentscheidende Information erst gegen drei Uhr am Nachmittag erhielt. Am 16. Juni wiederum war es von enormer Bedeutung, Wellington sofort über die Niederlage Blüchers bei Ligny in Kenntnis zu setzen, damit er verhindern konnte, dass die Franzosen einen Keil zwischen unsere Truppen und unsere Alliierten trieben. Aber auch hier schickten die Preußen bloß einen einzigen Offizier mit der Botschaft los, und als dieser auf dem Weg verwundet wurde, erreichte die Nachricht niemals ihren Empfänger, sodass Wellington erst am darauffolgenden Tage von den weiteren Plänen der Preußen erfuhr. Auf was für Dinge es in der Geschichte immer wieder ankommt!

338 Entspricht dem deutschen „Zoll". 1 Inch = 2,54 cm.

339 Emmanuel de Grouchy (1766-1847) war ein französischer General. Er entstammte dem Hochadel und war der letzte von Napoléon ernannte Reichsmarschall. Eine militärische Fehlentscheidung zur Platzierung seiner Truppen gilt als relevanter Faktor für die Niederlage Napoléons bei Waterloo.

# IX

Das Nachsinnen über mein kleines, aber feines Regiment französischer Militärmemoiren hat mich nun zu Napoléon gebracht. Wie ihr seht, besitze ich auch über den Mann selbst eine anständige Anzahl an Werken. Da haben wir Scotts Biographie, die nicht gänzlich gelungen ist. Die Sache ist zu spekulativ geraten, einer kunstfertigen Feder wie der seinen unwürdig. Aber hier haben wie die drei Bände des Arztes Bourrienne – jener Bourrienne, der Napoléon so gut kannte.[340] Wer als sein Doktor weiß besser über einen Mann Bescheid? Die Memoiren sind exzellent geschrieben und bewundernswert gut übersetzt. Gleiches gilt für Méneval – der geduldige Méneval –, der stundenlang Napoléons in normaler Geschwindigkeit gesprochenes Diktat aufnahm und von dem doch stets Lesbarkeit und Fehlerlosigkeit erwartet wurde.[341] Für die Lesbarkeit

340 Louis Antoine Fauvelet de Bourrienne (1769–1834) war ein französischer Diplomat. Er besuchte gemeinsam mit Napoléon die Kadettenschule und nutzte diese Bekanntschaft später, um sich einen Posten als Privatsekretär zu sichern, wobei die von ihm selbst später behauptete „enge Freundschaft" zum Regenten nicht weiter belegt ist. Entgegen der Zuschreibung Conan Doyles war Bourrienne kein Doktor der Medizin. Seine Memoiren werden nicht als belastbare Quelle betrachtet und blieben schon vormals nicht ohne Kontroverse, erfreuten sich jedoch aufgrund ihrer Schreibweise immer auch einiger Beliebtheit (etwa bei Goethe, der für die mehrbändige Edition in einem Brief lobende Worte fand).

341 Claude François de Méneval (1778–1850) war ein Privatsekretär Napoléons. Er gilt als engster Vertrauter seines Dienstherrn zwischen 1802 und 1813. Napoléon bedachte ihn in seinem Testament mit lobenden Worten und einer höheren Hinterlassenschaft.

der Mitschrift konnte der Meister seinen Diener wahrlich nicht kritisieren, denn ist es nicht überliefert, dass der Präsident des Senats – als Napoleon diesem einen eigenhändigen Bericht über ein Gefecht vorlegte – dachte, es handele sich um eine gezeichnete Karte der Schlacht? Méneval überlebte seinen Herrn und hinterließ uns eine exzellente und intime Darstellung von diesem. Da haben wir Constants Bericht, von jenem Standpunkt aus verfasst, der anerkennt, dass kein Mann ein Held ist.[342] Jedoch ist von all den Darstellungen, die ein lebendig-schreckliches Bild Napoléons zu zeichnen wissen, eine so gespenstisch und packend wie keine andere, obgleich sie sich gar nicht speziell mit diesem beschäftigt. Ich meine Taines Darstellung im ersten Band von „Les Origines de la France Contemporaine“.[343] Einmal gelesen, kann man diese Schilderung nicht mehr vergessen. Taine generiert einen wundervollen und für mich gänzlich neuartigen Effekt. So spricht er zum Beispiel nicht einfach in kruden Worten jene Durchtriebenheit Napoléons an, die an das mittelalterliche Italien gemahnt. Nein, er zeigt uns eine ganze Reihe an Dokumenten und eine Abfolge verschiedener belegter Vorgänge aus der damaligen Zeit, um die Validität seiner Aussage nachzuweisen. Wenn er dann dergestalt diesen einen Aspekt von Napoléons Charakter Stück für Stück dem Leser eingebläut hat, geht er zu anderen charakterlichen Seiten über, wie der kaltherzigen Verliebtheit, der Arbeitskraft oder der Starrsinnigkeit, die der eines verwöhnten Kindes glich. Für alle Aspekte gibt er uns Beispiele. So weist er nicht einfach bloß auf das phantastische Gedächtnis des Kaisers hin,

342 Louis Constant Wairy (1778–1845) war ein Diener Napoléons.

343 Hippolyte Taine (1828–1893) war ein bedeutender französischer Historiker und Philosoph. Seine Studie zu Napoléon gilt als ein wichtiges und für Taines geschichtsphilosophische Methode exemplarisches Werk.

sondern illustriert diesen Fakt anhand der Schilderung eines Treffens zwischen Napoleon und dem Planer der Artillerie. Dieser legte seinem Feldherrn eine Liste aller Geschützstellungen in Frankreich vor. Als Napoléon die Liste durchgegangen war, bemerkte er: „*Gut, aber ihr habt zwei Geschütze in der Nähe von Dieppe vergessen aufzulisten*“. In dieser Art arbeitet Taine den Mann mit seiner Tinte heraus wie ein Künstler die Gegenstandsumrisse auf einer Radierung. Man hat am Schluss den Eindruck einer traumhaften Figur, der Gestalt eines Erzengels, wobei es sich gewiss um einen Erzengel der Finsternis handelt.[344]

Wir werden Taines Methode folgen und die Fakten für sich selbst sprechen lassen. In einem Anhang zu seinem Testament bedachte Napoléon einen Mann, der einmal versucht hatte, Wellington zu ermorden. Da ist das mittelalterlich-italienische Wesen wieder! Er war bloß insoweit Korse, als ein in Indien geborener Engländer Hindu ist. Lest einmal etwas über das Leben der Borgias, der Sforzas und der Medicis und all der anderen wollüstigen, grausamen Despoten der italienischen Kleinstaaten, die von freimütiger Gesinnung waren, die Kunst liebten und selbst allerlei Talente besaßen. Ich spreche dabei auch von Genua, von wo aus die Familie Buonaparte emigrierte. Lest davon, und ihr erkennt sogleich die wahre Herkunft des Mannes. Er trägt ihre Erkennungszeichen wie Stigmata – äußerlich kühl und scheinbar indifferent, innerlich dabei vor Leidenschaft

344 Auf Conan Doyles zwar bewundernde, aber nicht ohne Unschlüssigkeit bleibende Haltung zu Napoléon wurde bereits hingewiesen. Ebenso ambivalent war die Haltung zum Franzosenkaiser bereits bei britischstämmigen Zeitgenossen. Wo der große Essayist William Hazlitt für Napoléon entflammt war, hatte der romantische Dichter William Wordsworth nur Verachtung für ihn übrig. In seiner Autobiographie zeigt sich Conan Doyle sehr zufrieden mit der Darstellung Napoléons in „Uncle Bernac“ (1896), dem einzigen Roman um den Husaren Brigadier Gerard – eine literarische Leistung, die ihm einige Mühe abverlangte, wie Conan Doyle seiner Mutter kurz vor der Veröffentlichung brieflich mitteilte.

brodelnd, wie eine dünne Schneeschicht auf einem Vulkan. All dies charakterisiert die alten Tyrannen seines Herkunftslandes treffend, die Schüler von Machiavelli, die selbst allesamt zu Genies empor wuchsen. Man mag Napoléon schönfärben wie man mag, aber man wird niemals eine ausreichend dicke Farbschicht auftragen können, um die Befleckung durch die Morde zu übertünchen, die er an seinen Gegenspielern aus dem französischen Adelsstand in Auftrag gab.

Hier habe ich ein weiteres Buch, das ein außerordentlich kräftiges Bild Napoléons entwirft – die Memoiren der Madame de Rémusat.[345] Sie kam am Hofe täglich mit dem Kaiser in Berührung und sie studierte ihn eingehend mit den schnellen, kritischen Blicken einer cleveren Frau. Die unbestechlichsten Augen überhaupt sind die einer Frau, sofern sie nicht blind sind vor Liebe. Wenn ihr dieses Buch gelesen habt, dann meint ihr, ihr hättet Napoléon selbst getroffen und persönlich mit ihm konversiert. In ihm vereinten sich auf einzigartige Weise Größe und Schwäche, er verfügte über rauschhafte, weitschweifige Phantasie und gleichsam über lediglich begrenzte Bildung, er war ein Egoist bis ins Mark; Hürden jeglicher Art ließen ihn krankhaft ungeduldig werden, er war ein Flegel und Frauen gegenüber ein impertinenter Grobian, er liebte es, die schwachen Seiten eines Menschen zu ergründen und sie für seine Zwecke spielerisch zu nutzen – all dies fängt Madame de Rémusat auf derart markante Weise

345 Claire Élisabeth Jeanne Gravier de Vergennes, comtesse de Rémusat (1780–1821) war eine führende Hofdame der Ehefrau Napoléons. Ihr Ehemann war Kammerherr des Kaisers. Sie verkehrte regelmäßig bei Hofe und unterhielt einen gutbesuchten Salon. Legendär ist eine Schachpartie zwischen Napoléon und ihr, die Eingang in die Fachliteratur gefunden hat. Ihre Memoiren blieben aufgrund des frühen Todes unvollendet, gelten aber – gemeinsam mit ihren Briefen – als lebendige Darstellung des höfischen Lebens unter Napoléon I.

ein, dass ihr Buch zu den eindrucksvollsten historischen Portraits gehört.

Die meisten meiner Napoléon-Bücher handeln von seiner Größe, aber wie ihr sehen könnt, stehen hier auch drei Bände, die sich mit seinen ermüdenden Jahren auf St. Helena beschäftigten. Wer kann sich das Mitleid verkneifen angesichts dieses Adlers, der zu einer Möwe degradiert wurde? Und dennoch ist dies der Einsatz, den man für die Teilnahme am Großen Spiel riskieren muss. Derselbe Mann hat einmal einen Herzog in einem Graben erschossen, da dieser seinem Aufstieg zur Spitze der Macht gefährlich wurde. Stellte er nicht später selbst die Position eines jeden europäischen Machthabers in Frage? Warum die harte Verbannung nach St. Helena, fragt ihr? Erinnert euch, dass man ihn zuvor bereits einmal ins Exil verstieß, aber in milderer Form, und dass er von dort entkam. Die erstmalige Nachsicht kostete im Nachgang das Leben von 50.000 Mann. All dies aber ist heute vergessen, geblieben ist dagegen das pathetische Bild des modernen Prometheus, der an seinen Feld gekettet den Geiern zur Beute dient, während er seinen verbitterten Gedanken nachhängt. Es ist immer einfacher, den Gefühlen zu folgen als der Vernunft, besonders dann, wenn Großmut wohlfeil ist und man seine Generosität nicht mit eigenen Erfahrungen aus erster Hand konfrontieren braucht. Die Vernunft jedoch muss weiterhin darauf beharren, dass Europa nicht rachsüchtig mit Napoléon verfuhr und dass Hudson Lowe als Mann anzusehen ist, der sich redlich bemühte, dem ihm durch sein Land entgegengebrachten Vertrauen gerecht zu werden.[346]

Gewiss war sein Posten keiner, um den ein jeder sich gerissen hätte. Er hätte seine Pflichten auch ent-

346 Hudson Lowe (1769–1844) war ein britischer General, der als Gouverneur der Insel St. Helena für die Bewachung des dorthin exilierten Napoléon verantwortlich war.

spannt und mit Laxheit erfüllen können. Aber das hätte Napoléon möglicherweise die Chance auf eine zweite Flucht gegeben. Da er dienstbeflissen und strikt agierte, setzte er sich der Gefahr aus, als ein engstirniger Tyrann zu gelten. „*Ich bin froh, wenn du Wache hast*“, sagte Lowes General während eines Feldzuges zu ihm, „*denn dann weiß ich, dass ich ruhig schlafen kann*“. Er war der Wachhabende auf St. Helena und da er treu seine Pflicht erfüllte, konnte Europa (Frankreich eingeschlossen) sich beruhigt zu Bett begeben. Aber er zahlte dafür mit seiner Reputation. Der größte Ränkeschmied der Welt, den er dort bewachte, hatte nichts weiter zu tun und lenkte seine Energien also allein darauf, seinen Wächter zu verleumden. Es ist nur natürlich, dass jener, welcher nie eine Kontrollinstanz über sich anerkannt hatte, dies auch in einer solchen Situation nicht tat. Natürlich nahmen sentimentale Gemüter die Perspektive des ehemaligen Kaiser an und dachten über die Details der Situation nicht weiter nach. Besonders beklagenswert ist jedoch, dass unser eigenes Volk sich von den einseitigen Darstellungen irreführen ließ und in der Folge einen Mann den Wölfen vorwarf, dessen einziges Vergehen es gewesen war, seinem Land auf einem Posten zu dienen, der wenig mehr bot als Sorge und Gefahr, sodass es nur wenigen gelungen wäre, dem Druck der Verantwortung in gleichem Maße zu trotzen wie Lowe. Wenn ihr solchen Leuten begegnet, so haltet ihnen Montholons Bemerkung entgegen: „*Selbst ein vom Himmel gesandter Engel hätte uns nicht zufriedenstellen können*“.[347] Entgegnet ihnen auch, dass Lowe sich niemals dazu herabließ, sich zu den Anwürfen zu

347 Charles-Tristan de Montholon (1783–1853) war Napoléons Generaladjutant. Er folgte seinem Kaiser in die Verbannung und agierte als dessen Testamentsvollstrecker sowie als literarischer Nachlassverwalter. Er nahm 1840 am Putschversuch von Louis Napoléon teil, wofür er 20 Jahre Haft erhielt.

äußern, obgleich ihm gewiss reichhaltiges Material für ein Plädoyer zu seinen Gunsten zu Verfügung stand. „*Je fais mon devoir et suis indifferent pour le reste*", sagte er einmal im Gespräch mit seinem Gefangenen.[348] Keine leeren Worte, die er dort sprach.[349]

Von dieser spezifischen Epoche abgesehen ist die französische Literatur, die in all ihren verschiedenen Ausformungen reichhaltig ist, auch allgemein auf dem Sektor der Memoiren am Ergiebigsten. Wann auch immer etwas von Interesse passierte, immer gab es irgendein wohlgesonnenes Plappermaul, das alles darüber wusste und es zum Wohle aller zu Papier brachte. Unsere eigene Geschichte verfügt nicht annähernd über eine ähnliche Zahl charmant randständiger Ausleuchtungen der Geschehnisse. Schaut euch zum Beispiel unsere Matrosen in den Napoléonischen Kriegen an. Sie spielten eine prägende Rolle für eine gesamte Epoche. Über beinahe zwanzig Jahre wurde auf See um die Freiheit gerungen und wenn unsere Navy dem Sturm nicht getrotzt hätte, wäre aus Europa ein despotischer Superstaat geworden. Zeitweise standen alle gegen uns, da viele im Griff der schrecklichen Feindeshand gegen ihre eigenen Interessen kämpfen mussten. Wir trugen es auf See mit den Franzosen und den Spaniern ebenso aus wie mit den Dänen, den Russen, den Türken und sogar mit unseren amerikanischen Brüdern. In diesen ausgedehnten Seeschlachten wurde mancher Oberfähnrich zum Captain und Admirale wurden zu senilen Greisen. Und was haben wir zu diesen Vorgängen an Literatur?

348 Etwa: „Ich tue meine Pflicht und bin allem anderen gegenüber gleichgültig".

349 Tatsächlich sah Lowe sich für sein striktes Beharren auf den Haftregeln einigen Anfeindungen ausgesetzt – nicht zuletzt durch den Gefangenen selbst, der ihn als „*Idioten*" und „*schäbigen Sbirren*" bezeichnete. Vermutlich war Lowe schlicht in Sorge, Napoléon könne auch aus seiner zweiten Verbannung entkommen oder von Sympathisanten befreit werden, was man dann gewiss ihm angelastet hätte. Es gibt Stimmen, die sich sicher sind, Lowe habe beim Tod Napoléons seine Hand im Spiel gehabt.

Marryats Romane, viele von ihnen auf persönlichen Erfahrungen fußend[350], dazu Nelsons und Collingwoods Briefe[351] sowie Lord Cochranes Biographie[352] – das ist alles. Ich wünschte, wir könnten mehr von Collingwood lesen, denn er führte eine erlesene Feder. Erinnert ihr euch an die klangvolle Eröffnung seiner Trafalgar-Rede, die er vor seinen Captains hielt?

> *Der Tod von Lord Viscount Nelson, Duke of Bronte und oberster Kriegsherr, der in den Kämpfen des 21. fiel, um sich zum Schlaf zu betten in den ausgebreiteten Armen der Victory[353], zugedeckt von seinem Ruhm, dessen Angedenken der British Navy und der britischen Nation auf ewig lieb und teuer sein wird; dessen Eifer und Inbrunst im Streite für die Ehre des Königs und die Interessen seines Landes wird uns immer als strahlendes Beispiel des britischen Seemanns dienen – sein Tod ist mir Auftrag, und wir danken ihm, etc., etc.*

350 Frederick Marryat (1792–1848) war ein englischer Marineoffizier. Er nahm an Seegefechten in Übersee und vor europäischen Küsten teil und befehligte als Commander jenes Schiff, welches die Nachricht vom Tode Napoléons von St. Helena nach Europa brachte. 1830 nahm er seinen Abschied von der Marine und widmete sich ganz der Schriftstellerei. Er veröffentlichte in der Folge mehrere teils autobiographische Romane und Reiseberichte. Später wurde er durch mehrere Robinsonaden und an Cooper gemahnende Abenteuerromane ein beim Publikum beliebter Vielschreiber.

351 Cuthbert Collingwood, 1st Baron Collingwood (1750–1810), war ein Vizeadmiral der britischen Marine. Er gilt nach Nelson als der bedeutendste Marineoffizier der Napoléonischen Kriege.

352 Thomas Cochrane, 10th Earl of Dundonald (1775–1860), war ein bekannter Offizier der Royal Navy zur Zeit der Napoléonischen Kriege und späterer Politiker. Er machte sich auch als Unterstützer verschiedenster Freiheitskämpfe einen Namen; so kämpfte er zur See im Dienst der griechischen Regierung und für Chile sowie auch für Brasilien. Cochrane gilt als Vorbild für die Figur des Horatio Hornblower und auch für den Charakter Jack Aubrey aus Patrick O'Brians populärer Buchreihe (verfilmt mit Russell Crowe in der Hauptrolle).

353 Die Victory ist eine allegorische Figur, die vor allem in der viktorianischen und edwardianischen bildenden Kunst Verbreitung fand. Sie wurde für englische Kriegsdenkmäler und Monumente verwendet. Sie ist in der Regel weiblich und wurde meist – wenn auch nicht immer – geflügelt modelliert. Die bekannteste Darstellung ist die Figur Sir Thomas Brocks, die sich auf dem Victoria Memorial direkt vor dem Buckingham Palace findet. Weitere prägnante Beispiele sind auf dem Exeter War Memorial in den Northernhay Gardens in Exeter, auf dem Islington Boer War Memorial und auf dem Wellington Monument in Manchester zu sehen.

Eine der Botschaft allemal angemessene Formulierung, zumal mitten im wütenden Sturm verfasst, mit sinkenden Schiffen rings umher. Alles in allem aber hat diese reichhaltige Scholle keine sehr ergiebige Ernte gebracht. Gewiss waren unsere Matrosen zu beschäftigt, um zu schreiben, aber es verwundert doch, dass unter den vielen tausend Seeleuten nicht ein paar waren, die einschätzen konnten, wie wichtig ihre Erfahrungen für die Nachkommen einst sein würden. Ich erinnere mich an einige Dreimaster, die im Hafen von Portsmouth verrotteten, und ich habe oft gedacht, dass sie ein verlorenes Kapitel der englischen Literatur zu füllen wüssten, könnten sie uns ihre Geschichte erzählen.[354]

Für die Franzosen steht es aber nicht nur auf dem Felde der napoleonischen Memoiren sehr günstig. Die beinahe ebenso interessante Epoche des Louis XIV.[355] hat sogar eine noch herrlichere Reihe an Werken hervorgebracht. Befasst man sich eingehend mit diesem Gebiet, so ist man erstaunt über die schiere Anzahl der Erinnerungen, so, als ob jeder und jede am Hofe des „Roi Soleil“[356] bloß daran interessiert gewesen wäre, die Aktivitäten ihrer Nebenmänner und Nebenfrauen zur weiteren Verwendung aufzuzeichnen. Beginnen wir mit dem Offensichtlichsten, den Memoiren von Saint-Simon.[357] Sie allein geben uns ein umfassenderes und

354 Die sehr erfolgreiche, bis heute mehrfach verfilmte Horatio-Hornblower-Reihe des Briten C. S. Forester hat Conan Doyle nicht mehr erlebt (der erste Band erschien 1937), wobei Forester natürlich auch kein Augenzeuge der Napoléonischen Kriege gewesen war.

355 Louis XIV. (1638–1715) war ein absolutistischer König von Frankreich. Er wurde bereits im frühen Kindesalter inthronisiert und herrschte – erst de facto, später höchstpersönlich – bis zu seinem Tod. Unter seine Ägide fallen das Aufblühen von Wissenschaft und Kunst durch gezielte Förderung, aber auch der massive Ausbau des Staatsapparats, die Hugenottenverfolgung und der beinahe Staatsbankrott durch den Spanischen Erbfolgekrieg. Er erhielt den Beinamen „Sonnenkönig“.

356 Französisch für „Sonnenkönig“.

357 Louis de Rouvroy, duc de Saint-Simon (1675–1755), war ein französischer Politiker, der sich später durch seine Memoiren auch als Autor einen Namen machte. Er

vertraulicheres Bild ihrer Zeit, als irgendeine mir bekannte englische Darstellung aus der Zeit Queen Victorias. Daneben steht Saint-Évremond, der fast ebenso vollkommen ist.[358] Habt ihr Interesse an der Perspektive einer erstklassigen Frau? Dort findet ihr die Briefe von Madame de Sévigné (in acht Bänden), bei denen es sich vielleicht um die wunderbarsten Briefe handelt, die je von einer Frau geschrieben worden sind.[359] Wie sieht es mit den Geständnissen eines Lebemannes jener Zeit aus? Hier habe ich die viel zu anrüchigen Memoiren des Spitzbuben Duc de Roquelaure, gewiss keine Kinderzimmerlektüre, eigentlich nicht mal für das Boudoir geeignet, aber sie zeichnen ein bemerkenswertes und sehr intimes Bild der damaligen Zeit.[360] Alle genannten Werke passen zueinander, da die Figuren des einen Buches auch in allen anderen auftauchen. Man lernt sie

wurde als Jugendlicher bei Hofe eingeführt und begann eine Laufbahn als Offizier, geriet jedoch immer wieder mit dem König und anderen Adligen aneinander, sodass seine Karriere regelmäßig unterbrochen wurde. Echten politischen Einfluss konnte er erst nach dem Tode Louis' ausüben. Seine Memoiren gelten als historisch interessante Quelle. Seit 1975 wird in Frankreich der nach ihm benannte „Prix Saint-Simon" verliehen.

358 Charles de Saint-Évremond (1613-1703) war ein französischer Soldat und Schriftsteller. Er kämpfte in mehreren Schlachten und war in die politischen Wirren seiner Zeit verstrickt, wodurch er ins englische Exil gezwungen wurde. Geschult an Montaigne, galt er als Freidenker und geistreicher Unterhalter. Er korrespondierte rege, traf sich in Holland mit Spinoza und verfasste selbst vor allem Satiren und Theaterstücke. Er schrieb dabei ausschließlich für seinen Freundes- und Bekanntenkreis, eine Veröffentlichung seiner Werke zu Lebzeiten unterband er strikt.

359 Marie de Rabutin-Chantal, Marquise de Sévigné (1626–1696), war eine französische Adlige, die eine reichhaltige Korrespondenz mit verschiedenen Akteuren ihrer Zeit pflegte. Sie kam so auch an den Hof von Louis XIV. – der König hatte ihre Briefe an den in Ungnade gefallenen Finanzminister Fouquet gelesen und war fasziniert von der ebenso geistreichen wie stilistisch erlesenen Schreibweise. Ihre Briefe werden sowohl historisch als auch literarisch geschätzt. In Frankreich gilt sie gar als Klassiker.

360 Gaston-Jean Baptiste Roquelaure (1614–1683) war ein französischer Herzog und Militär. Als Sohn eines Marschalls von Frankreich diente er in der Armee des Sonnenkönigs, kämpfte in vielen Schlachten und wurde mehrfach verwundet. Für seine Verdienste erhielt er vom König Titel und Ehren. Saint-Simon stellte ihn zwar als Witzbold und Narren dar, jedoch wurde das von Conan Doyle genannte Werk (gemeint sind "The Secret Memoirs of the Duc the Roquelaure") nicht vom Herzog selbst veröffentlicht, sondern anonym in Köln gedruckt. Die Authentizität des Werkes ist mehr als unklar.

während der Lektüre recht gut kennen. Sie lieben und hassen, duellieren sich und intrigieren und sehen sich zuletzt mit ihrem Schicksal konfrontiert. Wenn ihr nicht ganz so tief einsteigen wollt, dann besorgt euch Julia Pardoes vierbändiges Werk „Court of Louis XIV.“, wo ihr eine vortreffliche Verdichtung des Themas finden könnt – oder vielleicht eher ein Destillat, denn die rechte Würze scheint mir hier zu fehlen.[361] Ich habe noch ein weiteres Buch – das Große da auf dem untersten Regalbrett –, welches das Thema zwischen braungoldenen Buchdeckeln erschöpfend behandelt. Der Besitz verrät eine gewisse Extravaganz – es hat mich nämlich einige Sovereigns gekostet – aber es ist schon was, die Portraits von all diesen prächtigen Personen rund um Louis zur Hand zu haben, sei es die devote Maintenon[362], die gebrechliche Montespan[363], seien es Bossuet[364], Fénelon[365] oder Molière[366], Racine[367],

361 Julia Pardoe (1804–1862) war eine englische Schriftstellerin. Ihr Vater soll bei Waterloo gekämpft haben. Sie selbst schrieb bereits früh Gedichte, später unternahm sie viele Reisen, etwa nach Portugal und Osteuropa. Es folgten Reiseberichte und Romane. Ihre Studie zu Louis XIV. erschien 1847 in London.

362 Françoise d’Aubigné, marquise de Maintenon (1635–1719), war eine Mätresse von Louis XIV. Sie war im Geheimen die zweite Gattin des Sonnenkönigs. Ihr werden ein starker Einfluss auf Louis und eine direkte Nutzung ihrer durchaus machtvollen Position nachgesagt. Ihre Person faszinierte von jeher; so tritt sie als literarische Figur bei E. T. A. Hoffmann und Conrad Ferdinand Meyer auf.

363 Françoise de Rochechouart, marquise de Montespan (1640–1707), war eine Mätresse des Sonnenkönigs, dem sie insgesamt sieben Kinder gebar. Sie fiel durch ihre Verwicklung in die sogenannte „Giftaffäre“ in Ungnade.

364 Jacques Bénigne Bossuet (1627–1704) war ein französischer Bischof. Er setzte sich aktiv für die Bekämpfung des Protestantismus ein und galt als intimer Vertrauter des Königs. Zudem erwarb er sich einen Ruf als ausgezeichneter Kanzel- und Festredner. Heute gilt er darüber hinaus als bedeutender Geschichtsphilosoph.

365 François de Salignac de La Mothe-Fénelon (1651–1715) war ein französischer Erzbischof, der durch die Publikation einiger Fabeln und eines Bildungsromans auch als Autor hervortrat.

366 Jean-Baptiste Poquelin, genannt Molière (1622–1673), war ein französischer Dramatiker. Er stand auch selbst auf der Bühne und. agierte als Theaterdirektor. Er gilt durch seine hochwertigen, für die Entwicklung des Theaters maßgeblichen Werke aus den Bereichen der Tragödie und der Komödie als einer der größten Klassiker.

367 Jean Baptiste Racine (1639–1699) war ein französischer Schriftsteller. Er wurde in den 1670er Jahren zum königlichen Chronisten ernannt, was ihn zwang, an des Königs Feldzügen als Beobachter teilzunehmen. In Deutschland wurde er nie recht populär, in Frankreich dagegen gilt er als bedeutendster Tragödienautor.

Pascal[368], Condé[369] oder Turennne[370], oder ein anderer unter den Heiligen und Sündern jener Epoche. Wollt ihr euch selbst beschenken, dann sucht nach einer Ausgabe von „The Court and Times of Louis XIV." und ihr werdet euer investiertes Geld nie als verschwendet betrachten.

Nun habe ich euch, meine geduldigen Freunde, aber über Gebühr gelangweilt mit meiner Liebe für Memoiren aus napoleonischen und anderen Zeiten, die aber doch wohl durch die Betonung menschlicher Belange der Anreicherung trockener geschichtlicher Fakten dienlich sind. Nicht, dass Geschichte immer trocken sein müsste. Es sollte das interessanteste Thema überhaupt sein: Unsere Geschichte, die unserer Vorfahren, der menschlichen Spezies und all die Entwicklungen die uns zu dem machten, was wir heute sind. Folgen wir Weismanns Ansichten, so besteht schließlich die Möglichkeit, dass ein mikroskopisch kleiner Teil des Körpers, den wir auf Erden zufällig gerade bewohnen, in dieser Entwicklung eine Rolle gespielt hat.[371] Unglücklicherweise sind die Aneignung von Wissen und dessen Weitergabe jedoch grundverschiedene Dinge, und der

368 Blaise Pascal (1623–1662) war ein französischer Philosoph, Physiker und Mathematiker. Obgleich vorrangig ein Mann der Wissenschaft, trat er auch als Verteidiger des christlichen Glaubens auf. Die physikalische Einheit des Drucks ist nach ihm benannt, ebenso wie ein geometrischer Satz und viele weitere Konstruktionen aus den Natur- und Geisteswissenschaften.

369 Louis II. de Bourbon, prince de Condé (1621–1686) war, ebenso wie Louis XIV., ein Abkömmling der Bourbonen. Er gilt als bedeutendster Feldherr des 17. Jahrhunderts und spielte als solcher auch politisch immer wieder eine Rolle. Er erhielt den Spitznamen „Der große Condé".

370 Henri de La Tour d'Auvergne, vicomte de Turenne (1611–1675) war ein französischer Heerführer und späterer Generalfeldmarschall. Er gilt neben Condé als einer der größten Feldherren der vor-napoléonischen Zeit – ein Ruf, den er sich als gewiefter Taktiker und umsichtiger Stratege erwarb. Er fiel in der Schlacht durch einen direkten Kanonentreffer.

371 August Weismann (1834–1914) war ein deutscher Arzt, Genetiker und Zoologe. Durch die von Conan Doyle hier beschriebene „Keimplasmatheorie" und andere Erkenntnisse aus der Genetik, die heute als „Weismann-Barriere" bekannt sind, gilt er vielfach als der bedeutendste Evolutionstheoretiker des 19. Jahrhunderts nach Darwin.

phantasielose Historiker wird so eher zu einem ehrwürdigen Ersteller eines erweiterten Almanachs. Am Schlimmsten ist es, wenn wir einen Mann haben, der es tatsächlich vermag, den trockenen Knochen vergangener Zeiten mit Einbildungskraft und Ideenreichtum Leben einzuhauchen, denn dies ruft sogleich die Fraktion der Staubtrockenen auf den Plan, um den Kreativen durchzuprügeln; ihn, der er es wagte, den orthodoxen Pfad zu verlassen. Es wird dann behauptet, seine Arbeit könne aufgrund dessen nichts anderes als inakkurat sein. Froude[372] wurde derart angegriffen, ebenso Macaulay zu seiner Zeit. Beide werden noch gelesen werden, wenn die Pedanten längst vergessen sind. Wenn ich danach gefragt werde, welche Art der Geschichtsschreibung ich zum Ideal erheben würde, dann meine ich, auf diese beiden Werke auf dem Bord dort drüben verweisen zu müssen. Es sind McCarthys „History of Our Own Times“ und Leckys „History of England in the Eighteenth Century“.[373] Sonderbar, dass beide Bücher von Iren geschrieben wurden, und dass sie, obgleich beide unterschiedliche politischen Gesinnungen pflegten und zu einer Zeit lebten, als der Umgang mit den Iren nichts als Bitterkeit bei diesen auslöste, sichtlich nicht bloß nach literarischer Anerkennung strebten, sondern sich in ihren Büchern auch bemühten, jedes historische Problem vom Standpunkt

372 James Anthony Froude (1818–1894) war ein britischer Historiker und Romanautor. Er gab zeitweise das „Fraser’s Magazine“ heraus. Als Historiker sah er sich in der Tradition Carlyles und verfasste seine Arbeiten entsprechend mit einem polemischen Unterton, was ihm die Fachwelt stets anzukreiden wusste. Gleichzeitig gilt er als Pionier einer quellengesättigten Geschichtsdarstellung.

373 Justin McCarthy (1830–1912) und William Edward Hartpole Lecky (1838–1903) waren irische Historiker. Während McCarthy – der auch als nationalistischer Politiker und Romanautor hervortrat – sich hauptsächlich mit kontemporärer Geschichte befasste, widmete Lecky sich dem 18. Jahrhundert und der Ideengeschichte, für deren Einführung in die Geschichtswissenschaft er als maßgeblich gilt. Auch er war politisch aktiv, allerdings auf Seiten der Unionisten.

des philosophischen Beobachters aus zu behandeln anstatt Partei für eine Sekte von Partisanen zu ergreifen.

Da wir gerade von Geschichte sprechen fällt mir ein: Habt ihr Parkmans Arbeiten gelesen? Ich halte ihn für einen der besten Historiker und doch hört man seinen Namen nur selten. Gebürtig aus Neu-England stammend, setzte er sich hauptsächlich mit der Frühgeschichte der Besiedlung Amerikas und Französisch-Kanadas auseinander, weswegen seine geringe Popularität in England vielleicht entschuldbar ist. Allerdings habe ich auch in Amerika selten mit Leuten gesprochen, die ihn gelesen hatten. Ich habe zwei seiner Werke in je zwei Bänden in grüngoldenen Einbänden dort unten im Regal stehen,. Es handelt sich um „The Jesuits in Canada“ und „Frontenac“, aber viele weitere seiner Arbeiten sind lesenswert, wie zum Beispiel „Pioneers of France“ oder „Montcalm and Wolfe“ und „Discovery of the Great West“. Ich hoffe, eines Tages über eine Werkausgabe zu verfügen.[374]

Allein dies eine Buch, „The Jesuits of Canada“, würde genügen, um Parkman einen Historiker von Ruf nennen zu können. Was für einen hehren Tribut ein Mann von puritanischem Blut hier diesem wunderbaren Orden zollt! Er zeigt, wie diese tapferen Soldaten des Kreuzes zu ihrer Hochzeit in Kanada einfielen, genauso wie in China und in vielen anderen Orten, an denen man sich Gefahren stellen und eines entsetzlichen Todes gewahr sein musste. Mir ist gleichgültig, zu welchem Glauben sich ein Mann bekennt oder ob er Christ ist oder etwas anderes, aber niemand kann diese auf Fakten basierenden Schilderungen lesen, ohne ein

374 Francis Parkman Jr. (1823–1893) war ein US-amerikanischer, in Harvard ausgebildeter Historiker. Aufgrund gewisser reaktionärer Tendenzen und möglichen Quellenmissbrauchs wird sein Werk kritisch gesehen, wobei die Bewertung von Buch zu Buch unterschiedlich ausfällt. Vor allem in literarischer Hinsicht ist seine Bedeutung unbestritten

Gespür dafür zu bekommen, dass die großartigen Jesuiten Männer hervorbrachten, die zu den Heiligsten und Hingebungsvollsten zählten. Sie waren in der Tat die Pioniere der Zivilisation, denn auch abseits des Glaubens verbreiteten sie europäische Hochkultur unter den Wilden und gaben durch ihr eigenes Betragen ein Beispiel dafür, wie schlicht, sparsam und edel der Mensch zu leben im Stande ist. Frankreich hat Myriaden tapferer Männer auf die Schlachtfelder geschickt, aber in ihrer langen und glorreichen Geschichte hat diese Nation wohl keinen so unerschütterlichen und heroischen Mut gesehen, wie ihn die Männer der Irokesen-Mission unter Beweis stellten.

Ihr edles Leben macht den Großteil des Buches aus, das Ende dann erzählt von ihrem heiteren Gang in den Tod. Noch heute kann man ihre Geschichte nicht lesen, ohne zu erschaudern – ein Albtraum voller Gräuel. Fanatismus mag einen Mann darauf vorbereiten, in Vergessenheit zu geraten – so wie im Falle der Mahdi-Horden vor Khartoum – aber man meint doch eine höhere Entwicklungsstufe dieses emotionalen Zustandes vor sich zu haben, wenn man Männer sieht, die kaltblütig ein Leben ertragen, das langsam vergeht und dabei nur Undank bereit hält. Männer, die ein furchtbares Ende geradezu willkommen heißen. Jeder Glauben kann seine Märtyrer mit Stolz erfüllen – ein schmerzhafter Gedanke, wenn man überlegt, wie viele tausend Menschen ihr Leben für einen Fehler hingaben – aber dennoch muss man anerkennen, dass sie, indem diese tapferen Menschen ein Zeugnis ihres Glaubens ablegten, auch ein Beispiel dafür schufen, dass es etwas Übergeordnetes gibt. Sie unterwarfen ihre Körper der absoluten Vorherrschaft der Seele.

Die Geschichte von Father Jogue ist nur eine unter vielen, aber sie ist der Erinnerung wert, da sie den Geist dieser Männer aufzeigt. Er war Teil der Irokesen-Mission und wurde von seinen niedlichen Pfarrkindern derart gefoltert und verstümmelt, dass selbst die Hunde heulten beim Anblick seiner sich krümmenden Gestalt. Er schleppte sich zurück nach Frankreich, nicht jedoch zum Zwecke der körperlichen Wiederherstellung, sondern weil er eine spezielle Form der Absolution benötigte, um die Messe sprechen zu dürfen. Die katholische Kirche folgt einer Regel, nach der ein Priester nicht deformiert sein darf, und so verrichteten die Wilden mit ihren Messern unwissentlich ein noch wirksameres Werk. Er erhielt seine Absolution und wurde zum Hofe Louis XIV. entsandt, der den Priester fragte, ob er etwas für ihn tun könne. Zweifellos rechneten die Höflinge damit, der Jesuit würde um einen vakanten Bischofsstuhl bitten. Tatsächlich aber bat er darum, ihn zurück zu den Irokesen zu schicken. Die Wilden reagierten auf seine Wiederkehr, indem sie ihn lebendig verbrannten.

Parkman wäre allein für seine Darstellung der Indianer lesenswert. Das vielleicht Seltsamste an ihnen, und auf jeden Fall das Unerklärlichste, ist ihre geringe Anzahl. Die Irokesen zählten zu den furchtbarsten Stämmen. Sie gehörten zu den „Five Nations", deren skalpierende Banden eine Weite von 1000 Meilen unsicher machten.[375] Und doch gibt es gute Gründe anzunehmen, dass die „Five Nations" selbst im Verbund

375 Bei den „Five Nations" (heute eher „Six Nations" genannt) handelt es sich um einen Zusammenschluss mehrerer indigener Stämme, die einer gemeinsamen Sprachfamilie angehören. Umgangssprachlich werden sie, wie von Conan Doyle hier auch, „Irokesen" genannt. Die Eigenbezeichnung ist „Haudenosaunee". Die Stämme lebten in Gebieten, die heute den US-Bundesstaaten New York, Pennsylvania, Alabama und Georgia sowie den kanadischen Gebieten Ontario und Québec zugerechnet werden.

kaum mehr als 1000 Krieger in den Kampf hätten schicken können, wenn überhaupt. Genauso verhielt es sich bei allen anderen Stämmen Nordamerikas, sowohl im Osten als auch im nördlichen und westlichen Landesteil. Ihre bloße Anzahl war stets unbedeutend. Und doch hatten sie dieses riesige Land für sich allein, die besten klimatischen Verhältnisse und ein Übermaß an Nahrung. Woran lag es, dass sie das Land nicht dichter bevölkerten? Es darf als bemerkenswertes Beispiel für jene Absicht und Gestaltung gelten, welche in den menschlichen Angelegenheiten immer wieder erkennbar werden, dass die neue Welt gerade leer und empfangsbereit war, als die alte Welt sich anschickte, diese zu überfluten. Wäre Nordamerika ähnlich dicht bevölkert gewesen wie China, so hätten die Europäer zwar gewiss einige Siedlungsmöglichkeiten vorgefunden, aber sie hätten sich niemals den Kontinent zu Eigen machen können. Von Buffon stammt die treffende Bemerkung, die kreativen Kräfte seien in Amerika nie besonders zur Ausbildung gelangt, womit er auf das Verhältnis der überreichen, aber ungenutzten Flora und Fauna dort im Vergleich zu anderen großen Teilen der Erde anspielt.[376] Ob die Anzahl der Indianer als weiterer Beleg für diesen Fakt zu sehen ist oder ob ihr eine besondere Ursache zugrunde liegt, übersteigt meine bescheidenen wissenschaftlichen Kenntnisse. Wenn man über die zahllosen Bisonherden nachdenkt, die einst über die Weidegründe des Westens zogen oder sich heutige Volkszählungen der Frankokanadier auf der einen und der Schwarzen auf der anderen Seite des

376 Georges-Louis Leclerc de Buffon (1707–1788) war ein französischer Naturforscher im Zeitalter der Aufklärung. Die von Conan Doyle hier angesprochene Degenerationsthese erhielt schon früh wissenschaftlichen Gegenwind von Thomas Jefferson (der dem Franzosen als gelernter Jurist eine akribische Liste mit Gegenbeweisen vorlegte) und dem im Gegensatz zu Buffon weitgereisten Alexander von Humboldt. Buffon verwarf seine These in der Folge.

Kontinents anschaut, dann erscheint es absurd anzunehmen, es könne irgendein geographischer Grund vorliegen, der die amerikanische Natur weniger fruchtbar mache. Aber wie auch immer, wir begeben uns gerade in tiefe Wasser, und mit eurer Erlaubnis werde ich nun in die mir bekannten seichten Gewässer zurückkehren.

# X

Ich kann mir nicht erklären, wie jene kleinen Hefte hier in diesen Teil meiner Bibliothek gelangen konnten. Es sind Henleys[377] „Song of the Sword“ und sein „Book of Verses“.Sie sollten eigentlich weiter drüben in der eher begrenzten Poesie-Abteilung stehen. Vielleicht hatte ich sie mir einmal hier bereit gelegt, weil ich Henley so sehr schätze, sowohl in Prosa als auch in Versen. Er war ein bemerkenswerter Mann und seine Persönlichkeit überragt sein Werk, unabhängig davon, wie großartig einige seiner Arbeiten sind. Ich habe selten einen Mann von anziehenderem und derart stimulierendem Charakter gekannt. Man schied aus seiner Gegenwart wie eine Batterie, die aus einer Ladestation kommt – aufgeladen und voller Energie. Er gab einem ein Gespür für all die Arbeit, die geleistet werden muss und wie herrlich es für ihn war, zur Verrichtung dieser Arbeit in der Lage zu sein. Statur und Lebens-

377 William Ernest Henley (1849–1903) war ein englischer Autor von Dramen, Versen und Literaturkritiken. Er erkrankte früh an Tuberkulose und musste sich infolgedessen einer Beinamputation unterhalb des Knies unterziehen. Er schrieb später für diverser Londoner Magazine und betätigte sich als Förderer junger Talente wie Thomas Hardy und H. G. Wells oder auch Rudyard Kipling und Joseph Conrad. Seine Arbeiten fanden besonders unter Kollegen Anerkennung, sein heute berühmtestes Gedicht ist das durch Nelson Mandela popularisierte „Invictus“. Henley war eng mit Robert Louis Stevenson befreundet und gilt als Inspiration für den Charakter des Long John Silver aus des Freundes Klassiker „The Treasure Island“. Henleys Tochter hingegen soll J. M. Barrie zur Figur der Wendy aus „Peter Pan“ angeregt haben. Sein gemeinsam mit Stevenson verfasstes dramatisches Werk ist heute vergessen, als Poet ist er jedoch anerkannt.

kraft waren die eines Riesen, und da er grausam jeder Möglichkeit beraubt wurde, seine Stärke physisch einzusetzen, brachte er stattdessen scharfe Worte zu Papier, in denen warme Anteilnahme ebenso steckten wie harte Vorurteile und alle sonstigen Formen, die menschliche Emotionen anzunehmen vermögen. Er wandte viel Zeit auf, um andere zu Taten zu ermutigen. Zeit, die ihm dann fehlte, um sich selbst einen unvergänglichen Ruf zu erwerben. Aber die Zeit war keineswegs verschwendet, denn er hinterließ einen unverkennbaren Fingerabdruck auf allem, was er anpackte. Henleys aus zweiter Hand sehen wir in der kontemporären Literatur dutzendweise.

Es ist dennoch beklagenswert, dass wir so nur wenige literarische Höchstleistungen von ihm haben! Seine besten Arbeiten waren die ausgezeichnetsten unserer Zeit. Nur wenige Dichter brachten jemals sechzehn vornehmere und stärkere Zeilen zusammenhängend zustande als jene, die mit dem wohlbekannten Vierzeiler beginnt:

*Out of the night that covers me,*
*Black as the pit from Pole to Pole,*
*I thank whatever Gods there be*
*For my unconquerable soul.*[378]

Das ist große Literatur, die gleichsam großen Mut beweist; denn die Verse stammen von einem Mann, der schuldlos immer und immer wieder unter dem Messer eines Chirurgen zu leiden hatte, von dem er beschnitten wurde wie ein schiefgewachsener Busch. Weiter heißt es:

378 „Aus dunkler Nacht, die mich umgibt, / abgründig schwarz von Pol zu Pol, / dank ich den Göttern, die da sind, / für meine unbezwingbare Seele."

*In the fell clutch of Circumstance*
*I have not winced nor cried aloud.*
*Beneath the bludgeonings of Chance*
*My head is bloody but unbowed.*[379]

Wir haben hier gewiss keinen Fall des von Lady Byron benannten Phänomens eines „*nachgeahmten Leides*", eher handelt es sich um die erhabene Todesverachtung eines indianischen Kriegers, dessen stolze Seele über den bebenden Körper triumphiert.

Zwei verschiedene und sich sogar extrem unterscheidende Arten von Poesie lagen Henley im Blut. Einer seiner Stile war heroisch, gigantisch, zu großen und mitreißend angelegten Bildern tendierend, die er mit donnernden Worten zu zeichnen wusste. Dergestalt sind „Song of the Sword" und viele weitere Arbeiten. Sie gleichen den wilden Gesängen eines nordischen Skalden. Der andere Stil, und aus meiner Sicht ist er bezeichnender und erlesener, ist von zarter Struktur, präzise und fein gearbeitet, mit außerordentlich lebendigen kleinen Bildern, gezeichnet in achtsam formuliertem und gekonnt austariertem Englisch. In diesem Stil sind die „Hospital Verses" verfasst, während die „London Voluntaries" etwa mittig zwischen den Stilen einzuordnen sind. Wie bitte?! Ihr habt die „Hospital Verses" nicht gelesen?! Dann besorgt euch Henleys „Book of Verses" und holt dieses Versäumnis sofort nach. Ob sie euch gefallen oder nicht, ihr werdet in jedem Fall einzigartige Dichtkunst darin entdecken. Ihr werdet nichts Vergleichbares finden – ich zumindest

379 „Obgleich das Dasein hart mich traf, wimmerte oder klagte ich nicht, trotz manchem harten Schicksalsschlag, mein blutiges Haupt stets erhoben blieb."

Es handelt sich um die ersten vier Zeilen von Henleys heute berühmtestem Gedicht „Invictus". Der Dichter hatte seinem Poem ursprünglich keinen Titel gegeben, der heute geläufige Name stammt von Arthur Quiller-Couch.

vermag es nicht. Goldsmith und Crabbe[380] haben zwar über ähnliche Themen gedichtet; aber ihr Metrum ist so monoton und majestätisch, dass es den modernen Leser schnell ermüdet. Henleys Verse aber sind so variabel und flexibel, so dramatisch, dass sie für sich selbst stehen. Zur Hölle mit all den Wochenblättern und den vielen Leuten, die seinen blitzenden Geist auf sich ableiteten, anstatt ihn zur Arbeit kommen zu lassen. Sie sind schuld daran, dass wir heute über gerade einmal fünf Broschüren mit Literatur aus der Feder eines solchen Mannes verfügen![381]

Sei es, wie es sei, ich bin schon wieder arg abgeschweift, denn Henleys Bücher haben auf diesem Regal hier eigentlich gar nichts zu suchen. Diese Ecke meiner Bibliothek ist verschiedenen Chroniken vorbehalten. Hier stehen drei mehrbändige Werke nebeneinander, die euch einen hervorragenden Überblick über französische (was normalerweise bedeutet: europäische) Geschichte geben. Wie es der Zufall will, greifen sie insofern ineinander, als das der eine immer dort beginnt, wo der andere aufgehört hat. Erst kommt Fro-

380 George Crabbe (1754–1832) war ein schottischer Dichter, der sich motivisch am einfachen Leben der Landbevölkerung abarbeitete. Er strebte nach Realismus und kleidete sein Thema daher in das an Pope gemahnende Versmaß „Heroic Couplets“. Er war ein Protegé Edmund Burkes, über den er Zugang zum „Club“ erhielt. Befreundet war er auch mit Walter Scott und William Wordsworth, wobei ihm überdies Lord Byron und Jane Austen hohe Anerkennung zollten. Literarhistorische Relevanz genießt er als wichtiger Exponent unromantischer Literatur zur Hochzeit der Romantik.

381 Henley schrieb vielbeachtete Kritiken und Artikel für diverse Magazine und Zeitungen, betätigte sich zeitweise auch selbst als Herausgeber und war überdies ein fester Bestandteil der Londoner Literatenszene seiner Zeit. Den sich um ihn scharenden Zirkel nannte man auch die „Henley Regatta“. Conan Doyle war mit Henley persönlich bekannt und schätzte dessen Poesie bereits bei Erscheinen hoch ein. In einem Artikel für das Monatsblatt „The Young Man“ preist er die Gedichtsammlung „Song of the Sword“ als eines der besten Bücher seines Jahrgangs. In einem Brief an seine Mutter bezeichnet Conan Doyle den *„einbeinigen Henley“* – der damals für den „National Observer“ in Edinburgh weilte – als *„gefürchtet“* und *„grausamsten aller Kritiker“*, jedoch auch als *„einen unserer besten lebenden Dichter“*.

issart[382], dann de Monstrelet[383] und zuletzt de Commynes. Wenn ihr diese drei gelesen habt, dann kennt ihr die besten Augenzeugenberichte aus etwa einem Jahrhundert – ein angemessenes Stück aus dem großen Ganzen menschlicher Geschichtsschreibung.

Froissart ist immer brillant. Wenn ihr sein mittelalterliches Französisch, das nur Experten mit Genuss lesen können, lieber meiden wollt, dann empfehle ich euch Lord Berners. Der ist zwar ebenso mittelalterlich, schreibt jedoch ein entzückendes Englisch.[384] Oder ihr wendet euch einer moderneren Übersetzung zu, der von Johnes zum Beispiel.[385] Es ist sehr angenehm, eine Seite von Lord Berners' Übersetzung zu lesen, aber ich denke, es wäre ziemlich anstrengend, dicke Schwarten in seinem archaischen Stil zu studieren. Ich selbst präferiere die moderne Variante und sogar hier muss man einiges an Geduld aufbringen, bevor man das Ende erreicht hat.

Ich frage mich, ob sich der alte Kanonikus aus Hainaut weiland bewusst war was er tat, als er seine Bücher schrieb – ob ihm jemals in den Sinn kam, sein Werk könne eines Tages die maßgebliche Autorität darstellen, nicht nur in zeitgeschichtlichen Fragen, sondern auch hinsichtlich von Ritterschaft als Institution? Ich fürchte, er hatte etwas weitaus Profaneres im Sinn, nämlich sich einen kleinen Vorteil zu verschaffen bei den vielen Baronen und Rittern, die er in seinem Bericht erwähnt.

382 Jean Froissart (1337–1405) war ein französischer Dichter und Chronist des Hundertjährigen Krieges. Sein Geschichtswerk fand bereits im 15. Jahrhundert große Verbreitung und wurde von berühmten Künstlern illustriert.

383 Enguerrand de Monstrelet (1390–1453) war ein französischer Chronist aus picardischem Adel. Obgleich seine Zeitchronik politisch parteilich ist, wird sie als wertvolle historische Quelle gesehen.

384 John Bourchier, 2nd Baron Berners (1467–1533), war ein dem englischen Adel entstammender Politiker zur Zeit der Rosenkriege. Auf Geheiß Henrys VIII. übersetzte er mehrere ausländische Geschichtswerke ins Englische.

385 Thomas Johnes (1748–1816) war ein englischer Politiker und Landschaftsarchitekt, der sich nebenher als Übersetzer betätigte.

Er hat zum Beispiel notiert, dass er eine wunderschön gebundene Ausgabe seiner Arbeit mit sich führte, als er am englischen Hofe zu Gast war. Wenn man dem guten Kanonikus auf seinen weiteren Reisen folgen würde, so fände man gewiss eine Vielzahl seiner Werke als teure Geschenke für die Gastgeber vor – denn welchen Gegenwert könnte eine ritterliche Seele schon bieten für ein Buch, das die eigene Tapferkeit für die Ewigkeit bewahrt?

Aber wir wollen Froissarts Motive nicht allzu kritisch durchleuchten und stattdessen lieber einräumen, dass die von ihm vollbrachte Arbeit nicht gewissenhafter hätte gemacht werden können. In der fröhlichen Art des Kanonikus finden wir Aspekte des Herodot wieder, den Plauderton und die Geschwätzigkeit, die uns auffordern, das Werk so zu nehmen wie es ist. Er übertrifft den alten Griechen jedoch gewiss hinsichtlich der Akkuratesse. Wenn man bedenkt, dass er zu jenem Zeitalter gehört, welches die Reisegeschichten Sir John Maundevilles für bare Münze nahm, dann es ist, so glaube ich, bemerkenswert, wie achtsam und genau seine Chronik ist.[386] Nehmt als Beispiel seine Beschreibung von Schottland und den Schotten. Mancher würde hier eher Jean Le Bel den Vorzug geben, aber das ist ein anderes Thema.[387] Die Beschreibung von Schotten ist eine Unternehmung, für die man einem Einwohner

386 Sir John Mandeville (auch Jean de Mandeville oder Johannes von Mandeville, Lebensdaten unbekannt) ist der angebliche Verfasser eines vermeintlichen Reiseberichtes ins „Heilige Land“ und fernere Regionen. Der als Bericht ausgegebene Text ist aus zwischen 1357 und 1371 entstandenen Schilderungen zusammengesetzt, im Stile eines Romans aufbereitet und von märchenhaften Motiven durchsetzt. Der Verfasser ist bis heute nicht ermittelt worden, und es gilt als unwahrscheinlich, dass dieser die geschilderten Reisen wirklich selbst unternahm.

387 Jean Le Bel (1290–1370) war ein flandrischer Chronist. Die von Conan Doyle angesprochenen Schottland-Beschreibungen schrieb er, als er einen englischen Feldzug gegen Schottland begleitete (die „Weardale Campaign“). Tatsächlich war Le Bel als Chronist unbekannt, bis seine Schriften zur Mitte des 19. Jahrhunderts wiederentdeckt wurden.

von Hainaut im 14. Jahrhundert schon eine gewisse Einbildungskraft zubilligen muss. Und doch müssen wir feststellen, dass seine Beschreibungen ziemlich genau sind. Die Galloway-Ponies, die Girdle-Cakes[388], die Dudelsäcke – jedes kleine Detail hört sich echt an. Jean Le Bel war tatsächlich selbst bei einem Grenzland-Feldzug dabei und Froissart hat sein gesamtes Material von ihm; aber er hat nie versucht, Vorhandenes auszuschmücken und jene Stellen, die nachweisbar exakt sind, müssen uns als Vertrauensbasis für all das dienen, was wir heute nicht mehr nachprüfen können.

Der interessanteste Abschnitt in Froissarts Werk ist aber zweifellos seine Darstellung der Ritter und der fahrenden Ritter seiner Zeit, ihrer Taten, ihrer Gewohnheiten, ihrer Art der Konversation. Es stimmt, dass er selbst ein wenig zu spät kam, um die Blüte des Ritterstandes noch zu erleben; aber er war früh genug dran, um die Männer zu treffen, zu denen man aufschaute, als die Ritterschaft noch in Blüte stand. Da viele von ihnen lesen konnten, studierten und kommentierten sie Froissarts Buch, und wir können daher annehmen, dass es sich keineswegs um eine Ausgeburt der Phantasie handelt, sondern eine korrekte Beschreibung dieser mittelalterlichen Soldaten enthält. Die Beschreibungen sind stets konsistent. Wenn man das Dargestellte mit den Aussagen und überlieferten Gesprächen der Ritter vergleicht (wozu ich einmal die Gelegenheit hatte), dann wird man feststellen, wie bemerkenswert einheitlich sie bezüglich des Inhalts sind. Wir dürfen also davon ausgehen, dass wir hier wirklich jenen Männern begegnen, die bei Crecy und bei Poictiers kämpften, zu einer Zeit, als sowohl der Franzosenkönig als auch der schottische Monarch in einem Londoner Gefängnis schmachteten und England

388 Alternativer Name für einen „Drop Scone“, ein typisches Gebäck der britischen Inseln.

ein Niveau militärischer Glorie erlangte, das in der Geschichte vermutlich nicht seinesgleichen hat.

In einem Aspekt unterscheiden sich diese Ritter grundsätzlich von denen, die uns in historischen Romanzen präsentiert werden. Um uns dem obersten Autor dieser Literatur zuzuwenden: Scotts mittelalterliche Ritter sind, wie ihr feststellen werdet, normalerweise von athletischem Körperbau und stehen in der Blüte ihres Lebens. Bois-Guilbert, Front-de-Boeuf, Richard, Ivanhoe, Count Robert – auf sie alle trifft dies zu.[389] Bei Froissart nun kommt es vor, dass seine berühmtesten Ritter alte, blinde Krüppel sind. Chandos, der fähigste Lanzenreiter seiner Zeit, muss bereits über 70 gewesen sein, als er den Tod fand durch einen Angriff, der seitlich erfolgte und den er nicht kommen sah, da er auf der entsprechenden Seite bereits sein Augenlicht eingebüßt hatte. Nur kurze Zeit zuvor war es gewesen, dass er bei der Schlacht von Nájera aus den Reihen der englischen Armee vorpreschte, um den Champion der spanischen Truppen, Marten Ferrara, zu erschlagen.[390] Jugend und Kraft waren gewiss nützlich, zumal in den Zeiten der schweren Rüstungen, aber saß der Ritter einmal auf seinem Ross, so waren dessen Muskeln wichtiger als die des Mannes. Auf englischen Jagden erlebt man es nicht selten, dass schlotternde alte Herren den Jungspunden durchaus noch das eine oder andere zeigen können, sobald sie erst einmal fest im wohlbekannten Sattel sitzen. Ebenso verhielt es sich bei Rittern, die weit über das gewöhnliche Alter ihrer Standesgenossen hinausgekommen waren. Sie hatten immer noch ihre Gerissenheit, ihre Kampferfahrung und vor

389 Figuren aus den Walter-Scott-Romanen „Ivanhoe“ und „Count Robert of Paris“.

390 John Chandos (gefallen im Jahr 1369) war ein englischer Ritter, der in der Frühzeit des Hundertjährigen Krieges in mehreren Schlachten kämpfte. Er war ein Gründungsmitglied des Hosenbandordens. Die von Conan Doyle angesprochene „Schlacht von Nájera“ war Bestandteil des 1. Kastilischen Bürgerkriegs.

allem ihre kühne, todesmutige Tapferkeit, um sich in die Schlacht zu werfen.

Es kann dennoch nicht verschwiegen werden, dass der Ritter unter dem Firnis seines Kodex oftmals ein blutgieriger und grausamer Barbar gewesen ist. Finanziell konnte er durch die Teilnahme an Feldzügen nicht viel gewinnen, es sei denn, es gab Lösegelder zu fordern. Aber bei all seiner Wildheit war er doch eine Kreatur von leichtem Herzen, einem furchterregenden Jungen gleich, der ein fürchterliches Spiel spielt. Jedoch blieb der Ritter seinem Kodex stets treu und brachte zumindest seinen Standesgenossen herzliche und zugewandte Gefühle entgegen, selbst noch auf dem Schlachtfeld. Persönliche Bitterkeit, so wie heute im Krieg zwischen Frankreich und Deutschland, gab es damals nicht. Im Gegenteil waren die Kontrahenten oft sehr höflich zueinander. *„Habt Ihr irgendeinen Schwur geleistet, von dem ich euch entbinden könnte?“*. *„Hättet Ihr Lust, euch in einen kleinen Waffengang mit mir zu begeben?“*. Es kam vor, dass Ritter mitten im Kampf innehielten, um dem anderen eine Atempause zu gestatten, während welcher sie freundschaftlich konversierten und sich gegenseitig Komplimente für ihr Können machten. Als Seaton, der Schotte mit einer Gruppe französischer Ritter in ausreichendem Maße gefochten hatte, sagte er: *„Vielen Dank, Gentleman, recht vielen Dank!“*, und galoppierte von dannen. Ein englischer Ritter schwor, dass er *„zur Steigerung meines Ruhms und zur Erhebung meiner Lady“* in die feindliche Stadt Paris reiten würde, um mit der Lanzenspitze die innere Stadtmauer zu berühren. Diese Geschichte ist typisch für die damalige Zeit. Als er herangeritten kam, bemerkten die französischen Ritter an der Mauer, dass er unter einem Schwur stand und sahen von einem

Angriff ab. Stattdessen riefen sie ihm lobende Worte zu. Allerdings begegnete er auf dem Rückweg einem ungehobelten Schlachterburschen, der den Ritter mit einer Streitaxt vom Gehweg aus angriff und tötete. Der Chronist beendet seinen Bericht an dieser Stelle, aber ich zweifle nicht daran, dass die französischen Ritter dem Schlachter eine üble Zeit bereitet haben werden. Sie konnten es keinesfalls tatenlos hinnehmen, dass ein Mann ihres Standes ein derart plebejisches Ende gefunden hatte, auch wenn es sich um einen Feind handelte.

Als Chronist ist De Commynes weniger blumig und deutlich konventioneller im Stil als Froissart, aber der Autor historischer Romanzen kann auch hier einiges lernen. Gewiss ist „Quentin Durward" direkt dem Werk De Commynes entsprungen. Die ganze Geschichte von Louis XI. und seine Beziehungen mit Charles the Bold, das seltsame Leben auf Plessis-lè-Tours, der Höflingspöbel, der Barbier und der Henker, die Astrologen, der Wandel von barbarischer Grausamkeit zu sklavischem Aberglauben – all dies findet sich hier. Man würde meinen, ein solcher Monarch sei einzigartig und dass ferner eine solche Mischung aus Seltsamkeiten und monströsen Verbrechen ohne Beispiel gewesen sein müsse, und doch werden sich ähnelnde Ursachen immer ähnliche Wirkungen zeitigen. Lest einmal Waliszewskis „Life of Ivan the Terrible"[391] und ihr werdet feststellen, dass Russland nur ein Jahrhundert später von einem Monarchen regiert wurde, der sich bis in kleine Details genauso verhielt wie Louis und sogar teuflischer war. Grausamkeit, Aberglauben, Astrologen, Höflinge von niederer Geburt, eine außerhalb der großen Städte lie-

391 Kazimierz Waliszewski (1849–1935) war ein polnischer Autor historischer Bücher. Obgleich er eher literarisch als wissenschaftlich schrieb, hatte er sich durch ein Studium im französischen Metz eine einschlägige Expertise erworben. Die von Conan Doyle genannten Werke wurden auf Französisch verfasst und fanden durch Übersetzungen auch Anklang in anderen europäischen Ländern.

gende Residenz – die Parallelen könnten kaum offenkundiger sein. Wenn ihr nach der Lektüre des „Ivan“ nicht zu arg vom Grauen geplagt seid, dann nehmt euch „Peter the Great“ vom selben Autor vor. Was für ein Land! Was für eine Thronfolge! Blut und Schnee und Eisen! Sowohl Ivan als auch Peter ermordeten ihre eigenen Söhne. Die in den Geschichten dargestellte Religion gleicht einer scheußlichen, entarteten Farce, sodass dieser Aspekt der Sache ein eigentümliches Grauen von grotesker Art verleiht. Wir hatten unseren Henry VIII., aber selbst unser schlimmster König war weise und gütig im Vergleich zu dem, was Russland zu bieten hat.

Wo wir gerade von Romantik und Ritterlichkeit sprechen: Dieses zerschlissene Buch dort hat zwischen seinen unrühmlich aussehenden Buchdeckeln ebenfalls eine lohnende Lektüre zu bieten. Es handelt sich um Washington Irvings „Conquest of Granada“. Ich weiß nicht, welche Quellen er zur Verfügung hatte – ich vermute, er las spanische Chroniken –, aber die Kriege zwischen den Mauren und den christlichen Rittern müssen voller ritterlicher Heldentaten gewesen sein. Ich kenne kein Buch, welches die Schönheit und den Glanz dieser Ereignisse besser darstellt: In der Sonne glänzende Lanzenspitzen, brennende Strohballen, die entlang der Klippen glühen, strenge Hingabe der gepanzerten Christen und elegant-vornehme Tapferkeit der vorstürzenden Moslems. Hätte Washington Irving sonst nichts geschrieben, dieses Buch allein wäre ausreichend gewesen, seinen Namen in jede Bibliothek zu bringen. Ich liebe alle seine Bücher, da niemand ein so frisches und reines Englisch schrieb wie er; aber unter all seinen Werken habe ich „The Conquest of Granada“ am häufigsten gelesen.[392]

392 Washington Irving (1783–1859) war ein amerikanischer Schriftsteller. Er verfasste zunächst mehrere Biographien und Gesellschaftssatiren, ließ sich in der Folge aber

Verweilen wir einen Moment bei der Geschichtsdarstellung in der romantischen Literatur. Hier haben wir zwei Exoten, die dem Thema eine ganz eigene Note geben. Es handelt sich um zwei fremdländische Romanautoren, die jeweils nur zwei Bücher vorgelegt haben, soweit mir bekannt. Diese grüngolden gebundene Doppelausgabe hier enthält die Werke des aus Pommern stammenden Autors Meinhold in einer exzellenten Übersetzung der Lady Wilde. Die Bücher heißen „Sidonia the Sorceress" und „The Amber Witch".[393] Ich wüsste nicht, wo sonst man einen sonderbareren Blick auf das Mittelalter erhält. Er gibt uns die heute altertümlich wirkenden Gewohnheiten des damaligen Alltagslebens, gepaart mit plötzlichen Einschüben von grotesker Wildheit. Die bizarrsten und barbarischsten Dinge sind menschengemacht und daher potentiell verstehbar. Es findet sich ein Vorfall in Meinholds Buch, der einen in besonderer Art und Weise heimsucht. Ich meine die Stelle, wo der Scharfrichter mit den Dorfbewohnern um den Preis für das Foltern der jungen Hexe schachert. Er handelt sie von einem Fass mit Äpfeln auf eineinhalb Fässer hoch, da er alt und rheumatisch sei und all das Strecken und Beugen seinem Rücken schaden könne. Er verkündet nach der Verhandlung, er wolle die Folter auf einem abschüssigen Hügel durchführen, damit die *„lieben Kleinen"* alles gut sehen könnten. Sowohl „Sidonia" als auch „The Amber

immer mehr von europäischen Strömungen der Romantik beeinflussen. Mit seinen heute wohl bekanntesten Erzählungen – „The Legend of Sleepy Hollow" und „Rip Van Winkle" – gilt Irving als Erfinder der Kurzgeschichte.

393 Wilhelm Meinhold (1797–1851) war ein deutscher Pfarrer und Theologe, der sich auch als Schriftsteller betätigte. Das von Conan Doyle genannte „The Amber Witch" trägt im Original den Titel „Maria Schweidler, die Bernsteinhexe" (1843) und gilt als sein wichtigstes Werk. Die englische Übertragung besorgte die Mutter Oscar Wildes. Der andere von Conan Doyle genannte Roman erschien ursprünglich 1847 unter dem Titel „Sidonia von Bork, die Klosterhexe".

Witch" zeigen ein Bild vom alten Deutschland, wie ich es nirgendwo sonst gesehen habe.

Meinhold gehört jedoch zu einer längst vergangenen Generation. Der andere Autor, dessen kräftige Tonlage mir gänzlich neu erscheint, ist Mereschkowski. Er ist, wenn ich mich nicht täusche, noch jung und hat seine Karriere noch vor sich. Bisher konnte ich jedenfalls nur zwei Bücher von ihm erstehen, „The Forerunner" und „The Death of the Gods".[394] Das erste spielt im Italien der Renaissance, das zweite handelt vom Niedergang des römischen Reiches, beide aber sind Meisterwerke der Literatur. Ich gestehe, dass ich nach der Lektüre recht zufrieden war, meinen Geist nach wie vor offen für neue Eindrücke zu finden, denn es ist eine der größten Gefahren für den alternden Mann, wenn sein Geist sich derart an Liebgewonnenes aus alten Tagen klammert, dass er dem Neuen keinen geistigen Raum mehr einräumt und sich sodann überzeugt zeigt, dass die Tage der guten Literatur vorüber sind – und das bloß, weil sein Kopf verknöcherte. Lest irgendeine beliebige Kritik und ihr werdet sehen, wie verbreitet diese Krankheit heute ist. Ein Blick in die Literaturgeschichte genügt jedoch, um festzustellen, dass es dieses Phänomen schon immer gab und sich junge Schriftsteller für gewöhnlich zunächst einer ablehnenden Haltung gegenübergestellt sahen. Diesem jungen Autor steht nur eine Option offen, nämlich das Ignorieren der Kritiker bei gleichzeitigem Versuch, die eigenen hohen Standards zu erfüllen. Den Rest überlässt man dann der vergehen-

394 Dmitri Sergejewitsch Mereschkowski (1865–1941) war ein russischer Schriftsteller, der sich als elitärer Mystiker verstand. Er zählt zu den wichtigsten russischen Poeten des ausgehenden 19. Jahrhundert, gilt manchen als Einfluss auf den entstehenden Symbolismus und war diverse Male für den Literaturnobelpreis nominiert. Daneben trat er auch als Kritiker und Übersetzer (von Poe und Goethe) in Erscheinung. Bei den von Conan Doyle genannten Werken handelt es sich um die Romane „Leonardo da Vinci" und „Julian Apostata" (Titel der deutschen Übersetzungen).

den Zeit und der öffentlichen Meinung. Ich habe hier an meinem Bücherregal einen kleinen Knittelvers angeheftet, wie ihr sehen könnt. Er mag einem jungen Kollegen in Zeiten des Ärgers ein wenig Frieden geben und als Richtschnur dienen:

*Critics kind – never mind!*
*Critics flatter – no matter!*
*Critics blame – all the same!*
*Critics curse – none the worse!*
*Do your best – the rest!*[395]

395 „Freundliche Kritik – Einerlei, / Schmeichelnde Kritik – Spielt keine Rolle, / Anklagende Kritik – Sei es drum, / Verfluchende Kritik- Nichts könnte schlimmer sein, / Tu dein Bestes – Was sonst?“

Es handelt sich um Conan Doyles eigene Dichtung, nämlich um einen Abschnitt des Poems „Advice to a Young Author“, das allerdings erst 1911 veröffentlicht wurde.

# XI

Ich habe in der Vergangenheitsform über Helden und fahrende Ritter gesprochen, dabei sind ihre Tage ganz gewiss noch nicht vorüber. Wenn die Erde bis in den letzten Winkel entdeckt, der letzte Wilde gezähmt und das letzte Kanonengeschütz abgewrackt und die Welt sich niedergelassen hat in fester Tugendhaftigkeit und unbeschreiblicher Langeweile, dann werden die Menschen ihren Blick zurück und auf unser Zeitalter richten. Sie werden unsere Zeit und unseren Mut idealisieren und romantisieren, ebenso, wie wir es heute mit unseren Vorvätern und ihrer Zeit tun. „*Es ist wundervoll, was die Leute damals mit ihren groben Werkzeugen und ihren beschränkten Apparaten alles vollbrachten!*“. Das ist es was sie sagen werden, wenn sie von unseren Entdeckungen und Reisen und Kriegen lesen.

Nun, lasst uns einen Blick auf das erste Buch in meiner Reiseabteilung werfen. Es ist Knights „Cruise of the Falcon“.[396] Die Natur hat sich ein Wortspiel erlaubt, als

396 Edward Frederick Knight (1852–1925) war ein englischer Jurist, der später ins journalistische Fach wechselte und in der Folge auch als Schriftsteller tätig war. Knight war ein enthusiastischer Reisender mit Abenteuerlust: Er besuchte Brasilien, um von dort nach Trinidad zu segeln; er fuhr über den Balkan und er reiste nach Kaschmir, um in den Himalaya zu wandern. 1870/71 hielt er sich in Frankreich auf und er war während des Spanisch-Amerikanischen Krieges als Berichterstatter auf Kuba unterwegs. Gleiches tat er auch während des Zweiten Burenkrieges in Südafrika, wo er so schwer verwundet wurde, dass er seinen rechten Arm verlor. Dies hielt ihn jedoch nicht davon ab, auch vom wenig später stattfindenden Russisch-Japanischen

sie eine Seele wie Knights in einen Körper mit ausgerechnet diesen Namen transportierte. Lest seinen in einfachen Worten abgefassten Bericht und sagt mir dann, ob ihr in den mannigfaltigen Werken Hakluyts etwas Wunderbareres findet.[397] Zwei Landsleute – Juristen, wenn mein Gedächtnis mich nicht trügt – gehen gemeinsam zum Kai von Southampton hinunter. Während sie die Küste entlang spazieren, treffen sie auf einen Jüngling, und zusammen gehen sie an Bord eines winzigen Bootes, womit sie auf die See hinaus steuern. Sie gelangen nach Buenos Aires, von wo aus sie weiter nach Paraguay reisen. Dort angelangt, entscheiden sie sich, auf die Westindischen Inseln zurückzukehren, wo sie ihr kleines Boot verkaufen, um sodann die Rückreise gen Heimat anzutreten. Hätten Seemänner in der elisabethanischen Zeit es besser machen können? Heute trifft man keine spanischen Galeonen mehr, die einem eine solch monotone Reise etwas auflockern könnten, aber wäre es anders, so bin ich gewiss, dass unsere Abenteurer sich auch hier ihre Dublonen zu sichern gewusst hätten. Aber gewiss zeugt es von edlerer Gesinnung, wenn man nicht aus Habgier, sondern aus purer Abenteuerlust dem Ruf der See folgt. Der alte Zauber wirkt noch nach in uns, so sehr wir uns auch zu tarnen versuchen mit Zylindern, Gehröcken und einem prosaischen Umfeld. Vielleicht wird man auch diese

---

Krieg zu berichten. Als er einmal auf Seiten der Japaner mit eingekesselt wurde, drangen falsche Informationen zu seinem Verbleib durch, was die „New York Times" zu einem Nachruf veranlasste. Tatsächlich überlebte Knight den Krieg und starb als Ruheständler in den 20er Jahren.

Das von Conan Doyle angesprochene „Cruise of the Falcon" ist ein zweibändiges Frühwerk. Knight beschreibt dort eine zwanzigmonatige Seereise, die den Autor und seine Begleiter entlang der südamerikanischen Küste und über Flüsse ins Inland des Kontinents führte. Das Buch erfuhr mehrere, teils üppig mit Illustrationen und Kartenmaterial versehene Auflagen.

397 Richard Hakluyt (1553–1616) war ein englischer Kaplan, der als Professor für Kosmographie maßgeblich ein neues Verständnis für globale Geographie vorantrieb und ein reichhaltiges, thematisch einschlägiges Werk hinterlassen hat. Eine im 19. Jahrhundert in London gegründete „Hakluyt Society" besteht bis heute.

Männer romantisch verklären, wenn Jahrhunderte die Erinnerung an sie nach und nach verwischt haben.

Ein anderes Buch, welches beweist, dass Romantik und Heldentum auch heute noch lebendig sind, ist „The Voyage of the Discovery in the Antarctic" von Captain Scott.[398] Geschrieben in einfacher Seemannssprache und bar jeglicher Übertreibung oder Einfärbung, hinterlässt die Lektüre den Leser nichtsdestotrotz (oder vielleicht gerade deshalb) tief beeindruckt. Denkt man während des Lesens über den Inhalt nach, so scheint man einen klaren Blick auf jene Qualitäten zu erhalten, welche zu den besten des britischen Nationalcharakters gehören. Jede Nation bringt tapfere Männer hervor, jede Nation verfügt über Männer mit Tatkraft. Es gibt jedoch einen gewissen Typus, der Tapferkeit und Tatkraft verbindet mit einer gefälligen Form der Bescheidenheit und gutartigem, jungenhaften Humor – dieser Typus muss als der erlesenste gelten. In Scotts Fall scheint die gesamte Expedition durch seinen Geist inspiriert worden zu sein. Kein Zurückweichen, kein Murren; jede Unannehmlichkeit wurde mit einem Jux genommen, niemand dachte an sich selbst, jeder arbeitete zum Wohle der Unternehmung. Wenn man liest, wie größte Entbehrungen derart ausgehalten wurden, so beginnt man sich für seinen Ärger zu schämen, den man

398 Robert Falcon Scott (1868–1912) war ein britischer Marineoffizier und Polarforscher. Während des „Goldenen Zeitalters der Antarktisforschung" – im englischen Sprachraum gern auch als „Heroic Age" bezeichnet – leitete er zwei wichtige Südpol-Expeditionen und erreichte diesen geographischen Punkt als einer der Ersten. Er starb – ebenso wie seine Begleiter – während der Rückkehr vom Pol ins Basislager an Unterernährung und Unterkühlung. Am Ort steht ein hölzernes Gedenkkreuz, in das einige Worte Lord Tennysons eingraviert sind. Scott wurde durch seine Leistungen und seine Persönlichkeit, die als besonders „britisch" empfunden wurde, zum Nationalhelden erklärt; ein Ruf, der erst durch neue Forschungsarbeiten in den 60er und 70er Jahren zu bröckeln begann. Das von Conan Doyle zitierte, äußerst erfolgreiche Buch ist ein Bericht von Scotts erster Südpol-Expedition. Conan Doyle traf 1909 persönlich auf Scott als dieser für Expeditionsgelder warb, wobei er die Bemühungen durch einen öffentlichkeitswirksamen Auftritt unterstützte.

angesichts der kleinen Scherereien des Alltags empfindet. Lest davon, wie Scotts schneeblinde, vom Skorbut geplagte Truppe sich schwankend ihrem Ziel entgegenarbeitete, und dann beschwert euch nochmal, wenn ihr könnt, über die Hitze der Sonne des Nordens oder den Staub einer Landstraße.

Das ist eine der Schwächen unseres modernen Lebens. Wir beschweren uns zu oft, und wir schämen uns dessen nicht. Es gab Zeiten, da dies anders war – da es als verweichlicht galt, sich zu beklagen. Der Gentleman sollte immer auch Stoiker sein und über den Dingen stehen. „*Sie scheinen zu frieren, Sir*", sagte einst ein englischer Sympathisant zu einem französischen Emigranten. Der gefallene Edelmann wickelte sich enger in seinen fadenscheinigen Mantel und antwortete: „*Sir, ein Gentleman friert niemals.*" Sowohl Rücksicht auf andere Menschen als auch Selbstachtung sollten den Drang zum Murren einhegen. Die Selbstbeherrschung und das Verbergen von Schmerz sind zwei Charaktereigenschaften, die ehedem als Nobelesse galten, während sie heute kaum mehr als Brauchtum sind. Die öffentliche Meinung sollte in diesen Fragen eindeutiger sein. Wer humpeln muss, da ihn sein Schienbein plagt, oder wer die Hände ringt aufgrund einer Knöchelblessur, der sollte nicht zum Objekt des Mitleids werden, sondern gesellschaftliche Verachtung zu spüren bekommen.

Sowohl bei uns als auch bei den Amerikanern sind Forschungsreisen in die Arktis gute Sitte. Das nächste Buch, von dem ich sprechen möchte, macht dies deutlich. Es ist Greelys „Arctic Service", ein wahrlich würdiger Gefährte für Scotts Bericht.[399] In diesem Buch

399 Adolphus Greely (1844–1935) war ein Offizier der US-Armee, wobei er zunächst in der Infanterie diente, dann zum Kavalleristen ausgebildet wurde und schließlich als Angehöriger des Fernmeldekorps Telegraphenverbindungen quer durchs Land

werden Begebenheiten geschildert, die man niemals vergessen kann. Nehmt jene Episode, in welcher ein Haufen von etwa 20 Mann auf diesem fürchterlichen Steilufer liegt und Tag für Tag durch Hunger und Skorbut dezimiert wird. Ein Vorfall, der all die kümmerlichen Tragödien der romantisch-abenteuerlichen Literatur in den Schatten stellt. Der darbende Anführer aber bleibt tapfer und hält Vorträge über abstrakte Wissenschaft, um die Gedanken seiner sterbenden Männer von ihrem Leid abzulenken – was für ein Bild! An der Kälte zu leiden ist schlimm und am Hunger zu leiden ebenso, und es ist auch schlimm, in der Dunkelheit leben zu müssen; diese Männer jedoch konnte all dies für volle sechs Monate aushalten und es ist in der Tat ein Wunder, dass einer überleben sollte, um ihre Geschichte zu erzählen. Eine ganze Welt aus widerstreitenden Emotionen liegt in den Worten, die er arme Lieutenant rief, während er starb: „*Nun ja, das ist wirklich ein Elend*". So ächzte er und neigte sein Gesicht der Wand zu.

Der angelsächsische Mensch war in der Tendenz stets ein Individualist und doch gibt es keinen, der fähiger gewesen wäre, feinere und disziplinierte Ideale zu erdenken und vorzuleben. Die Annalen der Römer und Griechen geben uns nichts Derartiges. Nicht einmal der mit Lava überhäufte Wachtposten von Pompeji ist mit den jungen Rekruten der englischen Armee vergleichbar, die uns durch ihre Taten auf der „Birkenhead" ein

legte. Greely – der über keinerlei einschlägige Erfahrung verfügte – meldete sich freiwillig zur Durchführung der ersten Polarexpedition der USA, die zwischen 1881 und 1884 durchgeführt wurde. Sie endete in einer Katastrophe – die von Conan Doyle hier beschriebenen Vorgänge beziehen sich auf den Winter 1883, als Greely und seine Truppe auf Pim Island ausharren mussten, wo sie herbe Verluste durch Hunger, Unterkühlung und Ertrinken erlitten. Wie später bekannt wurde, wurden auch einige Männer wegen Proviantdiebstahls standrechtlich erschossen. Die Rettung der Überlebenden erfolgte im Juni 1884, wobei die verbliebenen Männer – unter ihnen auch Greely – derart geschwächt waren, dass einer von ihnen noch auf der Rückfahrt in die USA verstarb.

veritables Beispiel für Pflichtbewusstsein gaben.[400] Und Greelys Expedition scheint mir ein weiteres, kaum weniger bemerkenswertes Beispiel zu sein. Ihr werdet euch vielleicht erinnern, sofern ihr das Buch gelesen habt, dass die eiserne Disziplin selbst dann nicht einriss, als nur noch acht Unglückliche am Leben waren. Sie waren so schwach vor Hunger, dass sie sich kaum noch bewegen konnten, und dennoch trugen sieben von ihnen den übrigen Mann aufs Eis hinaus, um ihn dort für einen groben Regelverstoß hinzurichten. Die Prozedur wurde von vorne bis hinten formal korrekt und methodisch ausgeführt, mit unterschriebenen Papieren und allem, als ob die Sache in Sichtweite zum Kapitol von Washington stattgefunden hätte. Sein Vergehen bestand, wenn ich mich recht erinnere, darin, den Riemen gestohlen und verspeist zu haben, der zwei Teile des Schlittens zusammengehalten hatte. Ein Mahl, ungefähr so appetitlich wie ein Schnürsenkel. Es ist im Sinne des Kommandeurs aber nur fair, darauf hinzuweisen, dass es sich dabei nur um einen Raub innerhalb einer ganzen Reihe trivialer Diebstähle handelte, und dass der fehlende Verbindungsriemen eines Schlittens jedoch für den Rest der Truppe durchaus über Leben und Tod entscheiden konnte.

Ich persönlich muss gestehen, dass für mich alles, was vom Polarmeer handelt, von allergrößtem Interesse ist. Wer diese mysteriöse Region, die sowohl zu den wunderschönsten als auch abstoßendsten Ecken der

400 Die „HMS Birkenhead“ war ein dampfbetriebener Truppentransporter der Royal Navy und als solcher eines der ersten aus Eisen gefertigten Schiffe in englischen Diensten. Als das Schiff im Jahr 1852 vor Südafrika im Einsatz war, kam es zu einer Havarie, wobei neben über 500 Mann aus Besatzung und Heer auch Frauen und Kinder an Bord waren. Das Schiff lief auf einen nicht den Karten vermerkten Felsen und ging in kürzester Zeit unter, wobei die schlafenden Soldaten auf den unteren Decks keine Chance hatten, sich zu retten. Es gab nicht genügend Rettungsboote, weswegen hier zum ersten Mal der heute allgemein geläufige Befehl „Frauen und Kinder zuerst!“ erging. Der überwiegende Teil der Passagiere ertrank oder wurde von Haien gefressen.

Welt gehören kann, einmal bereist hat, der wird sich ihrem Zauber ein Leben lang nie mehr völlig entziehen können. Ich stand auf der Grenze der uns bekannten Welt und habe Enten geschossen, die gen Süden zogen. Aus ihren Kaumägen klaubte ich Kieselsteine, die sie während der Rast in Ländern verschluckt hatten, an deren Ufer noch kein Mensch je seinen Fuß gesetzt hat. Die Erinnerung an diese unbeschreibliche Luft, an die großen, eisumsäumten Seen mit ihrem tiefblauen Wasser, an den wolkenlosen Himmel, der sich am Horizont langsam hellgrün verfärbt, um hernach in ein kaltes Gelb überzugehen, an die Vogelscharen, die uns geräuschvoll begleiteten, an die riesigen Wassertiere mit ihren aus dem Ozean ragenden Speckrücken, an die schneckengleichen Seehunde, die sich vor dem blendenden Weiß des Eises wie schwarze Punkte erstaunlich abhoben – all dies wird einen Mann, der dort war, bis in seine Träume verfolgen, und es wird ihm mit der Zeit selbst bloß noch wie ein phantastischer Traum erscheinen, derart fern liegen diese Erfahrungen vom gewöhnlichen Gang des Lebens. Und dann geht man auf die Jagd nach einem Fisch, der hundert Tonnen wiegt und zweitausend Pfund wert ist – aber was um alles in der Welt hat dies alles mit meinen Bücherregalen zu tun?[401]

---

401 Conan Doyle kannte das Polarmeer und den dortigen Walfang in der Tat aus eigener Anschauung. Als junger Medizinstudent kam er im Winter 1880 zufällig an einen Schiffsarztvertrag und fuhr ein gutes halbes Jahr auf dem damals in Kennerkreisen sehr bekannten Walfangschiff „Hope“ unter dem ebenso legendären Kapitän John Gay mit. Er war von dem rauen Seemannsdasein fasziniert, wie sich seinen „Arctic Diaries“ entnehmen lässt. Neben seiner Tätigkeit als Doktor half Conan Doyle nach Kräften bei der Jagd auf Robben, Eisbären und Wale. Er leistete dem Kapitän Gesellschaft und trieb sich in den Mannschaftskajüten herum. Die Fahrt war gewiss nicht ungefährlich: Conan Doyle fiel mehrfach ins eiskalte Wasser und wurde in Raufereien und Boxkämpfe verwickelt. Diese Zeit war derart prägend, dass er später in Artikeln und Vorträgen immer wieder darauf zurückkommen sollte – und natürlich verarbeitete er maritime Motive in unterschiedlichsten Erzählungen; als Beispiele seien „The Captain of the Pole-Star“ und die Sherlock-Holmes-Story „The Adventure of Black Peter“ genannt.

Andererseits sind diese Schilderungen durchaus am Platze, denn sie führen mich gedanklich direkt zum nächsten Werk auf dem Bücherbord: Bullens „Cruise of the Cachalot".[402] Dies Buch ist voll vom Zauber und vom Geheimnis der See, lediglich getrübt durch die Brutalität derer, die in ihren Schiffen auf ihr segeln. Ich meine das Fischen nach Pottwalen, eine Arbeit für den offenen Ozean und sehr verschieden von jenem Vortasten auf Grönlands Eis, an welchem ich selbst während meiner siebenmonatigen Lehrzeit auf dem Walfänger teilnahm. Ich fürchte jedoch, beide Dinge gehören der Vergangenheit an – die Fischerei im Norden in jedem Fall, denn warum sollte ein Mann sein Leben für Tran riskieren, wenn er mit Hilfe eines in die Erde gelassenen Ansaugrohres Öl fördern kann? Umso erfreulicher, dass sich mit Bullen einer unserer männlichsten Autoren mit dem Thema befasst hat. Wenn er in Form ist, steigt seine Sprache in höchste Höhen empor. Wollte ich dies belegen, so würde ich das nächste Buch aus dem Regal ziehen: „Sea Idylls".[403]

Hört euch folgende Passage an, wenn ihr ein Ohr für wohlklingende Prosa habt. Sie stammt aus einer prachtvollen Beschreibung einer längeren Flaute in den Tropen:

> *Eine Veränderung, gleichsam ungewöhnlich wie ungesund, ging mit der hellblauen See vor. Nicht länger*

402 Frank Thomas Bullen (1857-1915) war ein britischer Schriftsteller. Er verließ im Alter von 9 Jahren die Schule und arbeitete zunächst als Laufbursche, um nur einige Jahre späterer als Schiffsjunge anzumustern und derart die Weltmeere zu bereisen. Später arbeitete er als Büroangestellter im öffentlichen Dienst und trat als Autor von Zeitungsartikeln, Romanen und Essays hervor. Bei dem von Conan Doyle hier genannten Roman „The Cruise of the Cachalot" (1898) handelt es sich um eine autobiographisch eingefärbte Erzählung rund um Seereisen und Walfang. Das Buch wurde zu seiner Zeit viel gelesen, als Bewunderer von Bullens Feder ist Rudyard Kipling bekannt. Tatsächlich war Conan Doyle selbst mit Bullen befreundet.

403 Conan Doyle meint den reiseberichtartigen Erzählband „Idylls of the Sea" (1899).

*war sie ein durchsichtiger Spiegel, in dem sich die Herrlichkeit der Sonne, der liebliche Silberglanz des Mondes oder das Licht funkelnder Sternenhaufen brach. Wie der aschgraue Ton der das Gesicht des Sterbenden trübt, zog sich eine dünne, fettige Haut über die eben noch anmutige Oberfläche des Ozeans. Die See war plötzlich krank, stillstehend und faulig. Aus ihren schlammigen Wassern stieg ein miasmatischer Dampf empor, der sich wie der Atem des Verfalls ausnahm und sich, alle Sinne betäubend, mit klammem Griff auf unsere Gaumen legte. Von seltsamen Mächten getrieben, stiegen unheimliche Schemen aus den unergründlichen Tiefen zur Oberfläche empor, glasig blinzelnd angesichts der ungewohnten Blendung die sie eingetauscht hatten gegen ihre angestammte Düsternis – grobschlächtige Kreaturen, geschmückt mit Fransen, die seegrasartig um sie herum wucherten, fadenlange Medusen, innerhalb deren transparenter Masse sich bunte Pünktchen wie Augen aneinander drängten, sich windende, wurmartige Formen aus solch flüchtigem Stoffe, dass man meinte, die geringste Einstrahlung der Sonne müsse sie zerschmelzen lassen. Indes geschah dies nicht. Blickte man tiefer hinab, so wurde man riesiger, blasser Schatten gewahr, die träge vorbei krochen, bislang zum Glück noch ununterscheidbar, die aber doch dem seltsam kraftlosen Geruch, der über uns hing, eine irgendwie vertraute Note hinzufügten.*

Lest den gesamten Essay, der eine Flaute in den Tropen beschreibt, oder nehmt euch „Sunrise as seen from the Crow’s-nest“ vor, und ihr werdet einräumen müssen, dass es nur wenige Stücke im deskriptiven Englisch unserer Zeit gibt, die herrlicher sind. Müsste ich mir eine maritime Bibliothek aus lediglich einem Dutzend Büchern zusammenstellen, ich würde Bullen gewiss zwei Plätze zubilligen. Welche Bücher ich noch wählen würde, fragt ihr? Nun, es kommt in dieser Frage sehr auf den individuellen Geschmack an. Gewiss müsste „Tom Cringle's Log" einen Platz erhalten. Ich hoffe, heutige Jungens sind ebenso fasziniert von den Haien und den Piraten, den Pflanzern und der übermütigen Ausgelassenheit des Buches, wie es bei den damaligen Lesern der Fall war.[404] Dann haben wir hier Danas „Two Years before the Mast".[405] Ich sollte noch Platz lassen für Stevensons „Wrecker" und „Ebb Tide".[406] Clark Russell gebührt an sich ein eigener Regalmeter, aber zumindest muss „The Wreck of the Grosvenor" mit.[407] Auch Marryat muss natürlich dabei sein, wobei ich „Midshipman Easy" und „Peter Simple" als repräsentative Beispiele seines Werkes einpacken würde. Ich lege noch eines von Melvilles Tahiti-Büchern dazu – heute zu sehr in Vergessenheit geraten – vielleicht „Typee" oder „Omoo".[408] Um dem modernen Geschmack entgegen zu kommen, wähle ich zum

404 „Tom Cringle's Log" war eine Rubrik im "Blackwood's Magazine", in der der schottische Kaufmannssohn und Karibikreisende Michael Scott (1789–1835) autobiographisch eingefärbte Erzählungen veröffentlichte.

405 Richard Henry Dana jr. (1815–1882) war ein US-amerikanischer Jurist, der sich vor Gericht für die Rechte entflohener Sklaven einsetzte. Später wurde er von Abraham Lincoln zum Bundesstaatsanwalt seines Geburtsstaates Massachusetts ernannt. Bei „Two Years before the Mast" handelt es sich um einen zwischen Roman und Sachbuch schwankenden Reisebericht: Dana hatte sein Studium der Jurisprudenz 1834 unterbrochen, um als einfacher Matrose einige Zeit zur See zu fahren. Das Buch war ein enormer Publikumserfolg und ist ein Vorläufer von Autoren wie Mark Twain und Henry David Thoreau. Ein nachweislicher Bewunderer des Buches war Herman Melville.

406 „The Wrecker" (1892) ist ein Seeabenteuerroman von Robert Louis Stevenson. „The Ebb-Tide" ist eine auf Tahiti spielende Novelle, die Stevenson gemeinsam mit seinem Stiefsohn Lloyd Osbourne verfasste.

407 William Clark Russell (1844–1911) war ein britischer Schriftsteller von Seefahrerromanen, in denen er seine Erfahrungen als Matrose der königlichen Handelsmarine verarbeitete. Daneben schrieb er auch Gedichte und veröffentlichte regelmäßige Kolumnen zu maritimen Angelegenheiten im „Daily Telegraph". Der von Conan Doyle genannte Roman „The Wreck of the Grosvenor" (1877) ist Russells bekanntestes und bestverkauftes Werk.

408 Die Südseeerzählung „Typee" von 1846 gilt als Klassiker der Reiseliteratur. Melville machte sich durch sie einen Namen als Entdecker der Südsee als literarisches Motiv. Eine Verarbeitung seiner eigenen Reiseerfahrungen stellt auch das Nachfolgebuch „Omoo" (1847) dar.

Abschluss noch Kiplings „Captains Courageous“ und Jack Londons „Sea Wolf“, abgerundet durch Conrads „Nigger of the Narcissus“.[409] Mit diesen Büchern habt ihr genügend Material an der Hand, um aus eurem Studierzimmer eine Kajüte zu machen und die Waschküche der wogenden See durch eure Kabine rauschen zu lassen, sofern das geschriebene Wort dazu in der Lage ist. Oh, wie sehr es einen manchmal danach verlangt, wenn das Dasein sich unecht anfühlt und das alte Wikingerblut in den Adern zu pulsieren beginnt! Ich bin mir sicher, dass es in uns allen fortlebt, denn kein Inselbewohner ist ohne Vorfahr aus Langboot oder Coracle.[410] Eigentlich müssten die Amerikaner sogar noch eher Salzwasser im Blut haben, bedenkt man, dass auf jenem weitläufigen Kontinent kaum jemand lebt, dessen Ahnen nicht die 3.000 Meilen über den Ozean gekommen sind. Und doch leben in den mittigen Bundesstaaten Millionen und Abermillionen von Menschen, die noch nie einen Blick auf die See geworfen haben.

Ich hatte schon erwähnt, dass „Omoo“ und „Typee“, in denen der Matrose Melville sein Leben unter Tahitianern beschreibt, allzu schnell der Vergessenheit anheim fielen. Was für eine reizvolle und interessante Aufgabe

409 Kiplings „Captain Courageous“ (1897) ist ein abenteuerlicher Bildungsroman um einen Jungen reicher Eltern, der zufällig in die Verlegenheit gerät, als Schiffsjunge auf einem Segelschiff dienen zu müssen. Jack Londons Bestseller „The Sea-Wolf“ (1904) ist einer der großen Klassiker des Genres. Conan Doyle bewunderte Jack London sehr und wandelte bei einer Australienreise nach dem 1. Weltkrieg auf den Spuren des Abenteurers. Joseph Conrads mit autobiographischen Elementen versetzte Erzählung „The Nigger of the Narcissus“ (1897) um eine Schiffsmannschaft, die sich um einen erkrankten schwarzen Matrosen kümmern muss und gleichzeitig das Schiff fachgerecht zu steuern hat, wird nicht selten zum Glanzlicht von Conrads Frühwerks ernannt. Von Conrads berühmtesten Werk „Heart of Darkness“ scheint Conan Doyle trotz der Thematik keine besondere Notiz genommen zu haben – stattdessen fachte der ebenfalls auf Tatsachen beruhende Roman „The Pools of Silence“ des Iren Henry De Vere Stacpoole seine Wut auf die belgischen Verbrechen im Kongo an.

410 Langboote sind längliche Ruderschiffe der Wikinger. Ein „Coracle“ ist ein sehr kleines, kielloses Boot aus Korbgeflecht mit einem Fellüberzug, das sich nur für die Fahrt auf Binnengewässern eignet.

wäre es für einen Mann von katholischem Geschmack[411] und verständigem Urteilsvermögen, sich auf Rettungsmission zu begeben und unter all den verlorenen Büchern jene herauszusuchen, welche einer Bergung wert wären. Ein kleines Büchlein über diese Entdeckungen wäre außerdem von Interesse und würde als Einführung zu den jeweiligen Werken sowie ihren Autoren gewiss dienlich sein. Ich bin sicher, dass es viele gute Bücher gibt, vielleicht sogar einige hervorragende, die von der immer eiligeren Zeit fortgespült wurden. Welche Chance auf Anerkennung hat zum Beispiel ein unbekannter Autor, wenn er sein Buch während einer nationalen Krise herausbringt, zu einer Zeit also, da die Gedanken der Öffentlichkeit auf andere Dinge gelenkt sind? Hunderte Werke wurden derart zu Totgeburten, aber sind unter ihnen nicht einige zu finden, die es zu leben verdienten? Gut, hier haben wir ein Buch der Moderne, geschrieben von einem jungen Autor unter 30 Jahren. Es ist Snaiths „Brooke of Covenden“, das nur mit knapper Not eine zweite Auflage erlebte. Ich behaupte nicht, es sei bereits ein Klassiker – wobei ich auch nicht behaupten will, es sei definitiv keiner – aber ich bin gewiss, dass der Autor in jedem Fall das Zeug dazu hat, einst als Klassiker gelten zu können.[412] Hier ist ein weiterer Roman – „Eight Days“ von Forrest. Ihr könnt es nirgends kaufen. Tatsächlich habt ihr schon Glück, wenn ihr es in irgendeiner Bücherei findet. Und doch ist über den Indischen

411 Umgangssprachlich für einen universal gebildeten, umfassend interessierten Menschen.

412 John Collis Snaith (1876–1936) war ein englischer Cricketspieler, der ein voluminöses Romanwerk hinterließ. Neben seiner Aktivität als Ligaspieler war er auch Mitglied des „Author Cricket Club“, in welchem neben P. G. Wodehouse, J. M. Barrie und Conan Doyles Schwager E. W. Hornung auch Conan Doyle selbst spielte.

Aufstand nie besser geschrieben worden als hier.[413] Und ich habe noch ein Werk, von dem ihr unter Garantie noch nie gehört habt. Es sind Powells „Animal Episodes". Nein, es handelt sich nicht um eine Sammlung von Haustieranekdoten, der Band enthält vielmehr sehr unterschiedlich geschriebene Erzählungen die sich mit der tierischen Seite des Menschen beschäftigen.[414] Wenn ihr Feinschmecker seid, werdet ihr hier eine vollkommen neue Geschmacksrichtung entdecken können. Das Buch erschien vor zehn Jahren und ist völlig unbekannt. Wenn ich bereits drei solche Bücher in meinem kleinen Regal hier habe, wie viele verlorene Lichter müssen dann noch in der Dunkelheit dort draußen flackern!

Lasst mich noch einmal auf mein Thema vom Anfang zurückkommen, die Romantik des Reisens und den häufig im modernen Leben anzutreffenden Heroismus. Ich habe hier zwei Bände über wissenschaftliche Entdeckungsfahrten, die diese Qualitäten in starker Form exemplarisch darstellen. Ich wüsste nicht, welche Bücher besser für einen jungen Mann geeignet wären der angehalten ist, seinen Geist zu vornehmer und hehrer Stärke heranzubilden und sich zudem in Liebe und Anteilnahme der Natur in all ihren Aspekten zuwenden soll. Das erste Buch ist Darwins „Journal of the Voyage of the Beagle". Anhand dieses starken Reiseberichts muss jeder scharfsichtige Beobachter bereits lange vor „The Origin of Species" bemerkt haben, welch hervorragender Kopf von erlesenem Charakter hier hervorgetreten ist. Es hat nie einen in umfassenderer Weise den-

413 Robert Edward Treston Forrest (1835–1914) war der Sohn eines Offizers der Britischen Ostindien-Kompanie. Er lebte und arbeitete selbst für etwa 25 Jahre in Indien, bevor er sich in England niederließ, um Schriftsteller zu werden. Sein dreibändiges Werk „Eight Days" (1891) befasst sich mit dem gegen die Kolonialherrschaft gerichteten Indischen Aufstand von 1857, bei dessen Niederschlagung der Vater sich hervorgetan hatte.

414 Gemeint sind George Herbert Powell (1856–1924) und sein Buch „Animal Episodes and Studies in Sensation" von 1896.

kenden Menschen gegeben. Für diesen aufmerksamen Betrachter war kein Ding zu klein und keines zu groß. Erst analysiert Darwin eine kleine Besonderheit an der minutiösen Art der Spinnen, ihr Netz zu weben, dann befasst er sich mit der Faktenlage hinsichtlich versunkener Kontinente und schließlich mit dem Aussterben einer Vielzahl von Tierarten. Sein Wissenshorizont war enorm breit – Botanik, Geologie, Zoologie –, und er nutzte dabei alle Wissensgebiete zur gegenseitigen Bestärkung. Die Art, wie ein Jüngling wie Darwin – er war gerade einmal 23 Jahre alt, als er im Jahr 1831 die Beagle zur Weltreise bestieg – eine derartige Wissensmenge verinnerlichen konnte, erfüllt einen mit demselben Staunen, das man empfindet, wenn man einem instinktiv zur Meisterschaft gelangten musikalischen Wunderkind lauscht. Eine Eigenschaft, die man bei dem Gelehrten so nicht vermuten würde, ist seine vornehme Verachtung jedweder Gefahr. Sie tritt uns lediglich in Bescheidenheit gekleidet entgegen, weswegen man schon zwischen den Zeilen lesen muss, um sie zu entdecken. Als Darwin in Argentinien war, wurde das Land außerhalb der Siedlungen von vagabundierenden Indianern zu Pferde durchstreift. Für Weiße hatten diese nichts übrig. Und doch ritt er die 400 Meilen, die zwischen Bahia und Buenos Aires liegen, allein, da nicht einmal die harten Gauchos ihn begleiten wollten. Gefahr für Leib und Leben, die Möglichkeit eines scheußlichen Todes gar, galten ihm wenig, wenn es eine neue Käferart oder eine noch unbenannte Fliege zu entdecken galt.

Das zweite Buch, auf welches ich oben verwies, ist Wallace' „Malay Archipelago".[415] Die geistigen Eigen-

415 Alfred Russel Wallace (1823–1913) war ein britischer Naturforscher, der unabhängig von Darwin zu gültigen Schlussfolgerungen im Bereich der Evolutionstheorie kam, weswegen er heute oft als wichtiger Wissenschaftler „in Darwins Schatten" gesehen wird. Er unternahm ausgiebige Feldforschungen im Amazonasbecken und in Regionen des Malaiischen Archipels. Er wird zuweilen auch als originärer Kopf

schaften beider Männer scheinen sich bemerkenswert ähnlich: Die gleiche Courage auf moralischer wie auf körperlicher Ebene, die gleiche edle Hartnäckigkeit, die gleiche Universalbildung und eine vergleichbare gedankliche Offenheit sowie die gleiche Leidenschaft für Naturbeobachtungen. In einem Brief an Darwin beschrieb Wallace, einer Intuition folgend, die Ursache der Artenentwicklung vollkommen korrekt, während sein Briefpartner gerade dabei war, ein Buch herauszubringen, das die gleiche Theorie vertrat, belegt jedoch durch zwanzigjährige Forschungsarbeit. Wie muss Darwin sich gefühlt haben, als er den Brief las? Und doch hatte er keineswegs etwas zu fürchten, da sein Buch keinen enthusiastischeren Fürsprecher fand als den Mann, der die Sache in gewissem Sinne antizipiert hatte. Hier lässt sich zudem ersehen, dass Wissenschaft genauso ihre Helden hat wie die Religion. Einer von Wallace' Aufträgen in Papua war die Erforschung des Paradiesvogels hinsichtlich Spezies und ökologischer Nische; allerdings verbrachte er Jahre auf der Insel und fertigte so im Laufe der Zeit eine Untersuchung der gesamten lokalen Fauna an. Ich habe irgendwo gelesen, dass die Einwohner jener Gegend auf Papua, in welcher der Paradiesvogel lebte, Kannibalen waren. Stellt euch einmal vor, ihr müsstest jahrelang neben solchen Nachbarn leben! Lasst einen jungen Burschen diese zwei Bücher lesen und es wird ihm nicht mangeln an Stärkung für Geist und Seele.

der Biogeographie gesehen. Als Darwin sich wegen seines Buches „On the Origin of Species" öffentlicher Kritik stellen musste, sprang Wallace seinem Kollegen vorbehaltlos bei. Er hatte abseits seiner wissenschaftlichen Arbeit jedoch auch einen Hang zum Spiritismus, was ihn in gewissem Sinne zum wissenschaftlichen Außenseiter machte. Daneben trat er aktiv für Sozialreformen wie das Frauenwahlrecht und die Verstaatlichung von Grundbesitz ein. Wallace selbst wurde Zeit seines Lebens immer wieder von Geldproblemen geplagt und konnte diese letztlich nur durch die Fürsprache Darwins in den Griff bekommen, dessen Einsatz ihm in den 1880ern eine staatliche Rente verschaffte.

# XII

Wir sind bei unserer letzten Seance angelangt. Macht es euch noch ein letztes Mal auf dem alten grünen Sofa gemütlich, meine geduldigen Kameraden, um euch die eichenen Regale zu besehen und mir so gut als möglich zu folgen, während ich euch über deren Inhalte unterrichte. Ein letztes Mal! Und dennoch stelle ich fest, da ich den Blick über all die Bücherreihen schweifen lasse, dass ich lediglich einen Bruchteil jener Werke besprochen habe, welchen ich besonderen Dank schulde, und dabei nur sehr wenige Gedanken aussprach und verfolgte, obwohl mir doch so viel mehr durch den Kopf geht, wenn ich meine Regale beschaue. Aber vielleicht ist es auch so, dass der Mann, der alles gesagt hat, unweigerlich auch zu viel gesagt hat.

Lasst mich ein didaktisches Moment einbringen. Ich nehme solch eine ernsthafte Haltung an – oh, nennt mich keinen Pedanten! – da mein Blick soeben auf die kleine, aber feine Wissenschaftsabteilung fällt. Ich wollte euch mitteilen, dass ich einem jungen Manne am Beginn seines Lebens immer raten würde, einen Abend der Woche wissenschaftlicher Lektüre zu widmen. Hat er das nötige Durchhaltevermögen dafür und beginnt er mit 20 Jahren damit, so wird er sich im Alter von 30 Jahren gewiss zu einem gut gebildeten Manne entwickelt haben, der eine gute Stellung wird einnehmen können, wohin auch immer sein Weg ihn führen mag. Wenn ich zum Studium der Wissenschaft rate, so meine ich nicht, dass der junge Mann den Staub der Pedanten hinunterwürgen soll, um sich in den Untergliederungen der Lepidoptera oder den Klassifikationen der Dikotylen zu verlieren. Solch ermüdende Details stellen die Dornenbüsche des Zaubergartens der Wissenschaft dar, und man wäre ein Narr, wollte man seinen Rundgang damit beginnen, den Kopf in eines dieser Gewächse zu versenken. Haltet euch fern von ihnen, bis ihr die offenen Beete ausgekundschaftet und die leichteren Pfade allesamt begangen habt. Meidet aus diesem Grunde die abstoßenden Lehrbücher und kultiviert ein Interesse für die reizvolleren Populärwissenschaften. Ihr dürft nicht hoffen, es auf allen diesen verschiedenen Gebieten zum Experten zu bringen. Es ist ohnehin viel besser, ein umfassendes Verständnis für allgemeingültige Forschungsergebnisse zu bekommen und ihre jeweiligen Verbindungen untereinander zu verstehen. So wird euch zum Beispiel ein wenig geologische Lektüre durchaus ein Interesse an Steinbrüchen und der Anlage von Eisenbahnen vermitteln. Seid ihr ein wenig im Bereich der Zoologie belesen, so werdet ihr eure Neugier in Bezug auf Benennung und Aussehen jener Gelben Tigermotte, die dort gerade um die Lampe schwirrt, schnell befriedigen können. Etwas botanische Fachliteratur, und ihr werdet dazu fähig sein, jede Blume zu erkennen, die ihr auf euren Spaziergängen erblicken mögt. Ihr werdet außerdem einen Schauer der gespannten Neugier fühlen, solltet ihr einmal über ein Gewächs stolpern, das ihr noch nicht aus euren Büchern kennt. Etwas archäologisches Fachwissen wird ausreichen, um euch zu Kennern britischer Grabhügel zu machen oder euch befähigen, die Umrisse eines römischen Feldlagers in den Downs nachzuvollziehen. Etwas Astronomie und ihr werdet den Himmel aufmerksamer betrachten, werdet Planeten von Sternen zu unterscheiden wissen, und ihr werdet das stofflich fassbare Universum, das in seinen Erscheinungen gewiss die dahinter wirkende geistige Kraft erkennen lässt, in seiner Ordnung, Schönheit und Majestät schätzen lernen. Wie ein Mann der Wissenschaft gleichzeitig Materialist sein kann, ist mir genauso unbegreiflich, wie ich mich über einen Sektierer wundere, der die Wirkmöglichkeiten des Schöpfers bewusst einschränkt. Zeigt mir ein Bild ohne Künstler, eine Büste ohne Bildhauer, Musik ohne Musiker, und dann soll mir noch mal jemand etwas erzählen über ein schöpferloses Universum, wie auch immer man den Erschaffer nun nennen möchte.

Hier habe ich Flammarions „L'Atmosphère" – eine wunderschöne Ausgabe in Scharlachrot und Gold, wenn auch etwas verfärbt und fadenscheinig.[416] Dies Buch und ich haben eine gemeinsame Geschichte, die mir teuer ist. Ein junger Franzose gab es mir an der afrikanischen Westküste, als er im Sterben lag. Ich behandelte ihn und er trat es mir zur Entlohnung ab. Wenn ich es ansehe, bringt es mir Erinnerungen zurück an meine kleine Koje von damals, an ein fahles Gesicht und große Augen, die traurig zu mir aufblicken. Armer Junge. Ich fürchte, er hat sein geliebtes Marseille niemals wieder gesehen!

Da wir gerade von Populärwissenschaft sprachen: Ich kenne keine Bücher, die besser geeignet wären, das Interesse eines Mannes für die Wissenschaft zu wecken und ihm einen breiteren Überblick einschlägiger Art

416 Camille Flammarion (1842–1925) war ein französischer Astronom und Esoteriker, der sich durch eine Vielzahl populärwissenschaftlicher und spekulativer Werke einen Namen machte.

verschaffen könnten, als diese Werke von Samuel Laing hier. Wer hätte gedacht, dass dieser weise Gelehrte und sanftmütige Träumer auch tatkräftiger Sekretär einer Eisenbahngesellschaft war?[417] Viele Männer von höchsten wissenschaftlichen Ehren haben ihre Karrieren mit prosaischen Tätigkeiten begonnen. Herbert Spencer war Eisenbahningenieur, Wallace war Landvermesser.[418] Und doch ist es bemerkenswert, dass ein Mann von solch ausgeprägtem wissenschaftlichen Geist, wie Laing es war, sein Leben der schnöden Routine einer Lohnarbeit widmen sollte. Er bekleidete seine Stellung bis ins hohe Alter, doch seine Seele blieb stets offen für neue Ideen und sein Verstand war immer erpicht auf neues Wissen, was als beachtenswerte Tatsache gelten kann. Lest seine Bücher, und ihr werdet zu vollkommneren Menschen werden.

Kürzlich abgeschlossene Lektüren stellen ein exzellentes Gesprächsthema dar. Etwas zu schwer für euch, könntet ihr meinen. Nun, ich will niemanden beleidigen, aber ich wage zu behaupten, es gestaltet sich interessanter als eure gewöhnlichen Alltagsunterhaltungen. Man muss dabei natürlich etwas Takt beweisen und Diskretion walten lassen. Die Erwähnung von Laings Werken bringt mich zu dieser Aussage. Ich habe einmal jemanden getroffen, beim Table d'hôte oder anderswo, der mir gegenüber einige Bemerkungen über prähistorische Fundstücke im Somme-Tal fallen ließ. Ich wusste alles darüber und ließ ihn dies auch spüren. Ich machte sodann einige Anspielungen auf die Steintempel von Yukatan, die er ohne Umschweife aufnahm, um sich

417 Samuel Laing (1812–1897) war ein britischer Jurist, der administrativ und politisch im Kontext der britischen Eisenbahn wirkte. Als Sohn eines Reiseschriftstellers tat er sich später als Sachbuchautor hervor, wobei er allgemein über wissenschaftlichen Fortschritt und Religion schrieb.

418 Herbert Spencer (1820–1903) war ein englischer Geisteswissenschaftler, der heute vorrangig bekannt ist für seine Vulgarisierung der Evolutionstheorie Darwins.

selbst nun darüber zu verbreiten. Er sprach von einer alten peruanischen Zivilisation, wobei ich ihm gut zu folgen vermochte. Ich brachte Malereien vom Titiqaqa ins Spiel und er wusste auch darüber alles. Er begann, über anthropologische Quartärforschung zu sprechen, und ich hielt alle Zeit mit. Wir gerieten immer mehr ins Staunen ob der umfassenden und akkuraten Kenntnisse des jeweils anderen, bis mir blitzartig eine Erklärung dafür in den Sinn kam. „*Sie lesen Samuel Laings ‚Human Origins'!*", rief ich. Ich hatte Recht, und wie es der Zufall wollte, traf dies damals auf mich ebenso zu. Wir hatten uns gegenseitig Wasser aus derselben Quelle über den Kopf gegossen.

Am Ende meiner Wissenschaftsabteilung dort hinten steht ein voluminöses Werk in zwei Bänden, dessen Wissenschaftlichkeit bis heute von einigen Pedanten angezweifelt wird. Es ist Myers „Human Personality".[419] Fragt man mich, so lautet meine Ansicht, dass es in 100 Jahren als hervorragendes Grundlagenwerk angesehen werden wird. Dereinst wird sich aus ihm eine ganz neue Wissenschaftsdisziplin entwickelt haben. Nennt mir ein Buch, das mit mehr Geduld und mehr Eifer erarbeitet wurde, das gedankenvoller ist und mit besserem Unterscheidungsvermögen glänzt, das mit derart schwungvollem Geist geschrieben wurde, der es ermöglicht, Tausende von unterschiedlichen Fakten zu versammeln, um sie sodann zu einem konsistenten System zu verbinden. Wie Darwin ein passionierter Sammler von zoologischen Tatsachen war, so ist Myers ein leidenschaftlicher Erforscher der verdunkelten Regionen des Übersinnlichen. Seine gesamte Hypothese – so

419 Frederic W. H. Myers (1843–1901) war ein englischer Schriftsteller. Er gründete die Society for Psychical Research mit, deren Mitglied später auch Conan Doyle selbst war. Die Essaysammlung „Human personality and its survival of bodily death" dürfte Myers umfangreichste und auch bekannteste Publikation sein. Myers wird die Einführung des Begriffs „Telepathie" zugeschrieben.

neu, dass es noch an entsprechenden Klassifikationen und fachgerechter Terminologie mangelt –, die Dinge wie Telepathie, das Unterbewusste und so weiter erklärt, wird stets als Monument für scharfsinnige Argumentation und logisches Denken gelten, dargebracht in wohlformulierter Prosa und begründet durch einwandfrei belegte Tatsachen.[420]

Es ist in der Literatur von großem Reiz, sich der Darstellung wissenschaftlicher Methoden zu bedienen oder wissenschaftliches Gedankengut in Erzählungen anklingen zu lassen. Da spielt es dann auch keine Rolle, wie weit dies von wirklicher Forschung entfernt ist. Poes Geschichten zum Beispiel verdanken dem derart erlangten Effekt eine ganze Menge, auch wenn in seinem Fall die pure Illusion überwog. Jules Verne ist ebenfalls in der Lage, durch den gekonnten Einsatz wirklichen Wissens aus den Naturwissenschaften einen entzückend glaubhaften Effekt zu generieren. Bestens zu Geltung kommt dies in der lockeren Form des Essays, wenn es spielerisch für Analogien und zur Illustrierung von Fakten gebraucht wird. Wird dies durch Verweise auf das jeweils andere Sprachgebilde zu einem Ganzen verwoben, vermag es dem Text eine besondere Würze zu verleihen, die der Leser zu schätzen wissen wird.

Mir fallen keine besseren Beispiele ein für das, was ich hier meine, als die drei kleinen Bände dort aus Wendell Holmes' unvergesslicher Reihe.[421] Es sind „The Autocrat", „The Poet" und „The Professor at the

420 Spiritismus und die Erforschung vermeintlich paranormaler Phänomene durch ein wissenschaftlich anmutendes Instrumentarium entwickelten sich in der in der zweiten Hälfte des 19. Jahrhunderts und hatten etwa um die Jahrhundertwende gar Hochkonjunktur auf verschiedenen gesellschaftlichen und kulturellen Ebenen. Auch wenn Aberglauben und Esoterik bis heute in gewisser Weise ihren Einfluss nicht verloren haben, ist die von Conan Doyle geweissagte breite wissenschaftliche und soziale Anerkennung doch ausgeblieben.

421

Breakfast Table“. Hier werden die geäußerten Gedanken – subtil und penibel, aber auch delikat – kontinuierlich unterfüttert durch Anspielungen und Analogien, die den dahinterstehenden Autor als jemanden von umfangreicher und akkurater Bildung ausweisen. Was für ein Werk! Wie weise, wie geistreich, wie großherzig und tolerant! Könnte man einen Philosophen aus dem Elysium zum Lehrer wählen, so wie es einst in Athen Brauch war, so fiele meine Wahl auf den Weisen aus Boston. Ich vermute, diese Bücher üben aufgrund meiner stetigen Beschäftigung mit der Wissenschaft, vor allem der medizinischen Wissenschaft, seit meinen frühen Studientagen eine derart starke Anziehungskraft auf mich aus. Niemals habe ich einen Mann, den ich niemals im Leben traf, so gut gekannt und so geliebt. Zwar hatte ich das Bestreben, ihm einmal zu begegnen, aber es war die Ironie des Schicksals, dass ich in Wendell Holmes' Geburtsstadt gerade noch rechtzeitig eintraf, um einen Kranz auf seinem frischen Grab niederzulegen.[422] Lest seine Bücher erneut und prüft einmal nach, ob euch auffällt, wie zeitlos sie sind. Wie Tennysons „In Memoriam“[423], so scheinen mir Wendell Holmes' Bücher etwa fünfzig Jahre zu früh gekommen zu sein. Man schlägt eines seiner Werke aufs Geratewohl auf und stößt sogleich auf eine Passage, die seinen Weitblick, seine Wortgewandtheit und die einzigartige Kraft seiner anregenden Analogien zur Geltung bringt. Hier ein Abschnitt als Beispiel – nur eine unter Dutzenden gleichwertigen Stellen –, die alle genannten Qualitäten in Kombination enthält:

422 Als Wendell Holmes Sr. im Oktober 1894 starb, war Conan Doyle gerade mit seinem Bruder Innes auf Vortragsreise durch Teile der Vereinigen Staaten.

423 Gemeint ist Tennysons „In Memoriam A. H. H.“, das als eines der hervorragendsten Gedichte seines Jahrhunderts gilt.

*Beim Wahnsinn handelt es sich oft bloß um die spezifische Anpassungslogik eines scharfen, aber überstrapazierten Geistes. Wenn eine gut geölte Geistesmaschinerie plötzlich von etwas belastet wird, das sie zum Stillstand bringt oder gar zur Rückwärtsbewegung nötigt, so sollte diese imstande sein, ihr eigenes Räderwerk lahmzulegen. Ein schwacher Geist verfügt nicht über ausreichende Kraft, um sich selbst schaden zu können; Dummheit rettet Menschen oft vor dem Wahnsinn. In Irrenhäusern begegnen wir regelmäßig Leuten, die aufgrund sogenannter religiöser Störungen des Geistes eingeliefert wurden. Ich gestehe, von diesen Menschen eine bessere Meinung zu haben als von ihren Glaubensgenossen, die ihren Verstand bewahren und das Leben außerhalb der Asyle genießen können. Ist eine anständige Person von gewissen Ansichten wahrhaft überzeugt, so muss sie einfach dem Wahnsinn anheimfallen ... Alles, was brutal ist, grausam und heidnisch, was das Leben für die Mehrheit der Menschen oder vielleicht sogar für ganze Völker hoffnungslos macht – alles, was von der Annahme ausgeht, die uns zur Regulation gegebenen Instinkte müssten ausgelöscht werden – und es spielt keine Rolle, welchen Namen man solchen Ansichten gibt, und es ist egal, ob es sich um einen Fakir handelt oder einen Mönch oder einen Diakon, der entsprechende Glaubenssätze verbreitet – wird, wenn ein geordneter Geist auf solcherlei Ansichten trifft und sie sich sodann zu eigen macht, ihn verrückt werden lassen.*

Hier haben wir eine durchaus flotte Polemik für die trüben 1850er Jahre – ein schöner Beweis zudem für den Mut des Universitätsprofessors, der mit dieser Niederschrift die Einnahme eines moralischen Standpunktes wagte.

Als Essayisten siedele ich Holmes über Lamb an, da seine Texte wirkliches Wissen vermitteln und sich den vielen Problemen und Angelegenheiten des Lebens auf praktische Weise nähern; Qualitäten, die dem elfenhaften Londoner Lamb völlig abgehen.[424] Ich will damit aber nicht sagen, Lambs Arbeiten seien insgesamt minderwertiger. Hier habe ich meine Ausgabe der „Essays of Elia“ und sie ist, wie ihr feststellen könnt, arg zerlesen. Man kann mir also nicht vorwerfen, ich würde Holmes lediglich aus Geringschätzung für Lamb loben. Beide verfügen über einen exquisiten Stil, jedoch ist es Holmes, der in meinem Geist stets eine vibrierende Resonanz hervorzurufen vermag.

Der Essay muss zwangsläufig immer etwas abseits der Literatur stehen, es sei denn, er ist in leichtem Stil geschrieben und geschickt durchkomponiert. An sich erinnert er uns zu sehr an die Zeit auf der Schulbank – ein Thema wurde vorgegeben und wir mussten sehen, was daraus zu machen war. Sogar Stevenson, für den ich die tiefste Bewunderung hege, hat es schwer, den Leser durch seine Aufsätze zu geleiten, obgleich sie gespickt sind mit den eigentümlichen Gedanken des Autors, ausgeführt in seiner malerischen Sprache. Und doch stellen „Men and Books“ und „Virginibus Puerisque“ herausragende Beispiele der Essaykunst dar, die uns zeigen, was auf diesem Gebiet trotz aller ihm innewohnenden Schwierigkeiten erreicht werden kann.

Aber sein Stil! Ach, wenn Stevenson nur erkannt hätte, wie wunderschön und feingliedrig sein gottgegebener Prosastil war! Niemals hätte er sich dann damit abgemüht, einen anderen zu erlangen! Es stimmt mich traurig, wenn ich die vielgepriesene Anekdote von seiner Stilsuche höre, als er diesen und jenen Autor zu imitieren versuchte, sich erst bemühte und dann etwas

424 Charles Lamb (1775–1834) war ein englischer Essayist und Dichter zur Zeit der Romantik. Er war mit vielen zentralen Figuren wie Coleridge und Wordsworth befreundet. Seine Essays waren von enormer Bedeutung über Generationen hinweg und erfreuen sich bis heute enormer Beliebtheit.

anderes probierte, bloß, um den nach seiner Ansicht besten Stil zu finden. Den natürlichen Anlagen zu folgen ist aber meist die beste Art der Stilfindung. Als Stevenson sich zum bewussten, von den Kritikern gefeierten Stilisten gebildet hatte, da kam er mir immer vor wie jemand, der seine natürlichen Locken unter einer Perücke zu verstecken versucht. Wird seine Feder edel, so verliert der Autor seine Griffigkeit. Wo er sich aber auf seine eigene Sprache besinnt – ein gediegenes Englisch der schottischen Lowlands mit unverblümtem Vokabular und kurzen, schneidenden Sätzen –, wüsste ich nicht, wer ihm in den kommenden Jahren das Wasser reichen könnte. In solch einfachem und klarem Aufbau schimmert jedes freudvolle Wort wie ein Juwel. Ein wirklich guter Stilist ist vergleichbar mit dem von Beau Brummell[425] beschriebenen gutgekleideten Mann – so gut angezogen, dass niemand es bemerkt. In dem Moment, wo der Stil eines Autors bemerkt wird, ist die Wahrscheinlichkeit hoch, dass mit diesem etwas nicht stimmt. Der Kristall bekommt dunkle Flecken – die Aufmerksamkeit des Lesers wird vom Thema auf die Machart gelenkt und mithin vom Gegenstand des Autors auf den Autor selbst.

Nein, die Edinburgh-Ausgabe besitze ich nicht. Ich sage dies nur, falls ihr an eine Vorführung dachtet, was mir selbst aber nie einfallen würde. Bei Stevenson wäre es mir vielleicht sogar lieber, anstatt einer Werkausgabe eine bunte Mischung versprengter Einzelausgaben zu haben. Schon mit dem halben Stevenson verfügt man über mehr Substanz, als es mit den gesamten Arbeiten anderer Schriftsteller der Fall ist. Ich bin sicher, dass seine Freunde, die sein Andenken in Ehren halten,

425 George Brummell (1778–1840), genannt „Beau“, war eine zentrale Figur des englischen Gesellschaftslebens in der Regency-Ära. Als modebewusster und machtnaher Lebemann gilt er heute als Prototyp des „Dandy“.

befugt waren, eine schnelle Gesamtausgabe zu publizieren – bestimmt wurden entsprechende Vorkehrungen bereits vor dem beklagenswerten Ende Stevensons getroffen. Generell bin ich aber der Ansicht, dass einem Autor am besten gedient ist, wenn man sich der Edition seiner Werke mit Sorgfalt widmet, bevor man sie in die Ewigkeit entlässt. Wie bei einem Baum sollte alles, was schwach und frühreif erscheint, entsprechend beschnitten werden, damit nichts als starker, robuster Wuchs übrigbleibt. So kann der Baum stabil bestehen vor den Jahren, die kommen werden. Bedenkt, welch verfälschte Sicht auf Stevenson ein kritischer Leser späterer Generationen bekommen würde, griffe er zufällig aus den Bänden der Gesamtausgabe die falschen heraus! Wenn wir seine Hand das Regal entlanggleiten sehen, wünschen wir uns, dass sie auf Bänden zu liegen kommt, die wir lieben; dass sie die „New Arabian Nights“ aus dem Regal zieht, „The Ebb-tide“, „The Wrecker“, „Kidnapped“ oder „Treasure Island“. Diese Titel werden ihren Reiz gewiss niemals einbüßen.[426]

Was für bemerkenswerte Bücher die beiden Letztgenannten sind! Wie ihr sehen könnten, schmücken sie den unteren Teil meines Regals dort. „Treasure Island“ erzählt zwar die bessere Geschichte, aber ich könnte mir denken, dass „Kidnapped“ durch seine exzellenten und sehr plastischen Schilderungen der Highlands nach der jakobitischen Revolte von dauerhafterem literarischen Wert ist. Beide Romane führen einen neuartigen und vortrefflichen Charakter ein: Alan Breck und Long John. John Silver ist gewiss der Fürst unter allen die Meere unsicher machenden Schurken, mit seinem

426 Das Werk Stevensons ist in einer Vielzahl unterschiedlicher Gesamtausgaben erschienen, was darin begründet liegt, dass sein Nachlass durch die häufigen Ortswechsel des Autors verstreut ist und nicht immer vollends zugänglich war. Bei der von Conan Doyle gescholtenen Ausgabe handelt es sich um die „Edinburgh Edition“, zwischen 1894 und 1898 von dem Kritiker Sidney Colvin herausgegeben.

schinkengroßen Gesicht und den engen, schimmernden Augen, in deren Zentrum kleine Glasperlen zu funkeln scheinen. Beachtet, wie durch die Einbindung seiner Person ein starker Effekt generiert wird: Selten werden Silvers Handlungen durch den Erzähler selbst erklärt, eher werden sie dem Leser durch Vergleiche, Anspielungen oder indirekte Bezugnahme mitgeteilt. Billy Bones, diese unangenehme Type, wird von der Furcht vor einem „*einbeinigen Seefahrer*“ heimgesucht. Captain Flint war, so hören wir, ein tapferer Mann, der nichts und niemanden fürchtete – bis auf Silver. Hier noch einmal in Long John Silvers eigenen Worten:

> *Da waren einige, die hatten vorm alten Pew Angst, und einige hatten Angst vor Flint; aber Flint selber hatte Angst vor mir. Hatte Angst vor mir und war stolz auf mich. Das war die schlimmste Bande auf der ganzen See, Flints Leute; der Teufel selber hätte Angst gehabt, mit ihnen in See zu gehen. Na, ich sage dir – prahlen ist sonst nicht meine Art, und du siehst selber, was für ein netter Kamerad ich bin; aber als ich Schiemann war, da waren Flints alte Piraten wie Lämmer, sag' ich dir*[427]

Und so zeichnet sich vor uns das eigentümliche Bild des einbeinigen Teufels ab, der glattzüngig, ruchlos und gebieterisch auftritt. Für uns ist er nun nicht mehr bloße Fiktion, sondern eine lebendige Figur aus der Realität, zu der wir in Beziehung treten; dergestalt ist der Effekt, den Stevenson durch die vielen feinen Striche seiner Charakterzeichnung zu erzielen vermag. Wie ist es um die Piraten selbst bestellt? Auch hier sind es einfache,

427 Entnommen der ersten deutschen Übersetzung von 1897, die im Freiburger Verlag Friedrich Ernst Fehsenfeld erschien, wo auch Autoren wie Karl May, Rudyard Kipling und Jack London eine Heimat fanden. Angefertigt wurde sie vom späteren Rider-Haggard-Übersetzer E. A. Witte.

aber effektive kleine Striche da und dort, die einen Eindruck von ihren Ideen und Handlungen vermitteln.

> *Ich will jetzt seine Kajüte haben! Ich will ihre eingemachten Sachen haben und ihren Wein und so weiter!.*
>
> *Na, wenn du mit Bill zusammen auf See gewesen wärest, dann hättest du nicht hier gestanden und dir was zweimal sagen lassen – glaub mir das! Das gab's bei Bill nicht, und das gibt's auch bei denen nicht, die mit ihm gefahren sind.*[428]

Scotts Piraten in „The Pirate" sind ohne Frage bewundernswert gelungen, aber es fehlt ihnen doch eine menschliche Note, wie wir sie hier finden können. John Silver wird seine Stellung innerhalb der Seefahrerliteratur gewiss noch lang behaupten, *„und darauf können Sie Gift nehmen!"*.[429]

Stevenson war stark durch Meredith beeinflusst, und sogar in den soeben besprochenen Werken ist die Einwirkung des Meisters erkennbar. Da ist der geschickte Gebrauch eines altertümlichen oder ungebräuchlichen Wortes da und dort zu nennen, die knappen, kräftigen Beschreibungen und die markanten Metaphern, sowie der beinahe einem Stakkato gleichende Sprachstil. Und doch verfügen seine Werke über ausreichend Individualität, um für sich stehen zu können. Stevensons Fehler – oder sagen wir vielleicht eher: seine Grenzen – sind nicht in der Ausführung zu suchen, sondern liegen gänzlich im Bereich der Konzeption. Seine Werke zeigen immer lediglich eine Seite des Lebens, und meist ist es ein seltsamer oder zumindest irgendwie außergewöhnlicher Aspekt des Daseins. Interesse an Weiblich-

428 Übersetzung E. A. Witte.
429 Übersetzung E. A. Witte.

keit wird nicht gezeigt. Wir spüren, dass hier eine Literatur für Jungen auf den Sockel gehoben wird – gewissermaßen das Groschenheft aus Jugendtagen in excelsis. Jedoch ist alles so gut gelungen, derart frisch und bildreich ausgeführt, dass Stevenson trotz aller perspektivischen Begrenztheit einen definitiven und wohlverdienten Platz in der Literatur einnimmt. Es ist gar nicht einzusehen, warum „Treasure Island“ nicht für die heranwachsenden Generationen das sein soll, was „Robinson Crusoe“ für die Jugend des 19. Jahrhunderts gewesen ist. Nach allem, was wahrscheinlich ist, wird es so kommen.

Der männlich geprägte Roman von heute befasst sich beinahe ausschließlich mit der raueren, erregenderen Seite des Lebens, eher mit den objektiven Bedingungen als subjektiven Empfindungen. Dies stellt eine Reaktion auf den Missbrauch der Liebe in der Literatur dar. Dieser eine Lebensaspekt nämlich wurde in der Vergangenheit arg orthodox verhandelt und mündete stets in der konventionellen Vorstellung einer Ehe, sodass Liebe als Gefühl zu einer Banalität verkam und nur noch als Schatten ihrer eigentlichen Intensität vorkam. Es nimmt daher nicht wunder, wenn diese Tendenz heuer nicht selten ins andere Extrem umschlägt und man der Liebe in der Literatur nur noch einen geringen Stellenwert beimisst. In der britischen Literatur haben neun von zehn Romanen Liebe und Heirat als Allheilmittel und biographisches Nonplusultra propagiert. Und doch wissen wir aus dem echten Leben, dass dies keineswegs immer so ist. Im Leben eines durchschnittlichen Mannes stellt die Heirat ein Ereignis von Bedeutsamkeit dar, gewiss, aber es ist letztlich doch nur ein Ereignis unter vielen. Viele starke Gefühle bestimmen das Leben des Mannes – beruflich, durch Ehrgeiz und in Freundschaften sowie durch all die Anstrengungen, die einem das Leben mit seinen Gefahren und Hürden abverlangt. Die Klugheit und der Mut des Mannes werden entsprechend oft in Beschlag genommen. Liebe spielt dabei meist eine untergeordnete Rolle. Wie viele Männer gehen durchs Leben, ohne überhaupt je zu lieben? Es verträgt sich daher nicht mit unseren Alltagserfahrungen, wenn die Literatur uns die Liebe als vorherrschenden, über allem stehenden Faktor anpreist. Es scheint entsprechend nicht unnatürlich zu sein, wenn eine gewisse Schule – deren führender Kopf gewiss Stevenson ist – diesen so oft missbrauchten und überstrapazierten Faktor des Lebens als narratives Element zu vermeiden sucht. Wenn die Liebe im Roman nur immer so wäre wie zwischen Richard Feverel und Lucy Desborough, dann könnten wir davon sicherlich nie genug bekommen; ich fürchte aber, Liebe und Leidenschaft werden in der Literatur erst dann wieder von Interesse sein, wenn sich ein großer Meister ihrer annimmt, um sich vom wirklichen Leben inspirieren zu lassen und mit Bräuchen zu brechen.

Eines der augenfälligsten Ausdrucksmittel Stevensons ist der Gebrauch von frischer und pikanter Sprache. Kein anderer Autor verwendet derart ausgesuchte Adjektive. Es gibt in seinen Büchern kaum eine Seite, welche uns nicht mit Wörtern und Äußerungen konfrontiert, die uns einerseits in angenehmer Weise als Neuerung erscheinen und die andererseits ihre Bedeutung auf bewundernswert präzise Art transportieren. „*Er rollte seine Augen zur mir herüber*“. Das Zitieren ist hier gefährlich, da die Beispiele Legion sind und eins stets aufs andere folgen will. An manchen Stellen scheitert Stevensons Stil sicherlich auch, aber das kommt nur sehr selten vor. So scheint zum Beispiel der

„*Blitzblick*" sich nicht unbedingt als Ersatz für den flüchtig geworfenen, streifenden Blick zu eignen und eine Figur dort mit der am Ohr kratzenden Wendung „*tee-hee*" ein Geräusch machen zu lassen, wo die Feststellung eines Kicherns treffender am Platze wäre, ist vielleicht auch nicht optimal – wenngleich man hier sicherlich Chaucer als Vorbild anführen kann.

Eine weitere Eigenart Stevensons ist in seinen treffenden Vergleichen zu suchen. Sie schlagen den Leser sofort in den Bann und stimulieren seine Vorstellungskraft.

> *Seine Stimme klang rau und unbeholfen, gleich einem rostigen Schloss.*
>
> *Ich sah sie schwanken wie vom Wind erfasst.*
>
> *Sein falsches Lachen klang wie eine rissig gewordene Glocke.*
>
> *Seine Stimme bebte sacht wie ein straff gespanntes Seil.*
>
> *Meine Gedanken flogen hin und her wie das Schiffchen eines Webers.*
>
> *Seine Hiebe auf die Grabplatte hallten wider wie dumpfes Aufschluchzen.*
>
> *Ich bemerkte, wie die persönliche Schuld des Mannes kontinuierlich durchklang, während er sprach, so wie Kaninchen versuchen, sich unbemerkt aus einem Hügel zu stehlen.*

Nichts könnte effektiver sein als solche direkten und einfachen Gegenüberstellungen.

Letztlich besteht Stevensons vornehmliches Charakteristikum jedoch in seinem bemerkenswerten Instinkt für prägnante Sprache, die nur wenig Raum benötigt, um sich dem Leser nachhaltig ins Gedächtnis zu bringen. Seine Sätze lassen uns die Dinge fast klarer vor Augen treten, als wenn wir das Beschriebene selbst gesehen hätten. Ich will ein paar seiner Wortbilder hier zitieren, zufällig ausgewählt aus hundert anderen, gleichwertigen Beispielen:

> *Nicht weit entfernt stand Macconochie, mit heraushängender Zunge und der Hand am Kinn, wie ein dummer Geselle, der sich mit dem Nachdenken abmüht.*
>
> *Stewart lief uns über eine Meile hinterher, und ich konnte mir das Lachen nicht verkneifen, als ich zurückblickte und ihn sah, wie er über einen Hügel gerannt kam, sich die Seite haltend und vom schnellen Lauf beinahe entzweigerissen.*
>
> *Ballantrae wandte sich mir zu, das Gesicht von Furchen und Falten durchzogen und den Mund so geöffnet, dass alle Zähne zu sehen waren ... Er sprach kein Wort, in seiner Erscheinung jedoch schien eine Art fürchterlicher Frage zu liegen.*
>
> *Seht ihn an, wenn Ihr Zweifel hegt; seht ihn an, den überführten Dieb, wie er grient und gluckst.*
>
> *Er musterte mich mit einem Auge, in dem der Krieg tobte, und ich konnte die Herausforderung von seinen Lippen ablesen.*

Wie kreiert man einen lebhafteren Effekt als mit solchen Sätzen?[430]

Es könnte noch viel mehr über Stevensons originellen Schreibstil gesagt werden. Als eine vielleicht etwas

430 Die Zitate sind unter anderem den historischen Abenteuerromanen „Kidnapped“ und „The Master of Ballantrae“ Stevensons entnommen.

weniger bedeutende Neuerung mag die Erfindung einer literarischen Figur gelten, die man den „geschundenen Schurken" nennen könnte. Es stimmt zwar, dass Mr. Wilkie Collins einst einen Gentleman auftreten ließ, der nicht nur all seiner Glieder beraubt war, sondern sich darüber hinaus mit dem unerträglichen Namen „Miserrimus Dexter" herumplagen musste.[431] Stevenson hat aber nun diesen Typus derart oft und mit solch hervorragenden Ergebnissen eingesetzt, dass man mit Fug und Recht von einer Aneignung sprechen kann. Zuvorderst steht natürlich „Mr. Hyde" als die personifizierte Deformation, aber es gibt mehr: Der grausame Blinde Pew oder Black Dog, dem zwei Finger fehlen, sowie Long John Silver mit nur einem Bein.[432] Dann ist da der bösartige Katechet, der zwar erblindet ist, dafür aber nach Gehör zu schießen vermag und mit Vorliebe seine Dienerschaft peinigt.[433] Auch im Roman „The Black Arrow" treffen wir auf eine fürchterliche Kreatur, die sich auf einen Stock stützt.[434] So oft Stevenson diesen Typus auch verwandte, verstand er sich doch derart meisterlich darauf, den gewünschten Effekt nie zu verfehlen.

Ist Robert Louis Stevenson ein Klassiker? Nun ja, das ist ein großes Wort. Wir meinen mit „Klassiker" ein Werk, dass sich einen permanenten Platz im literarischen Gedächtnis des Landes zu sichern weiß. Im Regelfall kann man dies erst einschätzen, wenn die Autoren in ihren Gräbern liegen. Wer hätte geahnt, dass

431 Gemeint ist Wilkie Collins' Kriminalroman „The Law and the Lady" aus dem Jahr 1875. Im Mittelpunkt der Geschichte steht allerdings nicht der genannte Charakter, sondern – und hier leistet Collins Pionierarbeit – eine sich dem zentralen Geheimnis des Plots ermittelnd nähernde Frau.

432 Allesamt Figuren aus „The Treasure Island".

433 Gemeint ist die Figur des Duncan Mackiegh aus „Knidnapped".

434 „The Black Arrow" ist ein historischer Roman, der zur Zeit der Rosenkriege spielt. Er wurde zuerst im Jahr 1883 als Serie und unter Pseudonym in einem Literaturmagazin für Kinder veröffentlicht.

Poe oder Borrow einst diesen Status innehaben würden? Die Katholiken kanonisieren ihre Heiligen erst, wenn diese schon ein Jahrhundert tot sind. So liegt der Fall auch bei unseren „Klassikern“ – unsere Kindeskinder haben darüber zu befinden. Ich kann mir allerdings kaum vorstellen, dass Stevensons Abenteuergeschichten in Vergessenheit geraten werden, solange es gesunde Jungen auf der Welt gibt. Auch kann mir nicht denken, warum der Ruhm einer hervorragenden Kurzgeschichte wie „The Pavilion on the Links“ oder einer so glänzenden Parabel wie „Dr. Jekyll and Mr. Hyde“ in Zukunft verblassen sollte. Ich erinnere mich gut an den Feuereifer, mit dem ich Stevensons frühe Erzählungen genüsslich verschlang, als ich sie damals in den späten siebziger und frühen achtziger Jahren im „Cornhill“ entdeckte. Sie wurden dort ohne Autorennamen gedruckt, wie es weiland üblich war, aber wer ein Gespür für Stil und Form besaß, der konnte nicht umhinkommen, in ihnen das Werk desselben Mannes zu erkennen. Erst Jahre später wurde mir bewusst, wer der Autor tatsächlich gewesen war.[435]

Ich habe Stevensons gesammelte Gedichte dort in dem kleinen Kabinettschrank stehen. Hätte er uns doch bloß mehr Verse hinterlassen! Beim Großteil handelt es sich um bloße Spielereien eines launigen Geistes. Eines seiner Poeme jedoch sollte in der Tat zum Klassiker erklärt werden, denn es stellt aus meiner Sicht die beste englischsprachige Ballade des vergangenen Jahrhun-

435 Es scheint keineswegs übertrieben, Stevenson heute den Rang eines Klassikers zuzubilligen. Viele seiner Romane und Erzählungen können als durchgehend populär gelten, waren und sind Welterfolge, wurden und werden vielfach für Funk und Film adaptiert und werden literarisch auch heute noch (oder: heute wieder) als Meisterwerke von Relevanz betrachtet. Stevenson scheint unter all den großen englischsprachigen „Storytellern“ des ausgehenden 19. Jahrhunderts – zu denen nicht zuletzt auch Conan Doyle selbst gehört – jener zu sein, welchem man literarischen Rang am ehesten zumisst, wenngleich natürlich auch Autoren wie Kipling, London und Conrad hierhin gehören, die in der Rezeption wiederum nicht selten aus diesem spezifischen Zusammenhang gelöst werden.

derts dar; zumindest dann, wenn – wie ich aus der Erinnerung annehme – „The Ancient Mariner“ zum Ende des 18. Jahrhunderts erschienen ist.[436] Ich würde Coleridges Tour de Force in Sachen düsterer Einbildungskraft den ersten Platz einräumen, mir ist jedoch kein sonstiges Werk bekannt, das es mit der zauberhaften Formulierkunst und der lässigen Kraft von Stevensons „Ticonderoga“ aufnehmen könnte.[437] Und dann ist da noch sein unsterbliches Totengedicht.[438] Diese beiden Werke allein öffnen ihm eine ganz eigene Nische innerhalb der englischen Poesie, so wie seine Persönlichkeit in uns eine ganz besondere Form der Zuneigung hervorruft. Nein, ich habe ihn nie getroffen. Jedoch befinden sich unter meinen wertvollsten Besitztümern einige Briefe, die er mir von Samoa aus schrieb.[439] Von seinem fernen Wachturm aus behielt er die literarischen Entwicklungen überraschend gut im Blick. Noch immer reichte er emporstrebenden Jungautoren, mit denen ihn Anerkennung und tiefe Sympathie verband, eine helfende Hand. Stets begegnete er der Arbeit eines anderen mit Offenheit und wusste Ratschläge zu erteilen, die direkt seinem ureigenen, wunderschönen Geist entsprangen.

Und nun, meine geduldigen Freunde, heißt es Abschied nehmen. Ich hoffe, meine kleinen Predigten haben euch nicht zu arg gelangweilt. Sollte ich euch auf etwas bislang Unbekanntes aufmerksam gemacht

436 Samuel Taylor Coleridges einflussreiche Ballade „The Rime of the Ancient Mariner“ erschien in der Tat 1798 in der zusammen mit Wordsworth veranstalteten Lyriksammlung „Lyrical Ballads“.

437 Das Gedicht ist Bestandteil der Sammlung „Ballads“ von 1891. Es trägt den Untertitel: „A Legend of the West Highlands“.

438 Stevenson hatte sein Gedicht „Requiem“ als eigene Grabinschrift vorgesehen. Die Zeilen zieren seine Grabstätte auf der polynesischen Insel Samoa.

439 Besonders bekannt ist ein Brief Stevensons an Conan Doyle, in welchem er sich als Sherlock-Holmes-Leser zu erkennen gibt und sogar nach den Einflüssen des legendären Mediziners Dr. Joseph Bell aus Edinburgh fragt.

haben, so werft einen prüfenden Blick darauf und reicht euer Wissen weiter. Sollte ich es nicht vermocht haben, euch Neues zu zeigen, so ist zumindest kein Schaden entstanden – wenngleich dann mein Atem und eure Zeit vergeudet wäre. Es mögen Fehler in meinen Ausführungen zu finden sein. Sind falsche Zitate nicht aber von jeher das Privileg des gewandten Gesellschafters gewesen? Mein Urteil mag von dem euren verschieden ausfallen, was mir behagt mag euch missfallen; doch ist bereits das Denken und Sprechen über Bücher für sich gesehen so oder so eine hervorragende Sache, ganz unabhängig vom Ausgang. Noch ist die verwunschene Tür hinter uns geschlossen, ihr seid noch immer im Land der Feen und der Fantasie. Leider aber lässt sich die Zaubertür nicht versiegeln. Noch immer drang der Klang einer Glocke oder das Schellen eines Telefons durch sie hindurch, Vorboten einer Gegenbeschwörung, die uns zurückruft in die schäbige Welt der Arbeit und der Menschen und des alltäglichen Unfriedens. Nun, so ist es eben, dieses wirkliche Leben. Hier, wo wir nun noch weilen, finden wir lediglich eine Imitation. Und doch: Da wir nun gemeinsam durch das offene Portal zurückkehren, begegnen wir da nicht unserem Schicksal mit tapfererem Herzen als zuvor, da wir Rast und Frieden und Kameradschaft fanden hinter der verwunschenen Tür?

# Nachwort

***Geschichten sind es, die wir wollen!***
R. L. Stevenson

## I

Das Erzählen von Geschichten, die Hinwendung zur Literatur, das Lesen als gleichsam bildendes wie tröstendes Erlebnis – all dies hat im Leben Arthur Conan Doyles von frühester Kindheit an eine prägende Rolle gespielt. Wo es ökonomisch stets haperte, mangelte es keineswegs an kulturellem Kapital. „*Kunst lag in der Familie*“, wie Roger Johnson, der Herausgeber des englischen „Sherlock Holmes Journal“, es ausdrückt. Sein Großvater väterlicherseits war der bedeutende Zeichenkünstler John Doyle (1797–1886), seine Onkel James (1822–1892), Henry (1823–1897) und Richard (1824–1883) waren in ihren jeweiligen künstlerischen Bereichen kaum weniger bedeutend als ihr Vater. Die irischstämmige Familie bewegte sich in den Künstlerkreisen von London und Edinburgh, berühmte Autoren wie Walter Scott, Charles Dickens und William Makepeace Thackeray zählten zu den Bekannten. Nicht zuletzt auch Conan Doyles eigener Vater, Charles Altamont Doyle, war ein Maler und Buchillustrator von durchaus beachtlicher Qualität. Die Liebe zur Literatur dürfte jedoch maßgeblich durch die Mutter weitergegeben worden sein. Mary Foley war eine gebildete Frau, entfernt verwandt mit dem Haus Plantagenet und romantischen Geschichten des Mittelalters zugeneigt. Diese aus Genealogie, Historie und phantastischer Einbildungskraft zusammengefügten Erzählungen ließen im jungen Arthur eine Liebe zur erzählten Vergangenheit, zu romantischem Edelmut und wildem, als männlich-ritterlich verstandenen Abenteuer erwachsen, die ein Leben lang nicht vergehen sollte. Die *„verwunschene Tür"* zum Reich der Phantasie war geöffnet worden. Später sollten es der Patenonkel Michael Conan – Literaturkritiker und Pariser Korrespondent für das „Art Journal" – sowie der junge Doktor Bryan Charles Waller sein, die ihm mit Rat und Tat zur Lektüre verhalfen. Bereits im zarten Alter von 10 Jahren war Arthur Conan Doyle zu einem eifrigen Leser herangereift, der auch schon mit eigenen Geschichtenideen schwanger ging und jede freie Minute seiner Leidenschaft widmete.

Seinen an Edgar Allan Poe geschulten Erzählerdrang stillte er während eines Internatsaufenthalts, indem er auf sein Pult stieg und die Mitschüler mit Geschichten unterhielt. Als er später als Medizinstudent Assistenzstellen in Arztpraxen annahm, um mit seinem kärglichen Salär die Familie in Edinburgh zu unterstützen, sparte er sich einige Pence vom Munde ab, um auf den Grabbeltischen lokaler Antiquariate wildern zu können. Noch als Student veröffentlichte er erste eigene Geschichten in Magazinen wie dem „Chambers's Journal" und „London Society". Wie später bei seinen Detektivgeschichten profitierte der aufstrebende Schriftsteller schon hier davon, in einer Epoche von steigender Alphabetisierung und wachsender Leselust zu leben. Dass Conan Doyle seine literaturinduzierte Abenteuerlust ernst nahm, zeigt seine Teilnahme an einer kühnen Unternehmung: Mitten in der Prüfungsphase ließ er Lehrbücher und Federkiel auf seiner Paukstube liegen, um als Schiffsarzt auf einem schottischen Walfänger anzuheuern. Aber auch auf der Fahrt ins Polarmeer mochte er auf Lesefutter nicht verzichten. Sein Tagebuch weist ihn als fleißigen Leser mit breit gefächertem Interesse aus – Goethe und Horaz finden sich ebenso auf seiner Liste wie Boswells „Life of Johnson", Lord Macaulays „Essays" (wohl sein Lieblingsbuch auf alle Zeit) und diverse historische wie naturwissenschaftliche Werke. Werden konkrete Momente in Conan Doyles Biographie wie dieser betrachtet, so wird deutlich, wie eng für den ebenso wissensdurstigen wie lebenshungrigen Schotten Literatur und Leben zusammengingen. Aufgewachsen in bitterster Armut einerseits und im Bildungsbürgertum andererseits, war er von hartem Internatsleben und magischen Buchwelten gleichsam erzogen worden. Er war in den Hörsälen einer bedeutenden Universität zum Wissenschaftler gereift, hatte in den Theatern von Edinburgh die Lust an der Kunst kultiviert und sich parallel in den Boxclubs und auf den Rugbyfeldern der Stadt eine handfeste Virilität angeeignet. Als Assistenzarzt in den englischen Metropolen Sheffield und Birmingham lernte er das Dasein nochmal von einer ganz anderen Seite kennen, während er durch frühe Veröffentlichungen in renommierten Fachzeitschriften wie dem „British Medical Journal“ und dem „British Journal of Photography“ den Grundstein für eine Laufbahn als auf verschiedenen Gebieten anerkannter Autor legte. Stoff für viele Leben.

## II

Es verwundert nicht, dass sich Doyle immer wieder auch mit gelesener Literatur auseinandersetzte. Als niedergelassener Arzt im südenglischen Portsmouth hielt er Vorträge vor der dortigen „Literary and Scientific Society“, wo er über Thomas Carlyle und George Meredith sprach. Sein erster bedeutender Text, der der „Literary Criticism“ zugerechnet werden kann – der durch Textbeweis geführten Interpretation, Untersuchung und Bewertung von Literatur also – behandelt die Schreibtechnik von Robert Louis Stevenson; er erschien 1890 in der Vierteljahresschrift „National Review“, zeitlich gelegen zwischen den ersten Meriten als Romanschriftsteller und dem großen Durchbruch mit den Sherlock-Holmes-Geschichten im „Strand Magazine“. Einige Jahre später sollte er in den Londoner Literatenzirkeln des *„gelben Jahrzehnts“* ein fester Begriff sein, nicht unbedingt überall geschätzt, aber doch durch internationalen Erfolg und durch Äußerungen zu Themen des öffentlichen Lebens (wie zum Beispiel in Jerome K. Jeromes „The Idler“ und im vielgelesenen US-Blatt „McClure’s Magazine“) nicht mehr wegzudenken. Eine

Anfrage der Londoner Zeitschrift „Great Thoughts“, Conan Doyle möge doch seine bevorzugte Literatur vorstellen, führte zu der Artikelserie *Before My Bookcase*, die dem interessierten Publikum in Mai und Juni 1894 zweiwöchentliche Einblicke in seine Privatbibliothek gewährte. Hier plauderte der Erfinder von Sherlock Holmes und Dr. Watson, der kurz davorstand, mit dem Brigadier Gerard eine weitere literarische Figur von Format einzuführen, über Stevensons Poesie, Edward Gibbons Geschichte des römischen Reiches, über James Boswell und Lord Macaulay, aber auch über den Reiz französischer Militärmemoiren und die Bedeutung der historischen Romane Charles Reades – die Grundrisse für das hier vorliegende Buch. Die Tagespresse lobte und urteilte, Conan Doyle verbinde hier kritische Gelehrsamkeit und kindlichen Enthusiasmus im allerbesten Sinne. 1906 dann, als Conan Doyle in Trauer um seine trotz aller Bemühungen verstorbene Gattin war, griff er auf die Artikel zurück, überarbeitete sie da und dort und fügte neue Kurzessays hinzu. Bereits in den Jahren zuvor hatte er sich mit dem Material durch den Gebrauch für Vorträge in den USA erneut vertraut gemacht. Nun erschienen sie bis Ende 1907 jeweils monatlich in „Cassell’s Magazine“, reich bebildert durch den schottischen Illustrator William Russell Flint. Die Nachfrage war groß: Direkt nach Abschluss der Artikelserie erschienen die Texte gesammelt in Buchform, gleichzeitig sowohl für den britischen Markt (bei Smith, Elder & Co.) als auch für die Kolonien (bei George Bell & Sons). Ohne Umschweife publiziert wurde der Band auch in Deutschland. Der Leipziger Verlag Bernhard Tauchnitz brachte ihn in der *Collection of British and American Authors* heraus; kein ungewöhnlicher Schritt, denn Conan Doyle war – wie sich einem zeitgenössischen Deutschlandbericht der „Washington Times“ entnehmen lässt – beim deutschen Publikum durchaus auch in Originalfassung sehr gefragt.

An Conan Doyles Seite eine Reise in die Gefilde der Erzählungen, historischen Abenteuer und Phantasien aller Art anzutreten, mag für ein modernes Lesepublikum zunächst ungewohnt sein, ist doch die spezifische Textart der, wenn man so will, „*literarischen Plauderei*“ heute kaum noch anzutreffen. Ratgeberliteratur zu jedweder Form der Selbstoptimierung ist in unseren Breiten omnipräsent, der aus Zwanglosigkeit, Müßiggang und der Lust am Nutzlosen geborene Erkundungsgang geistiger Welten jedoch hat es schwer. Er wirkt wie aus der Zeit gefallen, der an klassischen Bildungsidealen orientierte Flaneur. Dazu kommt, dass es die übergeordnete Gattung des Textes, der Essay im weitesten Sinne nämlich, in Deutschland von jeher nicht leicht hatte – zu formlos, zu unabgeschlossen und somit zwielichtig erschien diese Art des schriftstellerischen Denkversuchs. Gleiches galt bei uns auch immer schon für die Literaturkritik, wie Marcel Reich-Ranicki herausgestellt hat. Deutsche, so hatte der alte Goethe einst seinen Chronisten Eckermann belehrt, verlange es stets nach Tiefe und Schwere. In Deutschland sind der Essay und dessen „*kleiner Bruder*“, die Kritik, Kinder der Aufklärung; große Namen wie Lessing, Schiller und Schlegel sind in beiden Feldern anzutreffen. In England hatten Schwergewichte wie Alexander Pope, Joseph Addison, der Ire Jonathan Swift und natürlich Samuel Johnson Vorarbeit geleistet, viel früher gar der von Montaigne beeinflusste Shakespeare-Zeitgenosse Francis Bacon. Später dann traten William Hazlitt und Charles Lamb hinzu, die bis heute einflussreich geblieben sind. Der Literaturwissenschaftler Ludwig Rohner hat darauf hingewiesen, dass die deutsche Essayistik des 19. Jahrhunderts maßgeblich von englischen Autoren wie Thomas Carlyle und Lord Macaulay abhängig gewesen ist. Hinzufügen müsste man den thematisch wie methodisch eher professoralen Kunst- und Gesellschaftskritiker Matthew Arnold. Was die englischsprachigen Interpreten anbelangt: Wir werden sie alle in der einen oder anderen Form auf den folgenden Seiten wiedertreffen.

Natürlich ist mit dieser Skizze nicht gesagt, es hätte etwa zur Zeit der Romantik nicht auch andere Autoren der Gattung in beiden Ländern gegeben (von Frankreich und Italien ganz zu schweigen) und selbstverständlich ist eine Dichotomie von lockerer englischer Zunge hier und deutscher Seelentiefe dort nicht ohne Weiteres haltbar. Festzuhalten bleibt in aller

Kürze, dass es das flott geschriebene, Lust und Leidenschaft vermittelnde Gespräch über Bücher und Literatur in Deutschland gewiss nicht leicht hat, sodass derartige Beiträge, wie etwa von Alexander Pechmann, Jörg Fauser oder Martin Becker, heute im veröffentlichten Feuilleton und den Programmen der Publikumsverlage eher selten zu finden sind. Ebenso rar ist die geschliffene, jedweder akademischen Trockenheit abholde Kritik, die sich nicht scheut, ins Essayistische überzugreifen, sich also mithin auch und gerade vom etablierten Kanon abzuwenden und spannende Aspekte aus etablierten Stoffen herauszufiltern. Hier wären Autoren wie Martin Roda Becher und Andreas Nohl zu nennen. Es kommt vielleicht nicht von ungefähr, dass es auch in Deutschland oft schillernde Literaten und akademische Außenseiter waren – Kurt Tucholsky, Walter Benjamin, Jaroslav Hašek oder Hermann Kesten und auch der frühe Reich-Ranicki, um nur einige zu nennen – die uns zu bibliophilen Mußestunden und literarischen Ausflügen in die Bücherwelten rufen. Im englischsprachigen Bereich kennt man die Plaudereien Somerset Maughams und die sich durchaus nicht frei von Dünkel zeigende Belesenheit Edmund Wilsons. Aus neuerer Zeit stechen die an des Vaters Feder geschulte Anne Fadiman sowie der ebenso elegant wie warmherzig schreibende Pulitzerpreisträger Michael Dirda hervor. Für die Literatur in Flammen standen und stehen sie indes alle. Wie schon bei Conan Doyle finden wir in ihren Essays und Kritiken eine genuine Verbindung von Literatur und Existenz, sodass sich mit Dr. Johnson zusammenfassend sagen lässt: „*Wer der Bücher müde ist, ist es auch des Lebens*“.

## III

Zurück zur Arthur Conan Doyle, dessen Verhältnis zum zeitgenössischen Feuilleton als Zugpferd des populären „Strand Magazine“ nie ein leichtes war. George Bernard Shaw verriss seine Gehversuche als Dramatiker, andererseits wurde bereits der Romanerstling „Micah Clarke“ insgesamt durchaus wohlwollend aufgenommen. Der große Leslie Stephen, der noch

Robert Louis Stevenson brieflich zum Schreiben ermuntert hatte, nahm von Conan Doyles literarischen Erzeugnissen offenbar keine Notiz, obgleich sich die Männer persönlich kannten (Conan Doyle mochte den späteren Vater Virginia Woolfs tatsächlich nicht besonders). Ein W. E. Henley wiederum war ihm zugetan und auch Sir Frederick Pollock, zeitweise Vorsitzender der „Author's Society", sah in Conan Doyle einen führenden zeitgenössischen Literaten. Daneben konnte auch jemand wie Andrew Lang – weiland ein viel beachteter Publikumsrezensent – Conan Doyles Potenzial sogar noch vor dessen Durchbruch erkennen. Zum schwierigen Verhältnis zwischen erfolgreichen Massenschriftstellern und der Kritik muss wenig noch gesagt werden[440], es soll jedoch nicht unerwähnt bleiben, dass Conan Doyle es sich bei passender Gelegenheit nicht nehmen ließ, auch einmal zurückzuschießen. Beispielhaft zu nennen wäre das lyrisch ausgetragene Scharmützel mit dem Rezensenten Arthur Guiterman, dem wir das Poem „To An Undiscerning Critic" verdanken. Die verachtende Schärfe Goethes erreicht Conan Doyle hier zwar nicht, seine relative Geringschätzung des Kritikeramtes schimmert jedoch recht eindeutig durch. Gewiss vermochte auch die Wertschätzung von Kollegen wie Oscar Wilde oder P. G. Wodehouse ein wenig über Spitzen aus der krittelnden Zunft hinwegzutrösten. Wenn Conan Doyle in seiner Autobiographie weniger auf professionelle Schreiber eingeht, sondern stattdessen einen einfachen Küstenbewohner Cornwalls hervorhebt, welcher ihm im persönlichen Gespräch seine Ansichten zum späten Sherlock Holmes mitteilt, so gewinnt man den nachhaltigen Eindruck, Conan Doyle habe alles in allem wenig auf medial verbreitete Mei-

440 Conan Doyles Erfolg bei einem immer größer werdenden Publikum ist unbestritten. So weist ihn eine Erhebung von Londoner Bibliotheken aus dem Jahr 1894 als einen der gefragtesten Autoren aus. In einem Zeitungsbericht mit dem Titel „What Londoners Read" kommt er zwar nach Rider Haggard und Dickens, aber noch vor Kipling, Wilkie Collins, Jane Austen, Thackeray und Meredith. Letztlich litt Conan Doyle weniger unter fehlender Anerkennung, vielmehr fühlte er sich missverstanden: Seine historischen Romane, die ihm hinsichtlich seines eigenen Wertegerüsts und seiner Liebe zur britischen Geschichte so viel bedeuteten, wurden von der Kritik selten so gelesen wie vom Autor intendiert. Bücher wie „The White Company" und „Sir Nigel" waren Erfolge, verpassten es aber, in den literarischen Rang eines Walter-Scott-Werkes erhoben zu werden.

nungen gegeben. So oder so waren für den Berufsautor vermutlich die Ansichten der Herausgeber und Verleger vorrangig – zumal diese mit Bedenken nicht selten daneben lagen, was Conan Doyle zusätzlich gefreut haben dürfte.[441] Wie später dem enorm erfolgreichen Middlebrow-Literaten W. Somerset Maugham, war es bereits dem Bildungsaufsteiger und literarischen Enthusiasten Conan Doyle zuwider, sich akademischer Meinungsmache anzubiedern. Beide waren große Geschichtenerzähler und beide wollten den „*gewöhnlichen Leser*" (Virginia Woolf) erreichen, diesen dabei für gute Bücher interessieren, ohne einen kritischen Blick aufzugeben hinsichtlich Kriterien wie Lesbarkeit und Unterhaltungswert.

Was also erwartet uns in "Through the Magic Door"? An seine Mutter – die mit ihren Ansichten zu Literatur und Lebensentscheidungen des Sohnes nicht hinter dem Berg hielt – schrieb Conan Doyle: "*Ich arbeite gerade an literarischen Essays, die dir bestimmt gefallen werden. Soeben habe ich einen recht munteren Text über Dr. Johnson beendet, als nächster ist Gibbon dran*". Tatsächlich nahm Conan Doyle hier keinen Gelegenheitsauftrag wahr. Seinen Ausflug in vertraute Bücherwelten genoss Conan Doyle in vollen Zügen. Das Ergebnis ist nichts Geringeres als ein radikal subjektiver Parforceritt durch die englischsprachige Geistesgeschichte aus der Perspektive eines leidenschaftlichen Lesers und literarischen Autodidakten. Mit wenigen Ausgriffen in andere Sprachgebiete und Nationalkulturen (neben Frankreich und Russland auch Deutschland) teilt Conan Doyle uns mit, was man aus seiner Sicht gelesen haben sollte. Neben fiktionaler Literatur und biographischen Arbeiten kommen dabei auch historische, wissenschaftliche und philosophische Bücher nicht zu kurz. Unabhängig vom Thema schimmert dabei in unterschiedlicher Intensität die Essenz von Conan Doyles Werk durch: Doyle war ein Geschichtenerzähler, ein Virtuose der narrativen Handlungsprosa aus jener nun lang vergangenen Literaturepoche, die wir heute als „*The Great Age of Storytellers*" kennen.

441 Vor allem James Payn und George Newnes waren gegenüber historischen Stoffen skeptisch, ließen sich aber von den Verkaufszahlen rückwirkend eines Besseren belehren, wenngleich die Holmes-Stories natürlich die Dauerbrenner blieben.

Das vorliegende Buch ist also – so sah es der 2020 verstorbene, leidenschaftliche Holmesianer Peter Neugebauer aka Zeus Weinstein – maßgeblich auch ein autobiographisches Werk. Mit Geschichten war Conan Doyle aufgezogen worden, Geschichten gedachte er seinem Publikum zu erzählen und die Struktur erzählter Geschichten war es, durch die er Wirklichkeit vorrangig wahrnahm. Das Verlangen nach unterhaltenden Magazin-Serien, Spannungsromanen, schaurigen „Ghost Stories“ und exotischen Reiseberichten war damals kaum zu befriedigen. Jener Autor, welchen mancher für den König der Erzähler hält – Robert Louis Stevenson, Schöpfer von „The Treasure Island“ und den „Adventures of David Balfour“ – erhob das Erleben von Vergnügen durch die Lektüre von Geschichten zu seinem Programm. Dies mit Wörtern zu schaffen, so meinte er, sei das schwierigste und höchste, was ein Autor zu erreichen im Stande sei. Er proklamierte: „*Geschichten sind es, die wir wollen, nicht die hohe poetische Kunst, die die Welt darstellt […] Wir wollen unerhörte Begebenheiten, Spannung, Handlung: Zum Teufel mit eurer Philosophie*“.[442] Dies entspricht ganz dem Geist der Zeit. Rider Haggard widmete seinen Abenteuer-Schmöker „King Solomon’s Mines“ allen „*großen und kleinen Jungen*“. Conan Doyle wandte sich mit seinem späten Abenteuerroman „The Lost World“ an dasselbe Publikum – und wies mit diesem prägenden Klassiker auf seine eigene Ansicht diesbezüglich hin: „*[…] Kraft der Einfühlung, […] Gespür für das Dramatische. Es gibt kein kapriziöseres und undefinierbareres Talent. Dem Professor in seinem Arbeitszimmer mag es völlig fehlen, während die irische Kinderfrau oben in der Dachkammer mit ihren Worten die Seelen seiner Kinder aufwühlen kann. Es ist die Imagination – und vor allem das Vermögen, Erdachtes miterlebbar zu machen*“.[443]

Gleichwohl uns diese Form der Weltbetrachtung zahlreiche Klassiker hochwertiger Genre-Literatur beschert hat, birgt sie auch ihre Tücken, die in Conan Doyles Essays durchaus offen erkennbar werden. Wo eine Vorliebe für Nar-

442 Zitiert nach Nohl 2014: S. 59.
443 Zitiert nach Hillich 1986: S. 267 f.

rative auf die Wirklichkeit historisch-sozialer Verhältnisse trifft, ist die Gefahr der Verschleierung und der Romantisierung nicht fern. Dann riskiert der Autor krasse Fehlbeurteilungen und geht den geliebten Erzählungen plötzlich in die Falle. Dies gilt letztlich für uns alle – man muss kein Don Quichote sein, um sich von Erzählungen in die Irre führen zu lassen. Dieser Punkt ist von Wichtigkeit, da die Wirklichkeit immer wieder in Conan Doyles Essays einbricht.

Bei reinen Phantasiewelten bleibt es ungeachtet des Buchtitels nicht. Dies ist nicht weiter verwunderlich, wenn man bedenkt, dass Conan Doyle im ausgehenden Viktorianischen Zeitalter nicht nur zum bestbezahlten Schriftsteller avancierte, sondern seine Stimme auch in gesellschaftlichen und politischen Fragen erhob. Michael Dirda hat in seinem hervorragenden Aufsatz „On Conan Doyle" darauf hingewiesen, dass der Autor von Ritterromanen und Detektivgeschichten durch seine Parteinahme für den Spiritismus[444], ambivalente politische Positionierungen[445] und nicht zuletzt auch durch seine aktive Einmischung in Fälle von Justizirrtum[446] regel-

444 Den Katholizismus seines Elternhauses hatte man Conan Doyle zu Schulzeiten ausgetrieben. Noch während seines Medizinstudiums kam er in Vorträgen mit spiritistischen Ideen in Kontakt, wobei das, was zunächst nicht überzeugen konnte, ihn später dafür umso ärger beschäftigte. Spätestens, seit Conan Doyle im 1. Weltkrieg einen Sohn und viele weitere Angehörige verloren hatte, war er dem Geisterglauben – seit dem 19. Jahrhundert auf dem Rücken von Technikgläubigkeit und positivistischer Wissenschaftstheorie emporgestiegen und von abergläubischen Schichten der Gesellschaft weitergetragen - hoffnungslos auf den Leim gegangen. In seinem letzten Lebensjahrzehnt investierte er derart viel Geld, Zeit und Renommee in seine Bemühungen, dass seine literarischen Erfolge in der öffentlichen Wahrnehmung hinter seinen Einsatz für das Okkulte und das Paranormale zurücktraten.

445 Conan Doyle hat sich politisch in unterschiedlicher Art geäußert. So trat er für liberalere Scheidungsgesetze ein und geißelte die Kolonialverbrechen scharf, die von Belgien im Kongo verübt wurden. Auf der anderen Seite war er als überzeugter Bürger des britischen Empires gemäßigter Imperialist (im Vergleich zu Kipling zumindest) und Befürworter von militärischer Aufrüstung. Immerhin wurde er dafür geadelt, während des 2. Burenkrieges den *„britischen Standpunkt"* (Geert Demarest) vertreten zu haben, und als der 1. Weltkrieg sich entspann, stellte er Sherlock Holmes sogar in den Dienst der britischen Spionageabwehr. Auch problematische Blickwinkel, die den Bereichen Rassismus, Sexismus und Klassismus zugeordnet werden können, finden sich in seinen Texten. Um sich einem komplexen Charakter wie Arthur Conan Doyle angemessen nähern zu können, ist es abseits von moralischen Urteilen von Bedeutung, diese Aspekte in die Analyse einzubeziehen.

446 Viele Menschen wandten sich an den Autor von „Sherlock Holmes" mit der Bitte um Aufklärung ihrer jeweiligen Probleme. In einigen Fällen aktivierte sich Conan Doyle tatsächlich, nutzte seine Reputation und seine wissenschaftlichen Kenntnisse

recht zu einem öffentlichen Intellektuellen wurde. Geschichten nun, so lehren uns Kognitionsforschung und Verstehende Soziologie gleichermaßen wie Sozialpsychologie und die Literaturwissenschaft, sind von zentraler Bedeutung für den Menschen, wenn es darum geht, Sachverhalte erklärbar zu machen, Phänomene sinnhaft zu verknüpfen und Dinge in Wahrnehmungsströme einzubetten. Ohne belastbares Analysemittel besteht die Gefahr des fatalen Irrtums. Es verschwimmen die Kategorien und Fakt und Fiktion geraten in aberwitziger Art und Weise durcheinander.

## IV

Kurz vor Beginn des 1. Weltkriegs betritt in London ein in den Kolonien zu Geld gekommener Mann seine Wohnung. Was er dort vorfindet, wird seine gesicherte Existenz erschüttern: Mitten auf dem Perserteppich liegt ein toter Mann, erstochen, das Messer noch im Leib. Der Mieter der Wohnung heißt Richard Hannay, dem Toten hatte er kurz zuvor in seinen Räumen Unterschlupf gewährt. Der Mann war vermeintlich einer politischen Verschwörung gigantischen Ausmaßes auf die Schliche gekommen, nun haben ihn die Attentäter offenbar erwischt. Hannay muss eine Entscheidung treffen.

Die geschilderten Szenen sind keinem Tatsachenbericht entnommen. Es handelt sich um die Ausgangslage von John Buchans „The Thirty-Nine Steps“, der gern als Urvater des Agentenromans gehandelt wird und später von Alfred Hitchcock verfilmt wurde. Der Protagonist Richard Hannay ist ein Mann ohne Furcht und Tadel, ein kampf- und arbeitserprobter Abenteurer aus der britischen Mittelklasse. Im Roman nimmt er den Kampf gegen den unsichtbaren Gegner mit einer Mischung aus Pflichtbewusstsein und Lust am Risiko auf. Als er später im Buch einen Mann in der schottischen Wildnis zumindest anteilig einweiht, antwortet ihm dieser:

---

und konnte tatsächlich auch handfeste juristische Konsequenzen erwirken. Berühmt ist der Fall des zu Unrecht im Gefängnis sitzenden indischstämmigen Anwalts George Edalji, der durch Conan Doyles Privatermittlungen umfassend rehabilitiert wurde.

*„Guter Gott! [...] Das klingt mir ganz wie bei Rider Haggard und Conan Doyle*“.

Conan Doyle ist in literarischen Kategorien schwer zu fassen. Zu einem anerkannten Autor der Weltliteratur hat er es nicht gebracht. Wird seine Epoche heute entsprechend ausgewertet, dann fallen Namen wie Robert Louis Stevenson, Rudyard Kipling oder Joseph Conrad. Auch Henry Rider Haggard und Jack London kommen öfter zur Sprache, gleiches gilt für Jules Verne und H. G. Wells und ohnehin auch für die Ahnherren James Fenimore Cooper, Alexande Dumas und Walter Scott. In der Kriminalliteratur ist an Conan Doyle zwar kein Vorbeikommen, aber das *„Gift des populären Ruhms*“ (Hanjo Kesting) hat den Schöpfer längst hinter die Figur zurücktreten lassen. Nur zu gern, so scheint es, wird Conan Doyle hier derart von Edgar Allan Poe, Wilkie Collins und Emile Gaboriau auf der einen sowie G. K. Chesterton, Maurice Leblanc und Agatha Christie auf der anderen Seite eingerahmt, dass die Autorenpersönlichkeit Arthur Conan Doyle verschwindet. Während die „Queen of Crime“ schon lange in der Londoner National Portrait Gallery hängt, suchte man ein Bildnis Arthur Conan Doyles dort bis vor einiger Zeit noch vergebens. In der Baker Street und in Conan Doyles Geburtsstadt Edinburgh stehen Sherlock-Holmes-Statuen.

Was also ist Arthur Conan Doyle für ein merkwürdiges Phänomen? Auch unter Klassikern der „Middlebrow“-Literatur findet man ihn nicht, jenem Verbindungsglied also zwischen Hochkultur und Massenware. In Deutschland war Marcel Reich-Ranicki ein exponierter Verteidiger jener Gattung, bei ihm hieß das *„anspruchsvoller Unterhaltungsroman*“. Einer ihrer herausragendsten Vertreter, der Abenteuer- und Spionageromancier Graham Greene meinte: *„Doyle mag kein großer Autor gewesen sein (abseits weniger intensiver Momente war sein Stil meist umständlich und ermüdend, in seinen historischen Romanen manchmal gar schwülstig, wie eingestanden werden muss) aber er war ganz gewiss ein großer Geschichtenerzähler*“.[447] Ob man diesem Verdikt nun insgesamt zustimmen mag oder nicht, so trifft der Autor von

447 Zitiert nach Green/Gibson 2000: S. vii.

großen Büchern wie „The Third Man“ (Verfilmt von Carol Reed mit Orson Welles), „Our Man in Havanna“ (verfilmt von Carol Reed mit Alec Guinness) und „The Ministry of Fear“ (verfilmt von Fritz Lang mit Ray Milland) hier doch die Essenz des schriftstellerischen Werks Conan Doyles: Das Erzählen spannender Geschichten, das Erlebbarmachen dramatischer Momente, der Aufbruch ins Abenteuerliche und Außergewöhnliche. Dies vermengt sich immer wieder auf eigentümliche Weise mit der Person des Autors, denn obgleich Conan Doyle nicht zu den Graham Greenes und Somerset Maughams der Literaturwelt gezählt worden sein mag, so zeichnete ihn selbst eine „Middlebrow Mentality“ aus, die Geisteshaltung eines in die Mittelklasse emporgestiegenen Arbeiters, der sich an den aristokratischen Werten der Oberschicht orientiert und so einen Habitus ausbildet, der das Beste der drei Welten in sich zu vereinen weiß. Vielleicht liegt es auch hieran, dass Conan Doyle in Person und Werk so schwer auf einen Nenner zu bringen ist. Graham Greene – Sprössling einer ökonomisch wie politisch einflussreichen Großfamilie – relativiert sein Urteil nur wenige Zeilen später: *„Der Reiz des Geschichtenerzählers liegt zum Teil auch in seinen Makeln begründet, da sich die Lektüre anfühlt, als lauschten wir jemandem, der auf unserer Bettkante sitzt und uns zur Freude eine Geschichte aus dem Stehgreif erzählt. [...] Ich bin sicher keiner von denen, die Doyle bloß als Autor von Detektivgeschichten betrachten.“*[448]

In „Through the Magic Door“ wird deutlich, dass Conan Doyle in der Tat mehr war als das. Als Essayist und Kritiker mag er nicht ohne Makel sein, auch können womöglich viele seiner Ansichten missfallen und Rekurse auf schon zu seiner Zeit nicht mehr ganz taufrische Wissenschaft wissen zu irritieren. Schreitet man jedoch Seite an Seite mit Conan Doyle die Reihen seiner Privatbibliothek ab, pustet man gemeinsam mit ihm den Staub von heißgeliebten Bänden und hat auf dem alten grünen Sofa Platz genommen, dann tritt all dies sukzessive hinter Conan Doyles erzählerische Wucht zurück und man taucht ganz ein in die Welt hinter der verwunschenen

448 Zitiert nach ebd.: S. viii.

Pforte. Leichten Fußes und belebten Geistes begehen wir sodann mit Conan Doyle als unserem Reiseführer die Welt der Literatur, wo der Zauber des geschriebenen Wortes Fakt und Fiktion auf eine Art und Weise zusammenführt, die uns herauszureißen vermag aus Schnelllebigkeit und Beliebigkeit der Gegenwart. Voll zur Geltung kommt Conan Doyles Talent, wenn er uns in unbekannte und auf den ersten Blick vielleicht uninteressante Bereiche seiner Büchersammlung einführt. Wer würde schon auf Nachfrage behaupten, von Militärmemoiren der Napoléonischen Zeit fasziniert zu sein? Haben Sie bereits einmal die schillernde Welt der Preisboxer aus der Regency-Zeit besucht? Sind Sie schon mit dem heute vergessenen Charles Reade in die klösterliche Welt des Spätmittelalters abgetaucht, oder haben Sie mit dem heute ebenfalls vergessenen Edward Frederick Knight bereits einmal die Segel gesetzt? Immer wieder gibt uns Conan Doyle das Geleit in entlegene Ecken des Globus. An solchen Stellen, in Momenten intensiver Begeisterung, trumpft er als Erzähler besonders auf. Es ist kein Zufall, dass sein Biograph Andrew Lycett immer wieder auch darauf verwiesen hat, was für ein genialer Reiseschriftsteller Conan Doyle gewesen ist.

Es lässt sich aus den Essays abseits des Unterhaltungsfaktors jedoch auch einiges lernen. Haben Sie zufällig Alfred Russell Wallace in Malaysia getroffen? Nein? Grämen Sie sich nicht, Darwins Schatten reicht weit. Sie können nicht mehr genau sagen, was es mit Robert Falcon Scott und der Arktis auf sich hatte? Der russische Ästhet Dmitri Mereschkowski ist Ihnen kein Begriff? Von dem US-amerikanischen Populärhistoriker Francis Parkman haben Sie aber natürlich gehört. Auch nicht? Die legendären Siborne-Briefe werden Sie aber wohl kennen. Wie bitte? Schlagen Sie im Index nach, Watson! Verzeihung, ich meinte natürlich: Blättern Sie weiter und tauchen Sie ein in Arthur Conan Doyles literarisches Sanktuarium. Es gibt viel zu hoffen von den Blüten des geschrieben Wortes, viel zu erfahren und zu entdecken. Dies gilt für die behandelten Stoffe ebenso wie für den Autor selbst. Natürlich werden auch große Klassiker nicht zu kurz kommen und es wird gewiss einiges vom offiziellen Kanon

Verschüttetes wieder zu Tage gefördert werden. Frönen Sie hemmungslos dem Genuss des Stöberns und verweilen Sie in den aufregend unbekannten Gebieten, die sich zwischen Buchdeckeln und Magazinseiten eröffnen.[449] In einem von Conan Doyles Lieblingsbüchern resümiert der Protagonist nach einigen erfüllenden Lesestunden: *„[...] wie reich war das alles an ausgefallenen Abenteuern und Erlebnissen und in was für einer saftigen und echten Sprache war das alles erzählt! Was mir dabei am meisten auffiel, war die Kunst der betreffenden Verfasser [...], eine Geschichte zu erzählen*“.[450]

Hildesheim, im Mai 2021

Nils Gampert

449 Im Anhang findet sich eine ausführliche Bibliographie mit allen Quellen, die zur Erstellung der Kommentare und zur begleitenden Lektüre herangezogen wurden. Noch ein Hinweis zur Erarbeitung: Die Kommentare wurden nach bestem Wissen und Gewissen erstellt. Aus Gründen der Lesbarkeit wurde auf exakte Quellenangaben im Text verzichtet und es wurden neben Fachbüchern auch zahlreiche populäre, nicht-wissenschaftliche Quellen herangezogen. Das in den Kommentaren festgehaltene Wissen stellt eine Mischung aus eigener Lesebiographie, amateurjournalistischer Arbeit und akademischer Expertise dar.

450 Zitiert nach Borrow 1959: S. 182.

# Quellen

Neben seiner eigenen Autobiographie sind über Arthur Conan Doyle im Laufe der Jahrzehnte derart viele biographische Arbeiten von unterschiedlicher Qualität und mit verschiedenen Schwerpunkten erschienen, dass eine repräsentative Auswahl hier nicht gegeben werden kann. Die gelisteten Quellen wurden zur Erarbeitung der Anmerkungen herangezogen.

Im Abschnitt zur Primärliteratur werden ausschließlich genutzte deutschsprachige Ausgaben gelistet. Wer lieber zum englischsprachigen Original greifen mag, wird in den hervorragenden Reihen „Penguin Classics“, „Wordsworth Editions“ oder „Oxford World‘s Classics“ fündig werden – oder natürlich in einschlägigen Internet-Datenbanken. Bei der Sekundärliteratur wird eine Mischung aus englisch- und deutschsprachigen Quellen gegeben. Es gilt der subjektive Faktor: Gelesen und gebraucht wurde, was dem Autor als sinnvoll und notwendig erschien.

## Arthur Conan Doyle

Boström, Mattias / Laffey, Matt (2015): Sherlock Holmes and Conan Doyle in the Newspapers. Volume 1: 1881 – 1892. Indianapolis, Gasogene Books. Einführung von Steven Rothman.

Boström, Mattias / Alberstat, Mark / Guinn, Leah / Laffey, Matt (2019): Sherlock Holmes and Conan Doyle in the Newspapers. Volume 4: January – June 1894. Indianapolis, Gasogene Books.

Doyle, Arthur Conan (1909 / 1985): Das Congoverbrechen. Frankfurt am Main, Syndikat Autoren- und Verlagsgesellschaft. Herausgegeben von Geert Demarest. Dass. (2009): Barnstorf, Verlag 28 Eichen.

Doyle, Arthur Conan (1912 / 1986): Die vergessene Welt. Berlin, Verlag Das Neue Berlin. Nachwort von Reinhard Hillich. Dass. (2007) unter dem Titel: Die verlorene Welt. Barnstorf, Verlag 28 Eichen.

Doyle, Arthur Conan (1986): Letters to the Press. Iowa City, University of Iowa Press. Herausgegeben von John Michael Gibson und Richard Lancelyn Green.

Doyle, Arthur Conan (1924 / 2007): Memories and Adventures. An Autobiography. Ware, Wordsworth Editions. Dass. (2017) unter dem Titel: Erinnerungen und Abenteuer. Eine Autobiographie. Barnstorf, Verlag 28 Eichen.

Doyle, Arthur Conan (2012 / 2015): „Heute dreimal ins Polarmeer gefallen". Tagebuch einer arktischen Reise. Hamburg, mareverlag. 2. Auflage.

Doyle, Arthur Conan (2018): Das Spukhaus. Supplement 1. Barnstorf, Verlag 28 Eichen. Vorwort von Olaf R. Spittel.

Dirda, Michael (2012): On Conan Doyle or, The Whole Art of Storytelling. Princeton and Oxford, Princeton University Press.

Edwards, Owen Dudley (1983): The Quest for Sherlock Holmes. A Biographical Study of Arthur Conan Doyle. Edinburg, Mainstream Publishing Company.

Glücklich, Nicole / Mock, Ernst-Harald / Weskamp, Tobias (2018): Die Abenteuer zweier britischer Gentleman in Deutschland. Auf den Spuren von Sir Arthur Conan Doyle und Sherlock Holmes. Ludwigshafen am Rhein, DSHG Verlag. 2. Auflage.

Goldfarb, Clifford S. (1997): The Great Shadow. Arthur Conan Doyle, Brigadier Gerard and Napoleon. Ashcroft, Calabash Press.

Green, Richard Lancelyn / Gibson, John Michael (2000): A Bibliography of A. Conan Doyle. New York, Hudson House. First Revised Edition.

Lacey, Edward (ohne Jahr): Arthur Conan Doyle and the Lancelyn Green Bequest. Broschüre Nr. 20 von The Portsmouth Grammar School.

Lellenberg, Jon / Stashower, Daniel / Foley, Charles (2008): Arthur Conan Doyle. A Life in Letters. New York, Penguin Books.

Lycett, Andrew (2007): Conan Doyle. The Man Who Created Sherlock Holmes. London, Weidenfeld & Nicolson.

Lycett, Andrew (2020): Conan Doyle's Wide World. Sherlock Holmes and Beyond. London, Tauris Parke.

Pugh, Brian W. (2018): A Chronology of the Life of Sir Arthur Conan Doyle. London, MX Publishing Ltd. 4. Auflage.

Reitz, Caroline (2019): The Empires of "A Study in Scarlet" and "The Sign of Four. In: Allan, Janice M. / Pittard, Christopher: The Cambridge Companion to Sherlock Holmes. Cambridge, Cambridge University Press.

Skene-Melvin, David (1998): Waterloo. A Case-Book on Sir Arthur Conan Doyle's Historical Play. Toronto, Friends of the Arthur Conan Doyle Collection / The Battered Silicon Dispatch Box.

Stashower, Daniel (1999 / 2008): Sir Arthur Conan Doyle. Das Leben des Vaters von Sherlock Holmes. Köln, Baskerville Bücher.

Stashower, Daniel (2020): „... But with the Air of a Military Man": Conan Doyle and the Military. In: Quigley, Michael J. / Pollak, Marsha: Corporals, Colonels and Commissionaires. The Military and the Sherlockian Canon. New York, Baker Street Irregulars Press.

Weinstein, Zeus (1984): Kleine Conan-Doyle-Chronik. In: Weinstein, Zeus (Hrsg.): Sherlock Holmes Companion 1. Zürich, Haffmans Verlag. Seiten 41 – 68.

Weltz, Stefan (2011): Brüder in Geist und Tat. A. C. Doyle, R. Kipling, R. Haggard und der Burenkrieg. In: Petzold, Dieter (Hrsg.): Inklings Jahrbuch für Literatur und Ästhetik. Band 29. Frankfurt am Main, Internationaler Verlag der Wissenschaften. Seiten 142 – 167.

## Primärliteratur

Borrow, George Henry (1959): Lavengro. Zürich, Manesse Verlag. Nachwort von Fritz Güttinger.

Boswell, James (1951): Dr. Samuel Johnson. Leben und Meinungen. Zürich, Manesse Verlag. Einleitung von Fritz Güttinger.

Carlyle, Thomas (1991): Sartor Resartus. Leben und Meinungen des Herrn Teufelsdröckh. Zürich, Manesse Verlag. Anmerkungen und Nachwort von Peter Staengle.

Fielding, Henry (1981): Tom Jones. Die Geschichte eines Findelkinds. Frankfurt am Main, Insel Verlag. Zwei Bände. Nachwort von Norbert Kohl.

Gibbon, Edward (1987): Verfall und Untergang des römischen Reiches. Nördlingen, Greno Verlagsgesellschaft. Einleitung von Dero A. Saunders.

Goldsmith, Oliver (1985): Der Pfarrer von Wakefield. Eine angeblich von ihm selbst verfasste Geschichte. Zürich, Manesse Verlag. Nachwort von David Wells.

Hazlitt, William (2019): Über das Vergnügen zu hassen und andere Essays. Stuttgart, Philipp Reclam jun. GmbH & Co. KG. Kommentiert von Holger Hanowell.

Johnson, Samuel (1972): Die Geschichte von Rasselas, Prinzen von Abessinien. Leipzig, Insel Verlag. Nachwort von Manfred Wojcik.

Johnson, Samuel (1986): Eine Reise zu den westlichen Inseln von Schottland. Leipzig, Verlag Philipp Reclam jun. Vorwort und Anmerkungen von Ingrid Kuczynski.

Kipling, Rudyard (2006): Indische Erzählungen. Zürich, Manesse Verlag. Nachwort von Roger Shatulin.

Macaulay, Thomas B. (1998): Die glorreiche Revolution. Geschichte Englands 1688/89. Zürich, Manesse Verlag. Nachwort von Robert Schneebeli.

Meredith, George (1961): Richard Feverel. Eine Geschichte von Vater und Sohn. Zürich, Manesse Verlag. Nachwort von Richard Kraushaar.

Pepys, Samuel (1981): Tagebuch aus dem London des 17. Jahrhunderts. Stuttgart, Reclam. Durchgesehene und verbesserte Ausgabe.

Scott, Walter (1984): Ivanhoe. Frankfurt am Main, Insel Verlag. Nachwort von Paul Ernst.

Scott, Walter (2006): Im Auftrage des Königs. Die gefährlichen Abenteuer des Quentin Durward. Frankfurt am Main, Insel Verlag. Nachwort von Traude Dienel.

Smollett, Tobias (1996): Humphry Clinkers Reise. Zürich, Manesse Verlag. Nachwort von Peter Staengle.

Sterne, Laurence (1999): Leben und Meinungen des Tristram Shandy. Zürich, Manesse Verlag. Nachwort von Rüdiger Görner.

Stevenson, Robert Louis (1956): Entführt. Die Abenteuer des David Balfour. Berlin, Verlag Neues Leben. Nachwort von Ruth Gerull-Kardas.

Stevenson, Robert Louis (1958): Meistererzählungen. Zürich, Manesse Verlag. Nachwort von Richard Kraushaar.

Stevenson, Robert Louis (1984): Die Schatzinsel. Frankfurt am Main, Insel Verlag.

Stevenson, Robert Louis (2007): Der seltsame Fall des Dr. Jekyll und Mr. Hyde. Würzburg, Arena Verlag. Anmerkungen von Maren Bonacker.

## Sekundärliteratur

Beck, Rudolf / Kuester, Hildegard / Kuester, Martin (2007): Basislexikon anglistische Literaturwissenschaft. Paderborn, Wilhelm Fink Verlag.

Damrosch, Leo (2019): The Club. Johnson, Boswell, and the Friends Who Shaped an Age. New Haven and London, Yale University Press.

Dirda, Michael (2007): Classics for Pleasure. Orlando, Harcourt.

Evans, Ifor (1983): Geschichte der englischen Literatur. München, Verlag C. H. Beck.

Fauser, Jörg (2020): Der Klub, in dem wir alle spielen. Über den Zustand der Literatur. Zürich, Diogenes Verlag.

Frayling, Christopher (2014): The Yellow Peril. Dr. Fu Man Chu & The Rise of Chinaphobia. Thames & Hudson, London.

Gelfert, Hans-Dieter (2005): Kleine Geschichte der englischen Literatur. München, Verlag C. H. Beck. 2. aktualisierte Auflage.

Maugham, W. Somerset (2006): Books and You. Eine kleine persönliche Geschichte der Weltliteratur. Zürich, Diogenes.

Nohl, Andreas (2014): Das Handwerk des Schreibens. Essays und Kritiken zur Literatur. Augsburg, Maro Verlag.

Pfohlmann, Oliver (2005): Kleines Lexikon der Literaturkritik. Marburg, Verlag LiteraturWissenschaft.de.

Rohner, Ludwig (1972): Versuch über den Essay. In: Ders.: Deutsche Essays. Prosa aus zwei Jahrhunderten. Band 1. München, Deutscher Taschenbuch Verlag. Seiten 7 – 22.

Schmitz, Rainer (2006): Was geschah mit Schillers Schädel? Alles, was Sie über Literatur nicht wissen. Frankfurt am Main, Eichborn Verlag.

Stevenson, Robert Louis (1920): Familiar Studies of Men & Books. London, Chatto & Windus

## Internet

(abgerufen im Mai 2021)

acdfriends.org/. Webseite der Gesellschaft zur Erhaltung der ACD-Sammlung in der „Toronto Public Library" und ihrer Publikation The Magic Door.

acdsociety.com/. Webseite der frisch gegründeten „ACD Society".

ardaudiothek.de/hanjo-kestings-bibliothek-50-romane-zum-wiederentdecken/71386192/alle. Hanjo Kestings Bibliothek: 50 Romane zum Wiederentdecken. Der deutsche Publizist und Literaturkenner schlägt in diesem Podcast Werke der Weltliteratur zur Wiedervorlage vor.

arthur-conan-doyle.com. Datenbank der „Arthur Conan Doyle Encyclopedia", der ersten digitalen Anlaufstelle zum Thema.

bbc.co.uk/programmes/b006qykl. BBC Radio 4 – In Our Time. Frei in der BBC-Audiothek verfügbarer Podcast zu vorwiegend ideengeschichtlichen Themen, moderiert vom bekannten englischen Rundfunk-Mann Melvyn Bragg.

bbc.co.uk/programmes/b00ydj1p. Birth of the British Novel. BBC-Dokumentation zur Geschichte des Romans mit dem Experten Henry Hitchings.

britannica.com. Die Online-Datenbank der „Encyclopedia Britannica". Von führenden Mitgliedern der „Liga der rothaarigen Gentlemen" empfohlen.

conan-doyle-review.scholasticahq.com/. Webseite der noch in der Ankündigungsphase sich befindenden Fachzeitschrift „The Conan Doyle Review“.

conandoyleestate.com/. Webseite der Nachlassverwalter Arthur Conan Doyles.

doingsofdoyle.com/. Englischer Podcast zu Arthur Conan Doyle.

georgeborrow.org. Webseite der nach wie vor aktiven „George Borrow Society“.

podcasts.apple.com/de/podcast/geschichten-aus-der-geschichte/id1044844618. Geschichten aus der Geschichte. Deutscher Geschichtspodcast von den Historikern Richard Hemmer und Daniel Meßner.

kiplingsociety.co.uk/. Webseite der „Kipling Society“.

napoleon.org. Webseite der französischen Napoléon-Gesellschaft „Fondation Napoléon“.

napoleon-series.org. Webseite, die sich mit einem Anspruch zwischen Wissenschaftlichkeit und Enthusiasmus mit Napoléon Bonaparte und seiner Zeit befasst.

victorianweb.org. Geschichtswissenschaftliches Archiv zum Viktorianischen Zeitalter.

# Personenverzeichnis